KIT DE SECOURS

pour les nuls

en ORTHOGRAPHE

KIT DE SECOURS
pour les nuls
en ORTHOGRAPHE

Julien Soulié

FIRST
Editions

Kit de secours en orthographe pour les Nuls

Pour les Nuls est une marque déposée de John Wiley & Sons, Inc.
For Dummies est une marque déposée de John Wiley & Sons, Inc.

© Éditions First, un département d'Édi8, Paris, 2014. Publié en accord avec John Wiley & Sons, Inc.

Éditions First, un département d'Édi8
12, avenue d'Italie
75013 Paris – France
Tél. : 01 44 16 09 00
Fax : 01 44 16 09 01
Courriel : firstinfo@editionsfirst.fr
Site Internet : www.pourlesnuls.fr

ISBN : 978-2-7540-8829-9
Dépôt légal : août 2016

Imprimé en Italie par La Tipografica Varese Srl - Varese
Préparation de copie : Isabelle Chave
Couverture et maquette intérieure : Fabrice Del Rio Ruiz

Sommaire

AUX PETITS MOTS LES GRANDS REMÈDES ! **179**

SOIGNEZ VOS ÉCORCHURES ! **243**

PRÉVENEZ LES SIGNES DE MALADIES ! **319**

SOIGNEZ VOTRE SYNTAXE ! **343**

CORRIGÉS. 353

Préface

Qu'elles en ont fait souffrir des générations de bambins, de collégiens, de lycéens, des promotions de grandes écoles, des trentenaires, des quadras, des quinquas, tous ceux du « nouvel âge », tous ceux de tous les âges, du premier ou du grand, dès qu'elles se sont penchées sur le berceau où tôt ou tard on dépose et nourrit le souci du bel et bon langage ! Qui donc sont ces deux-là ? Ces tortionnaires ? Ces deux fées qui prononcent les plus sinistres vœux de souffrance et de torture aux oreilles de ceux qui les voient brouiller tout espoir de croissance de leur langage vers la sérénité adulte ? Quel est leur nom ? Comment les nomme-t-on ? Ne pourrait-on les attraper, les menotter, étouffer leurs caprices, les traduire en justice ? Elles, ces deux magiciennes maléfiques, autant que la camarde, goguenardes... Et qu'on a tous reconnues : la grammaire et l'orthographe !

Tout doux, voyons ! Tout doux ! Après une telle charge, comment s'étonner que les deux fées, non seulement aient été arrêtées, menottées, bâillonnées et condamnées par la justice ? Et, depuis des années, bannies, exilées. Elles errent, délaissées, aux frontières de la sémantique. On les consulte parfois, en cachette, on leur fait appel pour réparer une structure qui menace de faire tomber en ruine le sens, pour retrouver l'identité de mots abîmés par la maltraitance... Si peu nourries de confiance, de maléfiques, elles sont devenues faméliques. Elles allaient, sur leur grabat lointain, mourir à coup sûr lorsque, toujours confiantes dans le futur, les éditions First ont envoyé à leur chevet le meilleur professeur qui soit, le meilleur spécialiste des maladies grammaticales et orthographiques, capable en ce domaine de tout pallier : Julien Soulié.

Immédiatement, il a décidé que la condamnation des deux fées du langage, leur bannissement et leur exil n'avaient aucun sens car – personne n'a osé le dire – ni l'une ni l'autre ne sont coupables. Qu'a-t-on oublié de leur adjoindre alors, depuis toujours, pour qu'elles deviennent de bonnes fées aux bons vœux qui assouplissent les structures, les tournures et entournures de la pensée qui se fait parole ? On a tout simplement omis cet ingrédient que notre professeur sauveur ajoute en sage à chaque page : le sourire. On a laissé de côté le meilleur des vecteurs que le professeur Soulié installe dans son livre, avec bonheur et belle humeur : l'humour !

Voici donc notre professeur devenu chef de service dans l'hôpital des mal lotis en accords, en conjugaison, en consonnes doubles, des carencés en certitudes. Les deux fées ? Il les fait rire de bon cœur avec les exemples qu'il donne pour illustrer telle ou telle règle, tel ou tel problème singulier ou pluriel ! Sa méthode ? Élaborer, pour les bambins ou les adultes,

1

comme un vrai carabin, des ordonnances et des vaccins, préparer des piqûres de rappel, préciser un diagnostic, appliquer un traitement, rédiger une prescription, bref, avec toute la rigueur nécessaire, vous plaire, à vous lecteur, en vous donnant l'impression, puis la certitude, que, de page en page, vous guérissez. Vous comprenez sans peine, parce que vous souriez, parce que vous n'êtes plus victime du « chat qui mange la souris », mais heureux qu'enfin on vous prenne en main, qu'on vous amuse et qu'en même temps, on vous explique tout par la pratique, sans long discours abstrus sur ce que sont le verbe et son sujet, le complément d'objet... De la thérapie douce seulement, de bons médicaments, et de fortes doses d'optimisme.

La grammaire et l'orthographe, enfin deux bonnes fées, domestiquées ! Et vous, lecteur conquis, charmé, qui ne cessez de progresser... Alors ?

Alors merci, docteur Soulié !

Jean-Joseph Julaud

Comment soigner votre orthographobie ?

Rien qu'à entendre le mot « orthographe », vous faites un malaise ? La dictée vous donne la nausée, la conjugaison des boutons, la grammaire de l'urticaire ? C'est normal : notre langue – du moins dans sa forme écrite – est réputée à juste titre l'une des plus difficiles... Rien de honteux, dans ces conditions, à éprouver les pires douleurs lorsqu'il s'agit d'accorder un participe ou d'orthographier un homonyme !

Mais, rassurez-vous, pas de quoi s'en rendre malade : toute affection a son traitement, toute souffrance son médicament, toute douleur son baume. Et face à votre orthographobie ou votre conjuguite aiguës, vous tenez entre vos mains *le* kit de secours qui va apaiser vos maux en supprimant vos erreurs, presque comme par magie !

Chacune des 90 feuilles de soins de ce kit a été conçue pour agir efficacement et rapidement contre les erreurs ; mais, comme dans toute thérapie, il s'agira de suivre le traitement avec constance et sérieux !

Pour ce faire, vous trouverez dans chaque feuille :

>> un diagnostic, qui permettra d'évaluer la gravité du mal ;

>> une prescription, à observer attentivement pour connaître la maladie... et ses remèdes ;

>> un traitement, à suivre scrupuleusement pour emprunter la voie de la guérison.

S'y ajouteront, dans certaines feuilles, un « vaccin BCG », pour celles et ceux qui souhaiteront approfondir le traitement, ainsi qu'un « petit pansement pour gros bobo », afin de vous aider parfois à guérir plus vite.

Enfin, une rubrique « Piqûre de rappel » attirera régulièrement votre attention sur les fautes les plus douloureuses, à traiter de toute urgence.

Vous trouverez les solutions des diagnostics et des traitements en fin d'ouvrage.

Ainsi soigné(e), vous entamerez une rapide et solide convalescence, avec, au bout du chemin, une vigueur et une santé orthographique pleinement recouvrées !

Mais n'oubliez jamais : une rechute est toujours possible et, comme disait le docteur Knock de Jules Romains : « Tout bien-portant est un malade qui s'ignore »... même – surtout ! – en orthographe...

Quelques icônes pour vous aider

Comme tous les autres livres de la collection « Pour les Nuls », ce *Kit de secours pour les Nuls en orthographe* est ponctué d'icônes qui vous invitent à prêter attention à certains paragraphes. Elles sont au nombre de quatre :

ATTENTION
Certains points s'avèrent délicats et méritent que vous vous y arrêtiez.

À RETENIR !
Les règles de grammaire ou de conjugaison à retenir.

EN PRATIQUE
Rien ne vaut un exemple concret pour illustrer une règle difficile...

EXCEPTION
La langue française est parsemée d'exceptions et c'est ce qui fait son charme !

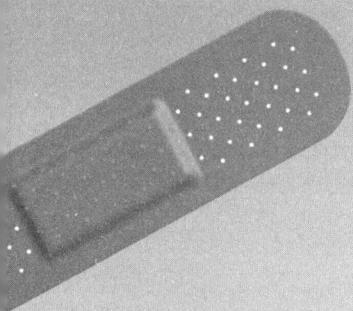

Consultation

1

Retrouvez la forme !

Je souffre, tu souffres, il souffre… La conjugaison, c'est souvent douloureux !

Commençons donc le traitement en prenant soin de votre forme… forme verbale, évidemment !

La conjugaison française offre en effet de quoi rendre raplaplas les sportifs de la langue les plus aguerris. Mais rassurez-vous : à dose homéopathique, grâce à un traitement adapté, les fiches qui suivent vous feront retrouver une forme olympique !

Le présent de l'indicatif

Le 1er groupe

🌡 Diagnostic

Cochez les bonnes réponses.

1. j'emploie ❏   j'emplois ❏

2. tu mange ❏   tu manges ❏

3. nous appellons ❏   nous appelons ❏

4. elles paient ❏   elles payent ❏

5. ils nettoyent ❏   ils nettoient ❏

Contrairement aux idées reçues, le présent de l'indicatif est le temps le plus compliqué à conjuguer : c'est en effet le temps le plus employé et, à ce titre, celui qui offre le plus d'irrégularités, tant dans les terminaisons que dans les radicaux.

✒ Prescription

Pour le 1er groupe, les terminaisons sont toujours : *-e*, *-es*, *-e*, *-ons*, *-ez*, *-ent*.

Elles s'ajoutent au radical, c'est-à-dire à au verbe à l'infinitif moins la terminaison *-er* : *chant-*, *pu-*, *copi-*, *cré-*.

Quand le radical se termine par une voyelle (*pu-er*, *copi-er*), n'oubliez pas la terminaison, même si on ne l'entend pas : *je pue, tu copies, il avoue, elle crée.*

PIQÛRE DE RAPPEL : LES DOULEURS DU TRAVAIL

Certains noms et verbes conjugués sont homonymes... mais ne s'écrivent pas de la même façon ! Ainsi, ne confondez pas *le travail* et *il travaille* ou *l'emploi* et *il emploie*. Le verbe prend **toujours** une terminaison : *je travaille, il emploie*. Au contraire, les noms dérivés de ces verbes n'ont aucune terminaison : *le **travail**, l'**emploi**.*

Comment choisir la bonne forme ?
• Le verbe est toujours précédé d'un sujet : posez-vous donc toujours la question « **qui est-ce qui** (travaille, emploie...) ? ».
• Le nom est presque toujours précédé d'un déterminant (*le, un, des, plusieurs*...). Dans tous les cas, vous pouvez substituer un autre nom, moins ambigu : *le travail > le père.*

Soyez particulièrement vigilant dans le type de phrase : *Ce texte, je le travaille.* *Le* n'est pas un article devant un nom, mais un pronom complément devant un verbe. La question « qui est-ce qui ? » vous aide à résoudre cette difficulté : « Qui est-ce qui travaille ? C'est bien moi ! » *Travaille* est donc un verbe à la 1re personne du singulier. Cette difficulté concerne les noms et verbes suivants :

Nom	Verbe
un diagnostic, le pronostic	*tu diagnostiques, il pronostique*
un emploi, l'envoi	*tu emploies, il envoie*
un réveil, le réveil	*tu réveilles, il réveille*
un travail, le travail	*tu travailles, il travaille*

Vaccin BCG (Boostez Conjugaison et Grammaire !)

Vous n'avez pas encore mal au crâne ? Alors, voyons quelques subtilités !

» Les verbes en *-ayer* se conjuguent au choix : *je paie/je paye...*

» Ce n'est pas le cas des verbes en *-oyer, -uyer*, qui ne gardent le *y* qu'aux 1re et 2e personnes du pluriel : *je nettoie, tu nettoies, il nettoie/ nous nettoyons, vous nettoyez/ils nettoient.*

» Les verbes en *-cer* prennent une cédille devant *o* afin de garder le son « s » : *je lance* mais *nous lançons.*

» Les verbes en *-ger* glissent un *e* devant *o* afin de conserver le son « j » : *je range, nous rangeons.*

» Les verbes en *-eler* et *-eter* posent problème : la grande majorité redouble la consonne *t* ou *l* afin d'obtenir le son « è » : *j'appelle, tu appelles, il appelle, ils appellent/je jette, tu jettes, il jette, ils jettent.* Ailleurs, la consonne reste simple quand le *e* est muet : *nous appelons, vous appelez/nous jetons, vous jetez.*

>> Toutefois, quelques verbes font figure d'exceptions, car ils prennent un *è* au lieu de redoubler la consonne : *je pèle, j'achète.* Les plus courants sont :

- verbes en -*eler* : *ciseler, déceler, démanteler, écarteler, geler* (et ses composés), *marteler, modeler, peler, receler* ;
- verbes en -*eter* : *acheter, corseter, crocheter, fureter, haleter.*

Traitement

1. Cochez les phrases bien orthographiées et corrigez les autres.

☐ Ésope reste ici et se repose.

☐ Tu emplois des mots trop compliqués, obsolètes et surannés pour moi !

☐ Les amoureux épuisés se délassent, puis s'enlacent.

☐ Si tu n'éternues jamais, comment veux-tu que tes souhaits se réalisent ?

☐ Quand le crépuscule rougeoie, c'est l'heure où les gentilshommes festoyent.

☐ Eugénie et moi déménagons la semaine prochaine dans un bon appart.

☐ Les plombiers se charges souvent de gros cumulus.

☐ En peinture, Frida Kahlo touche sa bille !

☐ Je cri, tu vocifères... Nous ne communiquons pas !

☐ Face aux mensonges des suspects, le détective sagace s'agace.

2. Trouvez l'intrus, parmi les formes verbales de chaque série.

a) agréée – créons – agrées – maugréent – suppléez.

b) noies – déploie – aboyent – tutoyons – apitoyez.

c) joues – vouons – trou – voue – secouez.

d) photocopions – maries – relie – déplient – confit.

e) appelle – appellez – appelles – appellent – appelons.

Le présent de l'indicatif
Le 2ᵉ groupe

Diagnostic

Cochez les bonnes réponses.

1. je guéri ☐   je guéris ☐

2. tu grandit ☐   tu grandis ☐

3. je haïs ☐   je hais ☐

4. il atterrit ☐   il atterri ☐

5. nous blanchîmes ☐   nous blanchissons ☐

Le 2ᵉ groupe n'a rien d'une plaie au présent de l'indicatif : tous ses verbes sont réguliers.

Prescription

Dans tous les cas, sans exception, les terminaisons sont : *-is, -is, -it, -issons, -issez, -issent.*

	Guérir
1	je guér**is**
2	tu guér**is**
3	il guér**it**
4	nous guér**issons**
5	vous guér**issez**
6	ils guér**issent**

Vaccin BCG (Boostez Conjugaison et Grammaire !)

Le verbe *haïr* peut poser problème à cause du tréma, qui disparaît au singulier : *je **hais**, tu **hais**, il **hait**, nous haïssons, vous haïssez, ils haïssent.*

Traitement

Choisissez la bonne réponse.

1. Son espoir en l'être humain *grandis/grandit* chaque jour, quel grand naïf !

2. Grâce à ce livre, nous nous *prémunions/prémunissons* contre toute faute d'orthographe !

3. J'*atterris/atterri* à New York dans une heure.

4. Cet athlète *haït/hait* les haies.

5. Quand le soleil paraît, je *rougis/rougit* à sa vue.

6. Elle *s'investit/s'investi* énormément dans son travail.

7. Si tu *noircis/noircit* la situation, comment veux-tu être blanchi ?

8. Chanter du rock ? J'en *jaunis/jaunit* à l'idée !

9. Le boulanger *pétrit/pétri* sans cesse des miches.

10. Attention, je deviens désagréable et je *m'aigri/m'aigris* quand je *grossis/grossit*.

Le présent de l'indicatif

Le 3ᵉ groupe

Diagnostic

Cochez les bonnes réponses.

1. il fend ❏ il fent ❏

2. j'inclue ❏ j'inclus ❏

3. tu sorts ❏ tu sors ❏

4. il peint ❏ il peind ❏

5. il résoud ❏ il résout ❏

Le 3ᵉ groupe est le plus difficile : en effet, il comprend tous les verbes irréguliers. Plusieurs difficultés sont notables, aussi bien pour les radicaux que pour les terminaisons.

Prescription

Les terminaisons sont assez variées...

Tout va dépendre de la terminaison de l'infinitif.

Verbes en *-ir, -oir, -oire, -re, -aindre, -eindre, -oindre, -soudre*

Types : *partir, voir, croire, mettre, craindre, peindre, joindre, résoudre.*

Les terminaisons sont : **-s, -s, -t, -ons, -ez, -ent**.

	Partir
1	je par**s**
2	tu par**s**
3	il par**t**
4	nous part**ons**
5	vous part**ez**
6	ils part**ent**

Les verbes en *-indre* et en *-soudre* perdent leur *d* à toute la conjugaison :

	Peindre	Résoudre
1	je pein**s**	je résou**s**
2	tu pein**s**	tu résou**s**
3	il pein**t**	il résou**t**
4	nous peign**ons**	nous résolv**ons**
5	vous peign**ez**	vous résolv**ez**
6	ils peign**ent**	ils résolv**ent**

Verbes en *-endre, -ondre, -oudre*

Types : *rendre, répondre, coudre.*

Ces verbes gardent leur *d.*

Les terminaisons sont : **-ds, -ds, -d, -ons, -ez, -ent.**

	Rendre
1	je ren**ds**
2	tu ren**ds**
3	il ren**d**
4	nous rend**ons**
5	vous rend**ez**
6	ils rend**ent**

Cueillir, couvrir, offrir, ouvrir

Ces verbes (et leurs composés) se conjuguent comme ceux du 1er groupe : **-e, -es, -e, -ons, -ez, -ent.**

J'ouvre, tu ouvres, il ouvre, nous ouvrons, vous ouvrez, ils ouvrent.

Vaccin BCG (Boostez Conjugaison et Grammaire !)

Si les terminaisons sont parfois déconcertantes, que dire des radicaux ! En effet, le 3ᵉ groupe offre pléthore de bases différentes ; et si l'alternance *viens/venons* ne nous pose guère de problème, il n'en va pas toujours de même avec des verbes comme *acquérir, moudre* ou *mouvoir...*

Soyez donc attentif aux alternances suivantes :

boire : je bois, tu bois, il boit/nous buvons, vous buvez/ils boivent.

mourir : je meurs, tu meurs, il meurt/nous mourons, vous mourez/ils meurent.

résoudre, absoudre, dissoudre : je résous, tu résous, il résout/nous résolvons, vous résolvez, ils résolvent.

acquérir, conquérir, requérir : j'acquiers, tu acquiers, il acquiert/nous acquérons, vous acquérez/ils acquièrent.

mouvoir, émouvoir : je meus, tu meus, il meut/nous mouvons, vous mouvez/ils meuvent.

voir, croire : je vois, tu vois, il voit/nous voyons, vous voyez/ils voient.

venir, tenir (et leurs composés) : *je viens, tu viens, il vient/nous venons, vous venez/ils viennent.*

bouillir : je bous, tu bous, il bout/nous bouillons, vous bouillez, ils bouillent.

Les verbes en *-aindre, -eindre, -oindre* forment un ensemble régulier, avec un radical en *-gn-* au pluriel : *je crains, tu crains, il craint/nous craignons, vous craignez, ils craignent.*

PIQÛRE DE RAPPEL

Retenez que *mourir* et *courir* ne prennent qu'un *r* à toute la conjugaison du présent : *nous **courons**, vous **courez**, ils **courent*** ; *nous **mourons**, vous **mourez**, ils **meurent**.*

Traitement

1. Cochez les phrases bien orthographiées et corrigez les autres.

❑ Si tu ne t'y mets pas un peu, ce travail va encore nous prendre des heures !

- Cet eczémateux ne peind que des croûtes.

- Si mon tonton tont ton tonton, ton tonton sera tondu.

- Si le président dissoud l'Assemblée, il sera un puissant dissolvant.

- Je n'exclue pas de m'habiller en jaune fluo.

- Ami, entends-tu le vol noir des corbeaux sur la plaine ?

- Je vous écrits cette lettre pour postuler à un emploi de grammairien.

- Nous résolvons ces équations en deux secondes !

- Rassurez-vous, les enfants, vous ne craingnez rien avec moi ! s'exclama Gilles de Rais.

- On ne voit bien qu'avec des lunettes, l'essentiel est invisible pour les yeux.

En cas de conjuguite aiguë...

2. Pour sortir du labyrinthe, choisissez les dix formes correctes, en entrant par le haut.

↓	↓	↓	↓	↓
← Nous meuvons ↕	↔ Vous acquiérez ↕	↔ Ils courent ↕	↔ Vous mourrez ↕	↔ Elles voyent → ↕
← Tu offre ↕	↔ Je soustraie ↕	↔ Ils extraient ↕	↔ Tu rejoins ↕	↔ Je bous → ↕
← Nous vennons ↕	↔ Tu meures ↕	↔ Il défent ↕	↔ Ils croivent ↕	↔ Elle conquiert → ↕
← Je promets	↔ On répond	↔ Tu abats	↔ Je reprends	↔ Il inclut →
↕	↕	↕	↕	↕

Le présent de l'indicatif
Les verbes irréguliers

Diagnostic

Cochez les bonnes réponses.

1. tu es ☐   tu est ☐

2. il a ☐   il à ☐

3. je veus ☐   je veux ☐

4. vous disez ☐   vous dites ☐

5. tu va ☐   tu vas ☐

Le 3ᵉ groupe, nous venons de le voir, est le plus difficile : toutes les difficultés de la conjugaison semblent s'y être concentrées pour vous inciter à commettre des erreurs. C'est particulièrement sensible avec les verbes irréguliers que nous allons voir, notamment *être, avoir* et *aller*.

Prescription

Quelques verbes du 3ᵉ groupe présentent des anomalies qu'il convient de bien connaître, afin de recouvrer une forme orthographique impeccable !

Avoir et *être*

Ces deux verbes, appelés auxiliaires (car ils « aident » à la conjugaison des temps composés), ont eux aussi une conjugaison irrégulière.

	Avoir	Être
1	j'ai	je suis
2	tu as	tu es
3	il a	il est
4	nous avons	nous sommes
5	vous avez	vous êtes
6	ils ont	ils sont

Soyez tout particulièrement vigilant aux formes homo-nymes : *tu as/il a – j'ai/tu es/il est.*

Et ne confondez pas *ils ont* (avoir) avec *ils sont* (être) : *Ils ont envie* et *ils sont en vie* ne signifient pas du tout la même chose !

Aller

Sa conjugaison est irrégulière et repose sur une alternance de deux radi-caux *v-/all-* :

	Aller
1	je vais
2	tu vas
3	il va
4	nous allons
5	vous allez
6	ils vont

Là encore, distinguez bien la 2e personne du singulier de la 3e : **tu vas/il va**.

Dire et faire

Ils ont une conjugaison proche des modèles du 3e groupe, mais elle est en partie irrégulière, notamment à la 2e personne du pluriel.

	Dire	Faire
1	je dis	je fais
2	tu dis	tu fais
3	il dit	il fait
4	nous disons	nous **fai**sons
5	vous **dites**	vous **faites**
6	ils disent	ils **font**

Soyez attentif à l'orthographe de **nous faisons** (qui se prononce « fezon ») !

Pouvoir, valoir, vouloir

Les terminaisons sont : *-x*, *-x*, *-t*, *-ons*, *-ez*, *-ent*.

	Pouvoir	Vouloir	Valoir
1	je peu**x**	je veu**x**	je vau**x**
2	tu peu**x**	tu veu**x**	tu vau**x**
3	il peut	il veut	il vaut
4	nous pouvons	nous voulons	nous valons
5	vous pouvez	vous voulez	vous valez
6	ils peuvent	ils veulent	ils valent

Vaccin BCG (Boostez Conjugaison et Grammaire !)

D'autres verbes offrent quelques particularités pour le moins originales !

Asseoir

Le verbe *asseoir* présente une double conjugaison :

	Formes en *-e-*	Formes en *-oi-*
1	j'assieds	j'assois
2	tu assieds	tu assois
3	il assied	il assoit
4	nous asseyons	nous assoyons
5	vous asseyez	vous assoyez
6	ils asseyent	ils assoient

On notera que, si au singulier et à la 3e personne du pluriel on emploie les deux conjugaisons également, en revanche pour *nous* et *vous* l'usage préfère les formes *asseyons*, *asseyez*.

En outre, n'omettez pas le *e* du radical à l'infinitif (*asseoir*)... qui disparaît partout ailleurs !

Composés de *dire* et *faire*

Les composés de faire se conjuguent comme le verbe de base : *vous contrefaites, vous défaites, vous satisfaites.*

Au contraire, les composés de dire se conjuguent « normalement », y compris pour la 2ᵉ personne du pluriel : *vous contredisez, vous vous dédisez, vous interdisez, vous médisez, vous prédisez.*

Vaincre et *convaincre*

Ces verbes ont une forme un peu particulière à la 3ᵉ personne du singulier ; elle se termine en effet par un *−c* : *il vainc, elle convainc.*

Traitement

1. Complétez les mots croisés avec les bonnes conjugaisons.

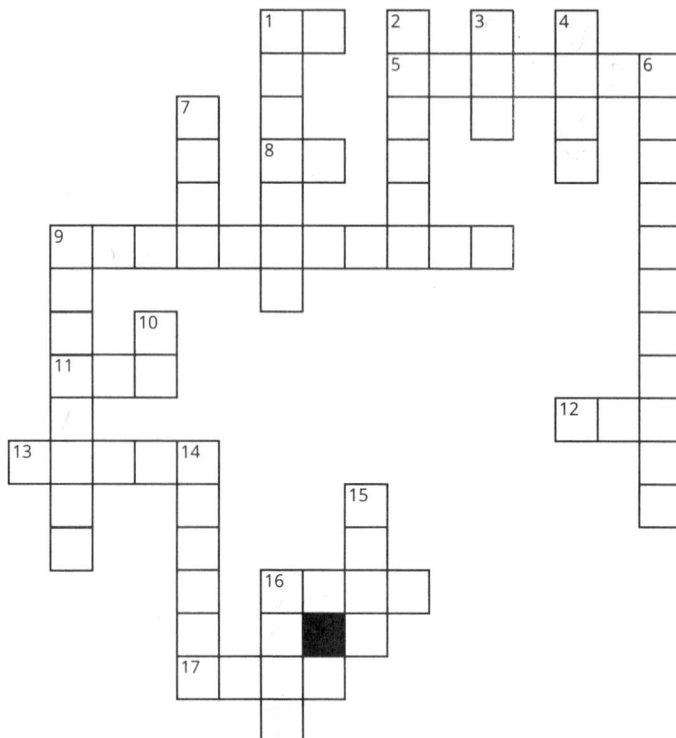

HORIZONTALEMENT	VERTICALEMENT
1. j'(avoir)	1. vous (asseoir)
5. j'(asseoir)	2. vous (faire)
8. tu (être)	3. on (être)
9. vous (contredire)	4. tu (vouloir)
11. tu (aller)	6. vous (satisfaire)
12. ils (avoir)	7. elle (valoir)
13. vous (dire)	9. on (convaincre)
16. je (valoir)	10. tu (avoir)
17. ils (être)	14. nous (être)
	15. je (pouvoir)
	16. elles (aller)

2. Choisissez la bonne réponse.

1. Il *vaux/vaut* mieux tenir que courir.

2. Tu *es/est* bien sûr de toi.

3. « Qui dort dîne » *veux/veut* dire à l'origine que celui qui passe la nuit dans un hôtel doit y dîner.

4. Si tu n'y *va/vas* pas, j'*ai/aie* bien envie de prendre ta place.

5. Quand vous mourez de faim, il y *a/as* toujours un ami pour vous offrir à boire.

6. Il *est/es* certain que je tiens à toi, même si tu ne *veux/veut* pas l'entendre.

7. Moi qui *ai/est* toujours raison, tu *peux/peus* bien me croire !

8. Comment *vas-tu/va-tu* aujourd'hui ?

9. Franchement, ta proposition ne me convient ni ne me *convainct/convainc*.

10. Il *s'asseoit/s'assoit* et nous ne *fesons/faisons* aucun commentaire.

L'imparfait de l'indicatif

Diagnostic

Cochez les bonnes réponses.

1. je travaillais ☐   je travaillai ☐

2. nous étudions ☐   nous étudiions ☐

3. vous croiiez ☐   vous croyiez ☐

4. tu était ☐   tu étais ☐

5. ils avaient ☐   ils avait ☐

Nulle raison de vous rendre malade, ça n'a rien de douloureux : respirez quelques instants, soufflez enfin... L'imparfait est *le* temps qui va vous réconcilier avec la conjugaison : en effet, il ne présente guère de difficultés.

Prescription

Dans tous les cas, sans exception, les terminaisons sont : *-ais, -ais, -ait, -ions, -iez, -aient.*

Pour conjuguer un verbe à l'imparfait, rien de plus simple : ajoutez les terminaisons au radical du verbe à la 1ʳᵉ personne du pluriel : *prendre > pren(ons) > je prenais ; finir > finiss(ons) > je finissais ; résoudre > résolv(ons) > je résolvais ; etc.*

	Soigner
1	*je soign**ais***
2	*tu soign**ais***
3	*il soign**ait***

23

	Soigner
4	nous soign**ions**
5	vous **soigniez**
6	ils soign**aient**

Seule exception (comme toujours), le verbe *être* : *j'étais, tu étais, il était, nous étions, vous étiez, ils étaient.*

Notez aussi l'orthographe du verbe faire, qui conserve son *-ai-* malgré la prononciation : *je faisais, tu faisais...*

Vaccin BCG (Boostez Conjugaison et Grammaire !)

Si l'imparfait possède la beauté parfaite d'une forme régulière, la vigilance demeurera de mise dans quelques cas :

>> Dans les verbes en *-ger* et en *-cer*, n'oubliez pas le *e* et la cédille devant le *a* des terminaisons : *je rang**e**ais, je lan**ç**ais, tu interrog**e**ais, tu rin**ç**ais,* etc.

>> Dans les verbes en *-ier*, le *i* du radical rencontre celui de la terminaison : *nous cri**i**ons, vous cop**ii**ez* ; de même au 3e groupe : *nous ri**i**ons, vous sour**ii**ez.*

>> Dans les verbes en *-gner, -iller* et *-yer*, n'omettez pas le *i* aux deux premières personnes du pluriel, même si on ne le fait pas toujours sonner : *nous travaillions, vous travailliez ; nous gagnions, vous gagniez ; nous payions, vous payiez.* De même, pour quelques verbes du 3e groupe : *nous voyions, nous croyions, nous fuyions, nous asseyions, nous craignions, nous joignions.*

Traitement

Cochez les phrases bien orthographiées et corrigez les autres.

❏ Ce siècle avait deux ans ! Rome remplacait Sparte,/Déjà Napoléon perçait sous Bonaparte [...]. (V. Hugo)

❏ Que fesiez-vous hier ? Vous travaillez ? Eh bien, reposez-vous maintenant !

❏ Vous croyiez sans doute bien faire, mais vous aviez tort.

- ❏ Et si nous nous lançions dans l'origami ? Ça ne ferait pas un pli !

- ❏ Vous bouilliez de colère, tellement vous étiez soupe au lait !

- ❏ Ils pouvait bien essayer de m'en empêcher !

- ❏ Je téléchargeais des films… en toute légalité !

- ❏ À l'époque, nous rions de bon cœur à ses pitreries.

- ❏ Lorsque vous peigniez vos danseuses, Edgar, j'étais en admiration.

- ❏ Je songeais que Philis des enfers revenue,/Belle comme elle étais à la clarté du jour,/Voulait que son fantôme encore fît l'amour […]. (T. de Viau)

UNE THÉRAPIE QUI A DE L'AVENIR !

Le futur simple

Diagnostic

Cochez les bonnes réponses.

1. je prendrais   ❏   je prendrai   ❏

2. tu éternuras   ❏   tu éternueras   ❏

3. elle courra   ❏   elle coura   ❏

4. je conclurai   ❏   je concluerai   ❏

5. il sera en forme ❏   il saura en forme ❏

Là encore, détendez-vous : le futur simple est votre ami, il ne vous fera aucun mal, tant sa conjugaison est régulière... À peine quelques minuscules anomalies viennent relever une conjugaison que d'aucuns jugeraient trop plate !

Prescription

Dans tous les cas, sans exception, les terminaisons sont : *-ai, -as, -a, -ons, -ez, -ont.*

Pour conjuguer un verbe au futur simple, rien de plus facile : ajoutez les terminaisons au radical de l'infinitif : *grandir > je grandir**ai** ; boire > je boir**ai** ; vendre > je vendr**ai** ; etc.*

	Soigner
1	*je soigner**ai***
2	*tu soigner**as***
3	*il soigner**a***

	Soigner
4	nous soigner**ons**
5	vous soigner**ez**
6	ils soigner**ont**

Bien évidemment, la conjugaison française se renierait s'il n'y avait pas quelques exceptions !

Les irrégularités concernent certains radicaux :

>> *avoir : j'aurai, tu auras… ;*

>> *être : je serai, tu seras… ;*

>> *savoir : je saurai, tu sauras… ;*

>> *faire : je ferai, tu feras… ;*

>> *aller : j'irai, tu iras… ;*

>> *vouloir : je voudrai, tu voudras… ;*

>> *venir, tenir : je viendrai, je tiendrai… ;*

>> *valoir : je vaudrai… ;*

>> *devoir, apercevoir, recevoir : je devrai, j'apercevrai, je recevrai… ;*

>> *cueillir : je cueillerai… ;*

>> *falloir : il faudra ;*

>> *mouvoir : je mouvrai…*

Cinq verbes du 3e groupe (et leurs composés) ont un futur irrégulier en −rr− : *courir > je courrai ; voir > je verrai ; mourir > je mourrai ; pouvoir > je pourrai ; acquérir > j'acquerrai.*

Un verbe du 1er groupe a un futur irrégulier : *envoyer > j'enverrai, tu enverras…*

Vaccin BCG (Boostez Conjugaison et Grammaire !)

Soyez attentif aux petites subtilités suivantes souvent causes d'erreurs :

>> Les verbes du 1er groupe en *-éer, -ier, -ouer, -uer* doivent bien conserver leur radical de l'infinitif, même si l'on n'entend pas le e : *je créerai, tu copieras, il louera, nous puerons.*

>> De même pour les verbes en *-oyer, -uyer,* dont le *y* se transforme en i : *je nettoierai, tu essuieras.*

>> Les verbes en *-ayer* sont très généreux et vous laissent le choix : *je payerai/je paierai.*

>> Le verbe *bouillir* est souvent victime d'un coup de chaud sur sa conjugaison ! Or son futur est tout à fait régulier : *je bouillirai, tu bouilliras...*

⚠ Ne pas confondre *être* et *savoir* au futur, dans la mesure où leurs formes sont phonétiquement très proches : *je **serai** en forme/je **saurai** m'en sortir.*

PIQÛRE DE RAPPEL

Les verbes *conclure, exclure, inclure* appartiennent au 3ᵉ groupe ; ils se conjuguent donc tout naturellement sur le radical de leur infinitif : *je **conclurai**, tu **excluras**, il **inclura**...* N'allez donc surtout pas leur ajouter un e tout à fait fautif !

Traitement

Choisissez les bonnes réponses.

1. « Je *prendrai/prendrais* moi-même les mesures qui s'imposent », pense le couturier.

2. Qui vivra *verra/verrat*...

3. Le sixième commandement ordonne : « Tu ne *turas/tueras* point. »

4. On en *concluera/conclura* que la solution était des plus simples.

5. Tu *plongeras/plongera* les pâtes dans la casserole quand l'eau *bouera/bouillira*.

6. Elle *créra/créera* elle-même sa start-up.

7. Nos deux cœurs *seront/sauront* deux vastes flambeaux [...] (C. Baudelaire)

8. Je *serai/saurai* bien lui répondre quelque chose qui lui *clouera/cloura* le bec !

9. Je n'*employerai/emploierai* plus de tels mots devant lui.

10. Tout ce qu'ils vous *feront/ferront* se *paiera/payera* tôt ou tard.

Le passé simple

Diagnostic

Cochez les bonnes réponses.

1. je travailla ❑   je travaillai ❑

2. tu prenas ❑   tu pris ❑

3. il mordit ❑   il mordut ❑

4. nous faisâmes ❑   nous fîmes ❑

5. il fut ❑   il fût ❑

Si le passé simple vous apparaît comme une vieillerie réchappée d'une époque révolue, dont les formes vous semblent étrangères... c'est tout à fait normal, vous n'êtes pas fou ! Et pour cause : ce temps n'apparaît plus guère que dans la narration – et encore est-il concurrencé par le passé composé – et il a disparu de la langue courante : essayez donc de demander à vos amis : « Que fîtes-vous ce week-end ? Allâtes-vous au cinéma ou sortîtes-vous en boîte ? » Succès garanti... ou pas !

Cette étrangeté du passé simple doit vous inciter à la prudence et à la rigueur, d'autant que sa conjugaison peut se révéler douloureuse...

Prescription

Il convient de distinguer les terminaisons, selon les groupes. Comme toujours, le 3ᵉ groupe pose en outre quelques soucis de radicaux.

1ᵉʳ groupe

Tous les verbes présentent les mêmes terminaisons : *-ai, as, -a, -âmes, -âtes, -èrent*.

31

Soigner	
1	je soign**ai**
2	tu soign**as**
3	il soign**a**
4	nous soign**âmes**
5	vous soign**âtes**
6	ils soign**èrent**

À la 1re personne du singulier : la terminaison est bien *-ai* (et non *-a*) : *je chantai, je mangeai...*

Le verbe *aller* (du 3e groupe) se conjugue régulièrement au passé simple : *j'allai, tu allas, il alla, nous allâmes, vous allâtes, ils allèrent...*

2e groupe

La conjugaison est là aussi régulière ; les terminaisons sont : *-is, -is, -it, -îmes, -îtes, -irent*.

Guérir	
1	je guér**is**
2	tu guér**is**
3	il guér**it**
4	nous guér**îmes**
5	vous guér**îtes**
6	ils guér**irent**

Vous noterez que les trois personnes du singulier sont strictement identiques à celles du présent de l'indicatif.

3e groupe

Les terminaisons sont les mêmes qu'au 2e groupe... mais la voyelle qui précède est, selon le verbe, tantôt *i* pour la majorité des verbes (comme au 2e groupe), tantôt *u* :

-is, -is, -it, -îmes, -îtes, -irent

-us, -us, -ut, -ûmes, -ûtes, -urent

	Partir	Boire
1	je part**is**	je b**us**
2	tu part**is**	tu b**us**
3	il part**it**	il b**ut**
4	nous part**îmes**	nous b**ûmes**
5	vous part**îtes**	vous b**ûtes**
6	ils part**irent**	ils b**urent**

PIQÛRE DE RAPPEL

La difficulté consistera à bien choisir sa voyelle : *i* ou *u* ? Comment vous y retrouver ?

Pour la plupart des verbes, la voyelle sera la même qu'au participe passé : *dormir* > participe *dormi* > passé simple *je dormis* ; *avoir* > participe *eu* > passé simple *j'eus*.

Hélas, la règle est loin d'être infaillible et plusieurs verbes voient le *u* du participe se métamorphoser en *i* au passé simple ! Voici donc ces récalcitrants qui s'ingénieront à vous rendre malade :

Verbe	Participe passé	Passé simple
battre	*battu*	*je battis*
coudre	*cousu*	*je cousis*
perdre	*perdu*	*je perdis*
répondre	*répondu*	*je répondis*
rompre	*rompu*	*je rompis*
tendre	*tendu*	*je tendis*
tenir	*tenu*	*je tins*
tordre	*tordu*	*je tordis*
vaincre	*vaincu*	*je vainquis*
vendre	*vendu*	*je vendis*
venir	*venu*	*je vins*
voir	*vu*	*je vis*

Verbes en -*is*

Les verbes en –*is* sont les plus nombreux au 3ᵉ groupe :

Terminaisons : -is, -is, -it, -îmes, -îtes, -irent	
acquérir : j'acquis	construire : je construisis
assaillir : j'assaillis	coudre : je cousis
asseoir : j'assis	couvrir : je couvris
battre : je battis	craindre : je craignis
bouillir : je bouillis	cueillir : je cueillis
conduire : je conduisis	cuire : je cuisis

Terminaisons : -is, -is, -it, -îmes, -îtes, -irent	
dormir : je dormis	répondre : je répondis
dire : je dis	rire : je ris
écrire : j'écrivis	rompre : je rompis
entendre : j'entendis	sentir : je sentis
faire : je fis	servir : je servis
fuir : je fuis	suffire : je suffis
joindre : je joignis	suivre : je suivis
luire : je luisis	tordre : je tordis
mettre : je mis	vaincre : je vainquis
naître : je naquis	vêtir : je vêtis
partir : je partis	voir : je vis
peindre : je peignis	tenir : je tins
perdre : je perdis	venir : je vins
prendre : je pris	

Verbes en -us

Moins nombreux, les verbes en -us n'en comprennent pas moins des verbes courants, tels les deux auxiliaires *être* et *avoir* :

Terminaisons : -us, us, ut, -ûmes, -ûtes, -urent	
accroître : j'accrus	mouvoir : je mus
avoir : j'eus	paraître : je parus
boire : je bus	plaire : je plus
conclure : je conclus	pleuvoir : il plut
connaître : je connus	pourvoir : je pourvus
croire : je crus	pouvoir : je pus
croître : je crûs	recevoir : je reçus
courir : je courus	résoudre : je résolus
devoir : je dus	savoir : je sus
être : je fus	taire : je tus
falloir : il fallut	valoir : je valus
lire : je lus	vivre : je vécus
moudre : je moulus	vouloir : je voulus
mourir : je mourus	

Vaccin BCG (Boostez Conjugaison et Grammaire !)

L'emploi du passé simple et de ses formes souvent bizarroïdes (car méconnues) imposera donc circonspection et rigueur de votre part, notamment le point suivant : les verbes *tenir, venir* (et leurs composés) ont une forme un peu spéciale, puisqu'un *n* vient s'intercaler entre la voyelle *i* et les terminaisons :

	Tenir	Venir
1	je tins	je vins
2	tu tins	tu vins
3	il tint	il vint
4	nous tînmes	nous vînmes
5	vous tîntes	vous vîntes
6	ils tinrent	ils vinrent

PIQÛRE DE RAPPEL

Certains verbes sont victimes d'erreurs persistantes. Soignez-les tout particulièrement :

- Ne confondez pas les formes *je fus* (du verbe *être)* et *je fis* (du verbe *faire).*

- *Élire,* composé sur *lire,* donne très logiquement : *j'élus, tu élus, il élut...*

- *Luire* et *nuire* se conjuguent : *je luisis, tu luisis/je nuisis, tu nuisis...*

Traitement

1. Pour sortir du labyrinthe, choisissez les dix formes correctes, en entrant par le haut.

← Tu prévus ↔	Je voyageai ↔	Vous atterrîtes ↔	Elle battut ↔	Vous dîtes →
← Vous disâtes ↔	Ils connaissèrent ↔	Il perdit ↔	Je répondus ↔	Nous faisâmes →
← Je conclua ↔	Vous parvîntes ↔	Ils naquirent ↔	Il vendut ↔	Tu te tus →
← Ils purent ↔	Nous vécûmes ↔	Je vainquis ↔	Vous pûtes ↔	Je prétendis →

2. Dans chaque liste, trouvez la forme intruse.

a) puèrent – purent – pus – put – pûmes.

b) suas – surent – suâmes – sua – suâtes.

c) pris – priâmes – prîtes – prit – prirent.

d) durent – durâmes – durai – dura – durèrent.

e) fiai – fit – fîmes – firent – fis.

Les temps composés de l'indicatif

Diagnostic

Cochez les bonnes réponses.

1. j'est pris ☐   j'ai pris ☐
2. tu avais descendu ☐   tu étais descendu ☐
3. elle aurait été ☐   elle aura été ☐
4. il eût eu ☐   il eut eu ☐
5. tu es parti ☐   tu est parti ☐

Ne vous décomposez pas à l'idée d'avoir à conjuguer *deux* formes verbales ! Vous allez voir, c'est somme toute assez simple...

Les temps composés sont au nombre de quatre et s'appellent ainsi car ils sont *composés* d'un auxiliaire conjugué (*être* ou *avoir*), suivi du participe passé du verbe.

Prescription

Chacun des quatre temps composés correspond à un temps simple : concrètement, il suffit de conjuguer votre auxiliaire au temps simple, puis de lui ajouter le participe passé.

Temps simple	Temps composé correspondant
Présent	Passé composé
Imparfait	Plus-que-parfait
Futur simple	Futur antérieur
Passé simple	Passé antérieur

Le passé composé

On l'utilise quotidiennement, pour indiquer qu'une action est achevée (*il **a mangé** sa soupe*) ou pour remplacer le passé simple, devenu obsolète (*l'an dernier, il **a eu** son permis*).

Il est formé de l'auxiliaire au présent de l'indicatif + participe passé : *j'ai soigné/je suis venu(e)*.

Le plus-que-parfait

Il exprime le plus souvent l'antériorité par rapport à une action au passé : *J'ai fait/j'avais fait/je fis ce que j'**avais prévu***.

Il est formé de l'auxiliaire à l'imparfait de l'indicatif + participe passé : *j'avais soigné/j'étais venu(e)*.

Le futur antérieur

Il exprime l'antériorité par rapport à une action au futur simple : *Quand j'**aurai fini**, je me reposerai.*

Il peut aussi souligner un fait probable, une supposition : *Son train **sera parti** en retard.*

Il se forme à l'aide de l'auxiliaire au futur simple + participe passé : *j'aurai soigné/je serai venu(e)*.

Le passé antérieur

C'est le plus rare des quatre temps composés ; il ne s'emploie plus guère, dans une langue littéraire, que pour exprimer l'antériorité par rapport à une action au passé simple : *Quand ils **furent partis**, nous nous couchâmes.*

Il se forme à l'aide de l'auxiliaire au passé simple + participe passé : *J'eus soigné / je fus venu(e).*

Traitement

Conjuguez les verbes entre parenthèses au temps demandé (PC = passé composé ; PQP = plus-que-parfait ; FA = futur antérieur ; PA = passé antérieur)

1. Longtemps je *(se coucher*, PC).. de bonne heure. (M. Proust)

2. À peine *(franchir*, PA).............-il....................... le seuil, qu'un cri retentit.

3. Je n'(*achever*, FA)................... pas....................... ce travail avant la semaine prochaine.

4. J'(*penser*, PC)......................... un instant qu'ils (*comprendre*, PQP)................................... ce que je (*s'employer*, PQP)....................................... à leur expliquer pendant deux heures.

5. Elles (*boire*, PA)... leur coupe de champagne en quelques secondes.

6. Nous aurons le destin que nous (*mériter*, FA).. . (A. Einstein)

7. En quelques mois, MM. Dubois et Duchêne (*devenir*, PQP)..................................... des menuisiers renommés.

8. La tempête (*bénir*, PC)......................... mes éveils maritimes. (Rimbaud)

9. Ils ne (*arriver*, PC).............. toujours pas....................... ? Ils (*se tromper*, FA).................... encore.................... d'horaire !

10. Lorsqu'on nous (*mettre*, PA)................................. au pas, nous (*faire*, PA).................. tôt............... de marcher plusieurs kilomètres.

Le présent et le passé du subjonctif

Diagnostic

Cochez les bonnes réponses.

1. que je crois	❑	que je croie	❑
2. que nous travaillions	❑	que nous travaillons	❑
3. que vous soyiez	❑	que vous soyez	❑
4. que tu vois	❑	que tu voies	❑
5. que vous fuyiez	❑	que vous fuyez	❑

Le subjonctif, mode moribond ? Que nenni ! Il est bien là, et vivant – quoiqu'on lui inflige parfois quelques entorses ici ou là ! Connaître sa conjugaison est donc une étape fondamentale sur la voie de la guérison grammaticale...

Prescription

Le présent du subjonctif

Le présent du subjonctif présente les mêmes terminaisons pour tous les verbes (excepté *être* et *avoir*) : **-e, -es, -e, -ions, -iez, -ent.**

	Soigner	Être	Avoir
1	que je soign**e**	que je sois	que j'aie
2	que tu soign**es**	que tu sois	que tu aies
3	qu'il soign**e**	qu'il soit	qu'il ait

	Soigner	Être	Avoir
4	que nous soign**ions**	que nous soyons	que nous ayons
5	que vous soign**iez**	que vous soyez	que vous ayez
6	qu'ils soign**ent**	qu'ils soient	qu'ils aient

Pour conjuguer la plupart des verbes, il suffit d'ajouter les terminaisons au radical de la 1re personne du pluriel du présent de l'indicatif : *nous guérissons > que je guérisse ; nous résolvons > que je résolve ; nous bouillons > que je bouille.*

Comme à l'imparfait de l'indicatif, certains verbes requerront toute votre attention aux 1re et 2e personnes du pluriel, à cause de ce petit *i* qu'on a tendance à oublier : *que nous criions, que vous brouilliez, que nous balayions ; que vous fuyiez, que nous voyions, que nous accueillions, que vous craigniez...*

Certains verbes du 3e groupe présentent un radical spécifique au subjonctif, et parfois même une alternance de radical aux 1re et 2e personnes du pluriel :

Verbe à l'infinitif	1re p. singulier/ 3e p. pluriel	1re/2e p. pluriel
aller	*aille/aillent*	*allions/alliez*
acquérir	*acquière/acquièrent*	*acquérions/acquériez*
boire	*boive/boivent*	*buvions/buviez*
devoir	*doive/doivent*	*devions/deviez*
faire	*fasse/fassent*	*fassions/fassiez*
falloir	*qu'il faille*	
mourir	*meure/meurent*	*mourions/mouriez*
mouvoir	*meuve/meuvent*	*mouvions/mouviez*
pouvoir	*puisse/puissent*	*puissions/puissiez*
prendre	*prenne/prennent*	*prenions/preniez*
recevoir	*reçoive/reçoivent*	*recevions/receviez*
savoir	*sache/sachent*	*sachions/sachiez*
tenir	*tienne/tiennent*	*tenions/teniez*
valoir	*vaille/vaillent*	*valions/valiez*
venir	*vienne/viennent*	*venions/veniez*
vouloir	*veuille/veuillent*	*voulions/vouliez*

Le passé du subjonctif

De même que le passé composé correspond au présent de l'indicatif, de même le présent du subjonctif a un temps composé lui correspondant – le passé du subjonctif : il se forme tout simplement en prenant l'auxiliaire au subjonctif présent + le participe passé : *que j'aie soigné/ que je sois venu(e).*

	Soigner	Venir
1	que j'aie soigné	que je sois venu(e)
2	que tu aies soigné	que tu sois venu(e)
3	qu'il ait soigné	qu'il soit venu
4	que nous ayons soigné	que nous soyons venu(e) s
5	que vous ayez soigné	que vous soyez venu(e) s
6	qu'ils aient soigné	qu'ils soient venus

Traitement

1. Complétez la grille de mots croisés par les formes de subjonctif présent qui conviennent.

HORIZONTALEMENT	VERTICALEMENT
2. vous (oublier)	1. nous (munir)
4. tu (avoir)	3. nous (bâiller)
9. nous (convaincre)	5. nous (savoir)
11. elles (pouvoir)	6. tu (mourir)
14. tu (vouloir)	7. ils (faire)
16. nous (sourire)	8. elle (avoir)
17. on (être)	10. j'(avoir)
18. j'(aller)	12. vous (ennuyer)
19. vous (avez)	13. vous (valoir)
	15. nous (être)
	17. je (être)

2. Conjuguez les formes suivantes au passé du subjonctif.

1. nous (*rester*) >....................................

2. elles (*apprendre*) >................................

3. tu (*savoir*) >..

4. vous (*partir*) >.....................................

5. j'(*croire*) >..

6. il (*aller*) >..

7. nous (*acquérir*) >..................................

8. elle (*être*) >..

9. je (*se souvenir*) >.................................

10. tu (*tomber*) >.....................................

DES TEMPS EN SOINS INTENSIFS

L'imparfait et le plus-que-parfait du subjonctif

Diagnostic

Cochez les bonnes réponses.

1. que je mettasse ☐   que je misse ☐

2. qu'il puasse ☐   qu'il puât ☐

3. qu'on dît ☐   qu'on dit ☐

4. que nous faisassions ☐   que nous fissions ☐

5. qu'il fut devenu ☐   qu'il fût devenu ☐

Diantre ! Un petit voyage dans le passé s'impose ici, à la découverte de deux temps obscurs et cruellement abandonnés dans les oubliettes de la grammaire...

S'il était naturel, jusqu'au xixᵉ siècle, que les écrivains et les lettrés de bonne tenue ne les méconnussent point et en usassent à bon escient, la modernité de notre époque et l'évolution simplificatrice de la langue les ont métamorphosés en vestiges solennels et glorieux – d'aucuns diraient : en fossiles poussiéreux !

Prescription

L'imparfait du subjonctif

Si extraterrestre qu'elle puisse nous sembler, sa conjugaison est tout à fait régulière... pour peu que l'on maîtrise son passé simple ! En effet, l'imparfait du subjonctif est formé sur le radical de la 3ᵉ personne du singulier du passé simple, auquel on ajoute les terminaisons : **-sse, -sses,** **-^t, -ssions, -ssiez, -ssent.**

	1er groupe soigner	2e groupe guérir	3e groupe dire	3e groupe boire
1	*que je soigna**sse***	*que je guéri**sse***	*que je di**sse***	*que je bu**sse***
2	*que tu soigna**sses***	*que tu guéri**sses***	*que tu di**sses***	*que tu bu**sses***
3	*qu'il soign**ât***	*qu'il guér**ît***	*qu'il d**ît***	*qu'il b**ût***
4	*que nous soigna**ssions***	*que nous guéri**ssions***	*que nous di**ssions***	*que nous bu**ssions***
5	*que vous soigna**ssiez***	*que vous guéri**ssiez***	*que vous di**ssiez***	*que vous bu**ssiez***
6	*qu'ils soigna**ssent***	*qu'ils guéri**ssent***	*qu'ils di**ssent***	*qu'ils bu**ssent***

La 3e personne est homonyme au passé simple (*soigna, guérit, dit, but*) et à l'imparfait du subjonctif (*soignât, guérît, dît, bût*) : il faudra donc apprendre à les distinguer (voir feuille 13).

Le plus-que-parfait du subjonctif

C'est le temps composé correspondant à l'imparfait du subjonctif ; il est donc constitué de l'auxiliaire à l'imparfait du subjonctif + participe passé : *que j'eusse soigné/que je fusse venu(e)*.

Comme nous le verrons dans la feuille 16, le plus-que-parfait du subjonctif et le conditionnel passé 2e forme se forment exactement de la même manière, même si leurs emplois diffèrent.

	Soigner	*Venir*
1	*que j'eusse soigné*	*que je fusse venu(e)*
2	*que tu eusses soigné*	*que tu fusses venu(e)*
3	*qu'il eût soigné*	*qu'il fût venu*
4	*que nous eussions soigné*	*que nous fussions venu(e) s*
5	*que vous eussiez soigné*	*que vous fussiez venu(e) s*
6	*qu'ils eussent soigné*	*qu'ils fussent venus*

Là encore, prenez garde de ne pas confondre, à la 3e personne du singulier, le passé antérieur (*il eut soigné, il fut venu*) avec le plus-que-parfait du subjonctif (*il eût soigné, il fût venu*) : un simple accent circonflexe, si dérisoire fût-il, peut tout changer ! Pour résoudre ce dilemme, rendez-vous à la feuille 16.

Traitement

1. Pour sortir du labyrinthe, choisissez les 10 formes correctes, en entrant par le haut.

↓		↓		↓		↓		↓
← Vous perdissiez →	↔	Il vînt	↔	Tu satisfaisasses	↔	Elle comprisse	↔	Nous ressassassions →
↑		↑		↑		↑		↑
← Vous concluassiez →	↔	Ils soutinssent	↔	Je contredisse	↔	Nous naquissions	↔	Il chantasse →
↑		↑		↑		↑		↑
← Je vusse	↔	Elle grandisse	↔	Ils entrevissent	↔	Elle noircît	↔	Nous eussions
↑		↑		↑		↑		↑
← Ils pussent	↔	Nous vécussions	↔	Tu élusses	↔	Je buvasse	↔	Elle voyageât
↑		↑		↑		↑		↑

2. Complétez ce poème d' Alphonse Allais par les subjonctifs imparfaits manquants :

Oui dès l'instant que je vous vis

Beauté féroce, vous me plûtes

De l'amour qu'en vos yeux je pris

Sur-le-champ vous vous aperçûtes

Ah ! Fallait-il que je vous (*voir*).................

Fallait-il que vous me (*plaire*).......................

Qu'ingénument je vous le (*dire*)...................

Qu'avec orgueil vous (*se taire*)...........................

Fallait-il que je vous (*aimer*).........................

Que vous me (*désespérer*)..

Et qu'enfin je (*s'opiniâtrer*)......................................

Et que je vous (*idolâtrer*).....................................

Pour que vous m' (*assassiner*)... !

Les emplois du subjonctif

Diagnostic

Cochez les bonnes réponses.

1. Je viendrai après qu'il soit parti. ❏
   Je viendrai après qu'il sera parti. ❏

2. Qu'il a peur est humain. ❏
   Qu'il ait peur est humain. ❏

3. Je ne crois pas qu'il a compris. ❏
   Je ne crois pas qu'il ait compris. ❏

4. Je cherche un homme qui soit fidèle. ❏
   Je cherche un homme qui est fidèle. ❏

5. Il est fort probable qu'il réussira. ❏
   Il est fort probable qu'il réussisse. ❏

Subtilité ! Le subjonctif est un mode qui, dans la diversité de ses valeurs, n'existe qu'en français. Si sa conjugaison est assez simple, ses emplois relèvent d'une grande complexité. Mais pas de panique, le français est votre langue maternelle ! Votre instinct, conjugué à quelques trucs, vous aidera à en venir à bout...

Prescription

Les emplois du subjonctif sont variés et pas toujours faciles à comprendre, sans qu'il faille entrer dans des analyses linguistiques ardues...

Néanmoins, retenez ceci : la valeur essentielle du subjonctif est d'exprimer une action considérée comme virtuelle ; l'action a lieu, mais dans un monde « alternatif », « parallèle ». De là découlent tous les autres emplois, notamment les plus courants :

>> Action qui n'a pas encore eu lieu dans le monde « réel » du

locuteur : *Je ne sortirai plus jusqu'à ce qu'il **fasse** beau.* (Il ne fait pas encore beau.)

>> Action dont le locuteur imagine qu'elle pourrait ou devrait ne pas se produire, même si elle a lieu dans le monde « réel » : *Étonné que Jeanne **ait réussi**, je la félicite.* (Je suis tellement étonné que, dans un monde « alternatif », Jeanne n'aurait pas dû réussir.)

À partir de cette valeur de base, on peut répartir les emplois du subjonctif selon la construction de la phrase.

Emplois dans une proposition indépendante ou principale

Dans une proposition seule (indépendante) ou qui ne dépend pas d'une autre proposition (principale), le subjonctif s'emploie dans des cas précis assez réduits et presque toujours précédé de sa « béquille » *que* :

>> L'ordre, à la 3e personne : *Qu'il **se taise** ! Qu'ils **soient rentrés** avant moi !*

>> Le souhait, le désir : ***Puisse**-t-il réussir ! Pourvu qu'elle **soit** là !*

>> L'indignation : *Moi, que je **commette** une faute !*

>> Dans certaines expressions figées (où le subjonctif n'est parfois plus perçu comme tel) : *qui m'aime me **suive** ; Dieu **soit loué** ; ainsi **soit**-il ; **advienne** que pourra ; grand bien te **fasse** ; **sauve** qui peut ; je ne **sache** pas qu'il ait toujours raison ; **vive(nt)** les dictées !*

Emplois dans une proposition complétive

On trouve le subjonctif dans de nombreux cas :

>> Après des verbes exprimant le souhait, la volonté : *demander, exiger, refuser, souhaiter, vouloir...*

>> Après des verbes (ou locutions) exprimant des sentiments :

- la crainte : *craindre, redouter, avoir peur* ;

- le regret : *déplorer, regretter, il est dommage que* ;

- le jugement : *aimer, apprécier, détester, préférer* ;

- le doute : *douter* ;

- l'obligation : *il convient que, il faut que, il est nécessaire que.*

>> Après des adjectifs exprimant des sentiments (déception, indignation, joie, surprise, tristesse...) : *content que, déçu que, étonné que, heureux que, surpris que, triste que...*

>> Dans une phrase négative, interrogative ou interronégative, qui exprime un doute, une incertitude : *Je ne crois pas qu'il **guérisse** ; Pensez-vous qu'il **guérisse** un jour ? Ne crois-tu pas qu'il **puisse** guérir ?*

Emplois dans une proposition conjonctive circonstancielle

C'est l'emploi le plus connu et le plus fréquent du subjonctif ! On le trouve après des conjonctions exprimant différentes valeurs circonstancielles :

>> le but : *pour que, afin que, de peur que, de crainte que* ;

>> la conséquence marquant un but à atteindre : *de façon que, de sorte que...* ;

>> la concession : *bien que, quoique, encore que, quelque... que, si... que* ;

>> la condition : *à moins que, pourvu que, à supposer que...* ;

>> le temps (pour un fait qui n'a pas eu lieu) : *avant que, jusqu'à ce que.*

PIQÛRE DE RAPPEL : *AVANT*, C'EST PAS *APRÈS* !

Comme nous l'avons vu, *avant que* impose très logiquement le subjonctif, puisque l'action ne s'est pas encore produite : *Rangez les cadeaux avant qu'il ne **soit** là* (il n'est pas encore là).

En revanche, si vous utilisez *après que*, l'action est accomplie, elle a réellement eu lieu ; le subjonctif sera donc à proscrire et c'est l'indicatif (aux temps composés) qui s'imposera ! Ainsi, même si vos oreilles en sont meurtries, il faudra bien dire : *Nous avons tout rangé après qu'il **est parti***.

De même, selon le temps utilisé pour l'action principale, vous devrez dire ou écrire :

*Nous rangeons tout après qu'il **est parti**.*
*Nous rangions tout après qu'il **était parti**.*
*Nous rangerons tout après qu'il **sera parti**.*
*Nous rangeâmes tout après qu'il **fut parti**.*

Emplois dans une proposition relative

On trouve le subjonctif dans la relative, en concurrence avec l'indicatif, pour introduire une nuance de doute, d'incertitude, de virtualité :

>> *Je cherche un médicament qui me **guérit*** (indicatif : un tel médicament existe).

>> *Je cherche un médicament qui me **guérisse*** (subjonctif : ce médicament n'existe sans doute pas).

Le choix vous est donc laissé, selon la nuance que vous souhaitez apporter à votre propos.

En revanche, le subjonctif sera obligatoire dans les tournures avec superlatif (*le plus, le seul, le premier...*), souvent suivi de l'adverbe *jamais* : *C'est le plus beau compliment que je lui **aie** jamais **fait** ! C'était la seule femme qu'il **eût aimée** dans sa vie.*

Traitement

Choisissez la ou les bonnes réponses.

1. Je ne crois pas que l'être humain *a/ait* quelque inclination véritable pour son prochain.

2. Elle recherche la perle rare : un petit ami qui *est/soit* bijoutier.

3. Elle m'a appelé seulement cinq minutes après que je *suis/sois* parti.

4. Bien avant que je n'*ai/aie* mon permis, je savais déjà conduire.

5. Quoi qu'on *a/ait* pu dire de lui, c'est bien en deçà de la vérité.

6. C'est la seule fille que j'*ai/aie* jamais réussi à draguer !

7. Je ne doute pas un instant que vous n'*avez/ayez* de bonnes raisons pour agir ainsi.

8. Ce film est très intéressant, encore qu'il *faut/faille* reconnaître qu'il a certains défauts.

9. Nous ne l'inviterons pas à cette soirée, de crainte qu'il ne *vient/vienne* la gâcher.

10. Il n'est aucun homme qui ne *peut/puisse* maîtriser la grammaire française !

Subjonctif présent ou indicatif présent ?

Subjonctif passé ou passé composé de l'indicatif ?

Diagnostic

Cochez les bonnes réponses.

1. Il faut que nous le surveillons. ❑
   Il faut que nous le surveillions. ❑

2. Qu'il s'enfuit est humain. ❑
   Qu'il s'enfuie est humain. ❑

3. Je pense qu'il acquiert des compétences. ❑
   Je pense qu'il acquière des compétences. ❑

4. Il vient après qu'aie fini. ❑
   Il vient après que j'ai fini. ❑

5. J'aimerais un ami qui me croit. ❑
   J'aimerais un ami qui me croie. ❑

⚠ Un indicatif peut cacher un subjonctif ! Au singulier ou au pluriel, certains verbes peuvent s'avérer pour le moins vicieux...

Prescription

Les pièges du singulier

Quelques verbes du 3ᵉ groupe ont les trois premières personnes homonymes à l'indicatif et au subjonctif... Mais attention : les terminaisons ne sont pas les mêmes !

Verbes	Indicatif présent	Subjonctif présent
acquérir	*j'acquiers, tu acquiers, il acquiert*	*que j'acquière, que tu acquières, qu'il acquière*
asseoir	*j'assois, tu assois, il assoit*	*que j'assoie, que tu assoies, qu'il assoie*
conclure	*je conclus, tu conclus, il conclut*	*que je conclue, que tu conclues, qu'il conclue*
courir	*je cours, tu cours, il court*	*que je coure, que tu coures, qu'il coure*
croire	*je crois, tu crois, il croit*	*que je croie, que tu croies, qu'il croie*
extraire	*j'extrais, tu extrais, il extrait*	*que j'extraie, que tu extraies, qu'il extraie*
fuir	*je fuis, tu fuis, il fuit*	*que je fuie, que tu fuies, qu'il fuie*
mourir	*je meurs, tu meurs, il meurt*	*que je meure, que tu meures, qu'il meure*
rire	*je ris, tu ris, il rit*	*que je rie, que tu ries, qu'il rie*
voir	*je vois, tu vois, il voit*	*que je voie, que tu voies, qu'il voie*

Vous serez aussi tout spécialement attentif au verbe *avoir* : ne confondez pas l'indicatif ***j'ai*** et le subjonctif *que* ***j'aie*** !

Les pièges du pluriel

Comme à l'imparfait de l'indicatif, les deux premières personnes du pluriel peuvent se prononcer (presque) de la même façon mais s'écrire différemment.

Les verbes en *-ailler, -eiller, -gner, -yer* cachent souvent le *i* du subjonctif dans leur prononciation : *que nous travaillions, que vous surveilliez, que nous gagnions, que vous balayiez, que nous nettoyions.*

Les verbes en *-ier* ne doivent pas vous faire omettre ce même *i* : *que nous étudiions, que vous copiiez.*

Quelques verbes du 3ᵉ groupe posent le même problème : *que nous craignions, que vous joigniez, que nous croyions, que vous asseyiez, que nous fuyions, que vous riiez...*

Soyez donc vigilant et prenez bien soin de repérer quand vous avez affaire à un subjonctif : pour ce faire, revenez un peu en arrière, à la feuille précédente !

Petit pansement pour gros bobo

En cas de doute, vous pouvez toujours remplacer la forme problématique par une forme qui lèvera l'ambiguïté (soit une autre personne, soit un autre verbe).

C'est le seul livre que j'ai/j'aie jamais lu ? Vous hésitez entre indicatif et subjonctif ? Utilisez la 1ʳᵉ personne du pluriel : vous direz bien *C'est le seul livre que nous **ayons** jamais lu* > subjonctif, donc *aie lu.*

Il veut que nous veillons/veillions sur lui ? Indicatif ou subjonctif ? Remplacer par le verbe *faire* : vous direz *Il veut que nous **fassions*** > subjonctif, donc *veillions.*

Il veut me voir après que j'ai/j'aie fini ? Indicatif ou subjonctif ? Transposez à la 1ʳᵉ personne du pluriel : *Il veut nous voir après que nous **avons** fini* > indicatif, donc *ai fini.*

Traitement

Choisissez la bonne réponse.

1. Son siège de député, on sait que le ministre *s'assoie/s'assoit* dessus !

2. Qu'on n'en *conclut/conclue* pas qu'il ait toujours raison.

3. Il n'est pas nécessaire que l'on se *voit/voie* pour régler ce problème.

4. Je regrette que tu ne me *crois/croies* pas.

5. Il est probable que vous *parodiez/parodiiez* cet auteur, mais il s'en faut de peu que vous ne le *plagiez/plagiiez.*

6. Si tu veux que je *concours/concoure* pour le marathon, il faut bien que je *cours/coure* un peu !

7. Le subjonctif est le seul mode que j'*ai/aie* jamais aimé !

8. Si malin que j'*ai/aie* été, il a réussi à me duper.

9. Que veux-tu qu'elle fasse ? Qu'elle *meurt/meure* pour toi ?

10. Je serais étonné qu'un fumeur *rit/rie* de ses blagues.

.

Passé simple ou subjonctif imparfait ?

Passé antérieur ou plus-que-parfait du subjonctif ?

Diagnostic

Cochez les bonnes réponses.

1. Que vouliez-vous qu'il fit ? ❏
   Que vouliez-vous qu'il fît ? ❏

2. Fut-il content de ses résultats ? ❏
   Fût-il content de ses résultats ? ❏

3. J'espérais ne fut-ce qu'un baiser. ❏
   J'espérais ne fût-ce qu'un baiser. ❏

4. Nous partîmes quand il eut fini. ❏
   Nous partîmes quand il eût fini. ❏

5. Bien qu'il eut fait beau, je n'étais pas sorti. ❏
   Bien qu'il eût fait beau, je n'étais pas sorti. ❏

Passé simple de l'indicatif et imparfait du subjonctif sont homonymes à la 3ᵉ personne du singulier pour tous les verbes, sans exception :

>> 1ᵉʳ groupe : *soigna/soignât* ;

>> 2ᵉ groupe : *guérit/guérît* ;

>> 3ᵉ groupe : *fit/fît ; fut/fût.*

Notez en outre qu'aux 2ᵉ et 3ᵉ groupes, seul un petit accent circonflexe permet à l'écrit de les distinguer.

Dès lors, comment faire pour les reconnaître et bien choisir ?

Prescription

La distinction n'est certes pas aisée : le passé simple exprime une action qui a eu lieu dans un passé révolu ; le subjonctif imparfait obéit aux valeurs – assez subtiles, nous l'avons vu – de ce mode.

Le plus simple, pour vous en sortir rapidement, est de transposer votre phrase à un temps plus facile, afin de vous retrouver en terrain de connaissance : le présent ! Si vous obtenez un présent de l'indicatif, nul besoin de mettre un accent circonflexe : vous êtes au passé simple. Au contraire, si la substitution fait surgir un présent du subjonctif, alors le petit chapeau s'imposera.

>> *J'aurais préféré qu'il resta/restât > J'aurais préféré qu'il **vienne*** > subjonctif, donc *restât.*

>> *Que de mal il eut/eût à se faire entendre ! > Que de mal il **a*** > indicatif, donc *eut.*

Traitement

Choisissez la bonne réponse.

1. J'ignorais que la grammaire française *s'avéra/s'avérât* si difficile !

2. Que demandais-je ? Simplement que l'on m'*aima/aimât* !

3. Après qu'elle m'*eut abandonné/eût abandonné*, je cultivai ma solitude avec complaisance.

4. Quoiqu'il *apprécia/appréciât* les impressionnistes, il ne pouvait voir Monet en peinture.

5. Ce travail *fut-il/fût-il* futile ou utile ?

6. Je me serais bien reposé, ne *fut-ce/fût-ce* que quelques minutes.

7. Nul ne doutait que la grosse Bertha ne *fut/fût* canon.

8. Maints philosophes soutinrent que, de tout temps, l'homme *fut/fût* un loup pour l'homme.

9. Lorsqu'il *eut fini/eût fini* ses pellicules, ce cinéaste prit rendez-vous chez son coiffeur.

10. Bien que ce pizzaïolo *adora/adorât* l'opéra italien, on exigeait de lui qu'il *cria/criât* sans cesse : « Mozart est là ! »

Le présent du conditionnel

Diagnostic

Cochez les bonnes réponses.

1. j'aurai ☐   j'aurais ☐

2. tu courrais ☐   tu courais ☐

3. nous éternurions ☐   nous éternuerions ☐

4. je vous serais gré ☐   je vous saurais gré ☐

5. vous iriez ☐   vous irez ☐

« Les *si* n'aiment pas les *rais* » : qui n'a jamais entendu ce moyen mnémotechnique permettant de retenir que le conditionnel ne se trouve jamais dans la subordonnée introduite par *si* ?

Le conditionnel offre une conjugaison très facile... Mais ses emplois peuvent être assez subtils !

Prescription

La conjugaison du présent du conditionnel est simple : pour tous les verbes, elle est formée sur le radical du futur, auquel on ajoute les terminaisons de l'imparfait. En gros, le conditionnel peut se résumer à ceci : du futur + de l'imparfait.

Soigner			
1	*je soigne**rais***	4	*nous soigne**rions***
2	*tu soigne**rais***	5	*vous soigne**riez***
3	*il soigne**rait***	6	*ils soigne**raient***

Vaccin BCG (Boostez Conjugaison et Grammaire !)

La vraie difficulté consiste à savoir quand employer le conditionnel. Pour ce faire, il faut analyser ses valeurs.

Le conditionnel temps

Historiquement, le conditionnel n'est pas un mode, mais un temps : il exprime ce que l'on appelle en grammaire « le futur dans le passé » (retour vers le futur, en quelque sorte !) ; c'est-à-dire une action future par rapport à une autre action elle-même passée. Tout cela vous semble un peu embrouillé ?

Si l'on veut transposer la phrase *Il dit qu'il viendra* dans un contexte passé, on obtient : *Il disait qu'il **viendrait**. Viendrait* est alors un futur dans le passé : l'action de *venir* est postérieure à celle de *dire*, qui est elle-même passée par rapport au moment de l'énonciation.

Cette valeur nous est du reste rappelée par la morphologie même du conditionnel : radical du futur + terminaisons de l'imparfait... futur dans le passé, donc !

Le conditionnel mode

Mais l'essentiel des emplois du conditionnel concerne aujourd'hui ses valeurs modales ; sa valeur de base est d'exprimer une action souhaitée, imaginaire, atténuée. Concrètement, il sert à énoncer :

>> Un souhait : *J'**aimerais** être une star de la grammaire !*

>> Un ordre ou une demande polis, un fait atténué : ***Pourriez**-vous m'aider ? Je **voudrais** un croissant. Je ne **saurais** le supporter une seconde de plus.*

>> Une incertitude : *Le président **aurait** une nouvelle compagne.*

>> Un fait irréel ou potentiel à côté d'une structure hypothétique introduite par si + imparfait : *Si les poules avaient des dents, les poussins **auraient** des quenottes.*

Tout ceci pour vous montrer qu'il faut « sentir » la valeur du conditionnel si l'on veut le repérer et, partant, l'utiliser à bon escient... Il y a en effet de plus en plus d'erreurs consistant à confondre le futur (*j'irai*) avec le conditionnel (*j'irais*).

Pour résoudre ce problème, voyez la feuille de soins 15 !

Traitement

Complétez les mots croisés par les formes de conditionnel présent.

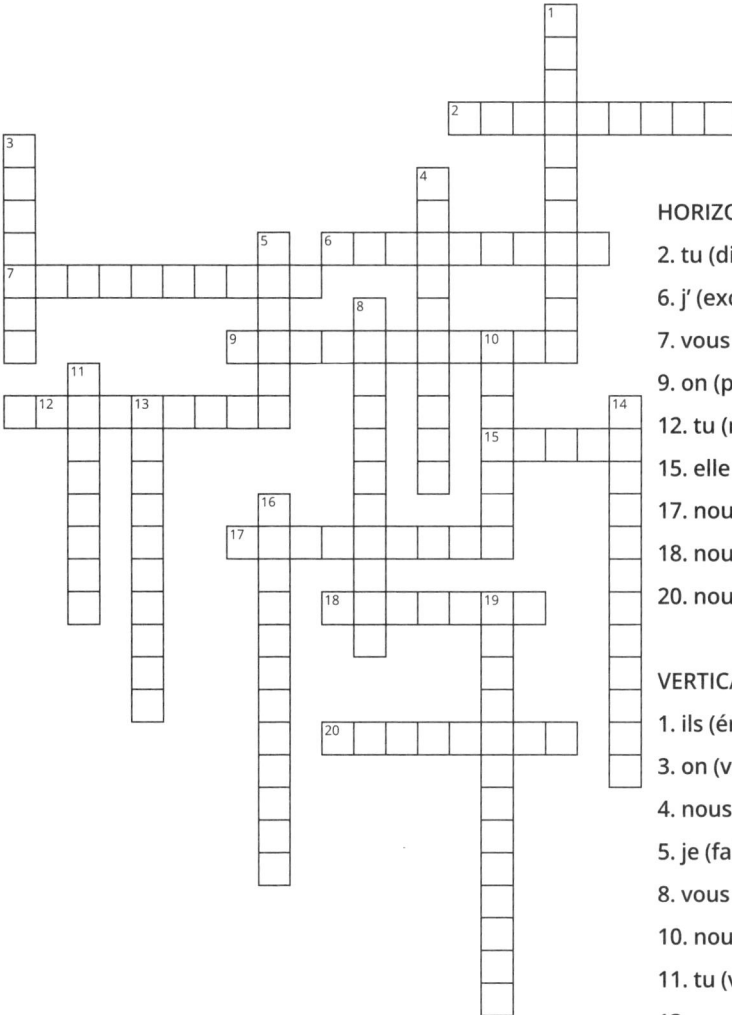

HORIZONTALEMENT

2. tu (diluer)

6. j' (exclure)

7. vous (acquérir)

9. on (parcourir)

12. tu (mourir)

15. elle (aller)

17. nous (pouvoir)

18. nous (être)

20. nous (savoir)

VERTICALEMENT

1. ils (émouvoir)

3. on (voir)

4. nous (délier)

5. je (faire)

8. vous (bouillir)

10. nous (avoir)

11. tu (vouloir)

13. vous (renvoyer)

14. nous (atterrir)

16. je (convaincre)

19. ils (nettoyer)

Futur simple ou présent du conditionnel ?

Diagnostic

Cochez les bonnes réponses.

1. J'avais bien dit que je deviendrai un crack en orthographe ! ☐
J'avais bien dit que je deviendrais un crack en orthographe ! ☐

2. Je vous saurai gré de bien vouloir me répondre. ☐
Je vous saurais gré de bien vouloir me répondre. ☐

3. J'espère que j'aurai gain de cause dans cette affaire. ☐
J'espère que j'aurais gain de cause dans cette affaire. ☐

Comme nous l'avons vu, futur et conditionnel présent sont très proches morphologiquement... et l'ambiguïté orthographique est sensible à la 1re personne du singulier, où les deux formes sont quasi homonymes : *je soignerai* (futur)/*je soignerais* (conditionnel présent).

Prescription

Comment faire pour ne pas confondre ces deux formes ? Bien évidemment, vous pouvez essayer de repérer la valeur d'un futur (action à venir) ou celle d'un conditionnel (action atténuée, fait imaginaire, futur dans le passé)... Mais à moins d'être un grammairien chevronné, la distinction n'est pas des plus aisées !

Petit pansement pour gros bobo

L'astuce de la substitution viendra une fois encore à votre rescousse :

>> Le futur *je soignerai* peut être remplacé par la 3e personne du singulier : *il soignera*.

>> Le conditionnel présent *je soignerais* peut aussi être remplacé par la 3e personne du singulier : *il soignerait*.

Ça marche à tous les coups, aussi utilisez-la sans modération !

Vaccin BCG (Boostez Conjugaison et Grammaire !)

Cette distinction vous sera particulièrement précieuse dans le cas du système hypothétique (*si*...), victime de fautes de plus en plus fréquentes !

En effet, si la subordonnée (commençant par *si*) est au présent de l'indicatif, vous devrez obligatoirement utiliser le futur dans la principale : *Si je me trouve une fille canon, je ne **serai** pas un boulet.*

En revanche, si la subordonnée contient un imparfait de l'indicatif, vous devrez employer le conditionnel présent : *Si je me trouvais une fille canon, je ne **serais** pas un boulet.*

Traitement

Choisissez la bonne forme : futur ou conditionnel ?

1. Il savait bien qu'un jour je *viendrai/viendrais* réclamer mon dû.

2. J'*aurai/aurais* sans doute fini quand vous reviendrez.

3. Si je broyais moins du noir, je *verrai/verrais* sans doute la vie en rose.

4. Je ne *pourrai/pourrais* vous revoir avant mon départ pour New York.

5. Si le temps le permet, je me *garderai/garderais* quelques heures de bonheur...

6. « *Pourrai-je/Pourrais-je* avoir une baguette à l'ancienne ? » demanda le sorcier.

7. Même avec la meilleure volonté, je ne *saurai/saurais* vous rendre un tel service.

8. Il y aurait sans doute, pensais-je, des difficultés que je *devrai/devrais* résoudre.

9. Si j'étais riche, je *pisserai/pisserais* tout le temps. (Allais)

10. Je *sortirai/sortirais* du camp, mais quel que soit mon sort,

J'*aurai/aurais* montré, du moins, comme un vieillard en sort. (Alphonse Dumas)

Les passés du conditionnel

Diagnostic

Cochez les bonnes réponses.

1. j'aurai demandé ☐ j'aurais demandé ☐

2. nous serons partis ☐ nous serions partis ☐

3. tu eus accepté ☐ tu eusses accepté ☐

4. vous eûtes été ☐ vous eussiez été ☐

5. ils se furent souvenus ☐ ils se fussent souvenus ☐

Quoi ? Vous croyiez qu'il n'existait qu'un temps au conditionnel ? Que nenni ! Comment exprimerait-on alors le regret, le remords, la nostalgie inhérente à chaque être humain, qui se tourne vers son passé en se disant qu'il *aurait pu* faire mieux ?

Les passés du conditionnel – eh oui, ils sont deux ! – sont là pour nous aider à formuler ces regrets chers au passéiste...

Prescription

Les conditionnels passés 1re forme et 2e forme sont des temps composés. Le premier est très courant ; le second, très rare, ne s'emploie que dans une langue littéraire, voire archaïsante.

Le conditionnel passé 1re forme

Il est formé de l'auxiliaire au présent du conditionnel + participe passé : *j'aurais soigné/je serais venu(e).*

	Soigner	Venir
1	j'aurais soigné	je serais venu(e)
2	tu aurais soigné	tu serais venu(e)
3	il aurait soigné	il serait venu
4	nous aurions soigné	nous serions venu(e) s
5	vous auriez soigné	vous seriez venu(e) s
6	ils auraient soigné	ils seraient venus

Le conditionnel passé 1re forme s'emploie pour exprimer le regret : J'**aurais voulu** être un artiste.

Dans un système hypothétique, la subordonnée introduite par *si* se mettra au plus-que-parfait de l'indicatif et la principale au conditionnel passé 1re forme : *Si j'avais été boucher, j'***aurais travaillé** *dans le quartier.*

Vaccin BCG (Boostez Conjugaison et Grammaire !)

Le conditionnel passé 2e forme

Ce temps obsolète se forme exactement comme le plus-que-parfait du subjonctif ; il est constitué de l'auxiliaire au subjonctif imparfait + participe passé : *j'eusse soigné/je fusse venu(e).*

	Soigner	Venir
1	j'eusse soigné	je fusse venu(e)
2	tu eusses soigné	tu fusses venu(e)
3	il eût soigné	il fût venu
4	nous eussions soigné	nous fussions venu(e) s
5	vous eussiez soigné	vous fussiez venu(e) s
6	ils eussent soigné	ils fussent venus

Ses emplois sont en réalité assez simples :

>> Dans une proposition principale, il peut s'utiliser à la place de n'importe quel passé 1re forme à valeur modale : *J'aurais aimé être écrivain > J'***eusse aimé** *être écrivain.*

>> Dans un système hypothétique, il peut remplacer :

- le passé 1re forme de la principale ;

- mais aussi le plus-que-parfait de l'indicatif de la subordonnée en *si*.

Soit la phrase *Si j'avais été écrivain, j'y aurais laissé des plumes* ; vous pourrez la transformer au choix en :

>> *Si j'avais été écrivain, j'y* **eusse laissé** *des plumes.*

>> *Si j'***eusse été** *écrivain, j'y aurais laissé des plumes.*

>> *Si j'***eusse été** *écrivain, j'y* **eusse laissé des plumes**.

Traitement

Conjuguez les verbes au temps du conditionnel demandé.

1. tu (*être*, passé 2e f.) >...

2. il (*partir*, passé 2e f.) >...

3. je (*aller*, passé 1re f.) >...

4. ils (*rester*, passé 2e f.) >...

5. vous (*pouvoir*, passé 1re f.) >...

6. tu (*devenir*, passé 1re f.) >...

7. nous (*parler*, passé 2e f.) >...

8. elle (*faire*, passé 2e f.) >...

9. il (*dire*, passé 1re f.) >...

10. elles (*dormir*, passé 1re f.) >...

L'impératif

Diagnostic

Cochez les bonnes réponses.

1. Va te laver ! ❑   Vas te laver ! ❑

2. Soigne-toi ! ❑   Soignes-toi ! ❑

3. Sais tes leçons ! ❑   Sache tes leçons ! ❑

4. Aie tes affaires ! ❑   Aies tes affaires ! ❑

5. Donne-le-moi ! ❑   Donnes-moi-le ! ❑

L'impératif est le mode qui sert à donner des ordres ; il comprend deux temps, le présent (temps simple) et le passé (temps composé), et n'existe qu'à la 2e personne du singulier et aux 1re et 2e personnes du pluriel.

Prescription

Le présent de l'impératif

Proche du présent de l'indicatif, il s'en distingue par une différence de taille : au 1er groupe (et pour quelques verbes du 3e), la 2e personne du singulier ne prend pas de s : *mange ! crie ! ouvre ! va !*

1er groupe

Les terminaisons sont : *-e, -ons, -ez*.

Soigner	
2	soign**e**
4	soign**ons**
6	soign**ez**

2e groupe

Les verbes se conjuguent comme au présent de l'indicatif : *guéris, guérissons, guérissez.*

3e groupe

Comme pour le 2e groupe, les verbes du 3e ont les mêmes formes qu'au présent de l'indicatif : *fais, faisons, faites ; pars, partons, partez,* etc.

Les verbes *être* et *avoir*

	Être	Avoir
2	sois	aie
4	soyons	ayons
6	soyez	ayez

Verbes irréguliers

Savoir : sache, sachons, sachez.

Vouloir : veuille (formule de politesse)/*veux* (en emploi négatif : *ne m'en veux pas*), voulons, veuillez/voulez.

Aller et les *verbes* qui se terminent par un *e* à la 2e personne du singulier (*couvrir, cueillir, offrir, ouvrir*) se conjuguent comme les verbes du 1er groupe : *couvre, cueille, offre, ouvre.*

PIQÛRE DE RAPPEL : UN *Z* QUI VEUT DIRE ZÉRO !

Un problème brûlant concerne, non pas tant la conjugaison de l'impératif, que l'ordre des pronoms et les élisions subséquentes... Ainsi, à l'impératif affirmatif, l'ordre des pronoms sera : VERBE +

1er *le, la, les ;*	3e *lui, leur ;*
2e *moi, toi, nous, vous ;*	4e *en, y.*

On dira par exemple : *donne-le-lui, prends-le-leur, achète-leur-en, passe-les-moi.*
Et pour *donne + moi + en, mets + toi + y* ou *pose + le + y,* comment se débrouille-t-on ?

Attention à ne pas faire apparaître comme par magie un *z* inopportun (*donne-moi-z'en* est fautif, tout autant que l'inversion *donnes-en-moi*) ! Si bizarre que cela puisse paraître, les pronoms *moi, toi, le, la* doivent s'élider devant *en, y ;* ce qui donne des impératifs aux consonances parfois étranges : *donne-m'en, prends-t'en, mets-t'y, tiens-t'y, mets-l'y !* Quant à la forme impérative négative, là encore les écueils sont de taille : évitez de dire *parle-moi pas, fais-le pas, vas-y pas* et préférez les tournures *ne me parle pas, ne le fais pas, n'y va pas.*

Le passé de l'impératif

Il est en quelque sorte le passé composé de l'impératif et se forme donc à l'aide de l'auxiliaire au présent de l'impératif + participe passé : *aie soigné/sois parti(e)*.

Vaccin BCG (Boostez Conjugaison et Grammaire !)

Pas de *s* à la 2ᵉ personne du singulier au 1ᵉʳ groupe, avons-nous dit... Certes ! Sauf si l'impératif est suivi du pronom *en* ou *y* ; le *s* s'impose alors pour des raisons d'euphonie : *manges-en, offres-en ; penses-y, vas-y*.

En revanche, si le pronom *y* ne dépend pas de l'impératif, mais d'un infinitif, derechef le *s* n'a plus lieu d'être ! On opposera ainsi : *vas-y* et *va y mettre un peu d'ordre* (*y* dépend ici de *mettre* et non de *va*).

Traitement

Complétez les phrases par la 2ᵉ personne du singulier de l'impératif.

1. Ne (remettre) .... pas à demain ce que tu peux faire après-demain. (A. Allais)

2. (Cueillir)......................... le jour.

3. Si tu aimes le cinéma, (aller).............. -y plus souvent !

4. (Prendre)................ quelques jours sur une île déserte et (aller)............. y chercher sérénité et méditation.

5. (Savoir)..................... te comporter en société.

6. (Avoir)............. donc un peu de fierté !

7. N'(abandonner) pas tes ambitions et (s'accrocher)................................. y !

8. Tes soucis personnels, (parler).......................-lui-en le moins possible !

9. (Aimer)....................-moi, (chérir)....................-moi, (épouser)......................-moi et (être)............. toujours fidèle !

10. (Aller).........., (courir)................, (voler)................. et nous (venger)................. ! (Corneille)

Ai, aie, aies, es ou est ?

Diagnostic

Cochez les bonnes réponses.

1. On espère qu'il ait venu vous voir. ❑
   On espère qu'il est venu vous voir. ❑

2. Attends qu'il aie fini ! ❑
   Attends qu'il ait fini. ❑

3. Admettons que tu es raison. ❑
   Admettons que tu aies raison. ❑

4. Il est probable qu'il est parti. ❑
   Il est probable qu'il ait parti. ❑

5. Que j'aie tout bon serait normal. ❑
   Que j'ai tout bon serait normal. ❑

Au gré de nos pérégrinations dans les contrées parfois hostiles de la conjugaison, nous avons rencontré plusieurs ennemis qui se ressemblaient : les formes *ai, aie, aies, ait, aient, es, est* (sans parler de *hais, hait*, du verbe *haïr*), desquelles il n'est pas toujours aisé de se débrouiller...

Prescription

Tout d'abord, rappelons à quoi correspond grammaticalement chacune de ces formes :

	Forme	Dénomination grammaticale	Exemples
avoir	**ai**	1re p. du singulier, présent de l'indicatif	J'**ai** un peu de courage
	aie	2e p. du singulier, présent de l'impératif	**Aie** un peu de courage !
		1re p. du singulier, présent du subjonctif	Il faut que j'**aie** un peu de courage
	aies	2e p. du singulier, présent du subjonctif	Il faut que tu **aies** un peu de courage
	ait	3e p. du singulier, présent du subjonctif	Il faut qu'il **ait** un peu de courage
	aient	3e p. du pluriel, présent du subjonctif	Il faut qu'ils **aient** un peu de courage
être	**es**	2e p. du singulier, présent de l'indicatif	Tu **es** courageux
	est	3e p. du singulier, présent de l'indicatif	Il **est** courageux

Petit pansement pour gros bobo

Comment s'y retrouver dans ce maquis de formes homonymes ?

Trois étapes sont nécessaires :

» Repérez si vous avez affaire au verbe *être* ou *avoir*. Pour ce faire, essayez de remplacer par une forme d'*avoir* ou *être* non ambiguë, la 1re p. du pluriel, par exemple : *avons, ayons/sommes, soyons*.

» Une fois que vous avez trouvé de quel verbe il s'agit, regardez son entourage et surtout la personne grammaticale : est-ce *je, tu, il/elle/on* ou *ils/elles* ?

» Enfin, cherchez à quel mode est conjuguée la forme, en lui substituant une autre forme du même mode : si vous pensez à l'indicatif, remplacez par *nous avons* (pour *avoir*) et par *nous sommes* (pour *être*) ; si vous pensez au subjonctif, remplacez par *que nous ayons* (pour *avoir*) et par *que nous soyons* (pour *être*).

Un exemple concret :

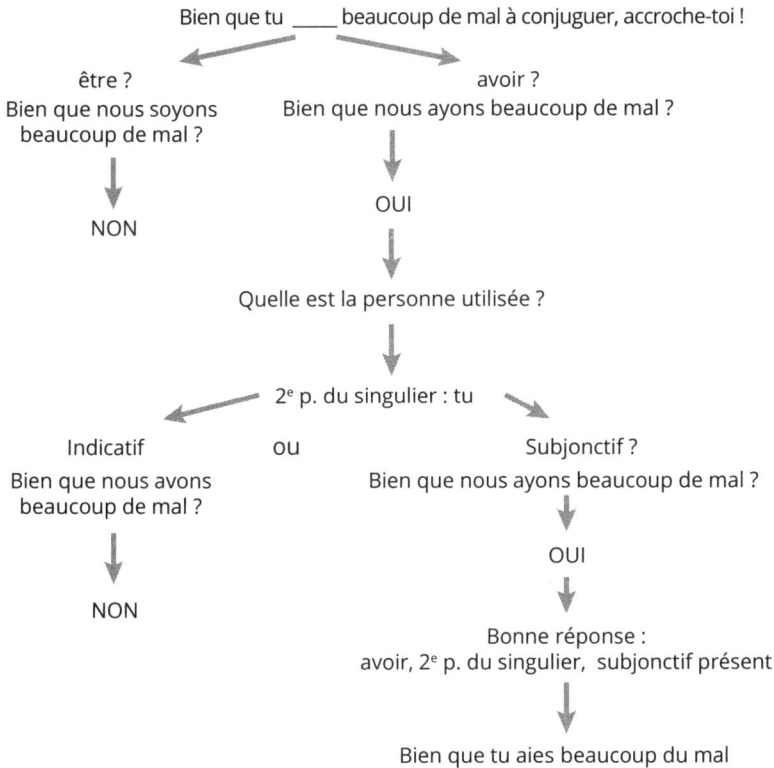

Bien que tu _____ beaucoup de mal à conjuguer, accroche-toi !

être ?
Bien que nous soyons
beaucoup de mal ?

↓

NON

avoir ?
Bien que nous ayons beaucoup de mal ?

↓

OUI

↓

Quelle est la personne utilisée ?

↓

2ᵉ p. du singulier : tu

Indicatif
Bien que nous avons
beaucoup de mal ?

ou

↓

NON

Subjonctif ?
Bien que nous ayons beaucoup de mal ?

↓

OUI

↓

Bonne réponse :
avoir, 2ᵉ p. du singulier, subjonctif présent

↓

Bien que tu aies beaucoup du mal

Repérer le verbe, la personne, le mode et substituer à chaque fois une forme univoque : voilà la méthode qui vous permettra de résoudre ces problèmes épineux d'homonymie !

Traitement

Cochez les phrases correctes et corrigez les autres.

❑ Il faut que tu es ton bac cette année.

❑ Quoi qu'il est fait, il avait sûrement de bonnes raisons.

❑ Je ne dis pas que ma voiture est forcément plus rapide que la tienne.

- ❏ J'espère que son médecin ait meilleur que le mien.

- ❏ Aies donc un peu de courage !

- ❏ N'est-il pas naturel que le maître-coq récompensé ait crié cocorico ?

- ❏ Que tu aies raison en l'occurrence, tout le monde en convient.

- ❏ Elle n'est guère étonnée que tu es de l'affection pour elle.

- ❏ Ne crois pas que ma patience n'aie pas de limites !

- ❏ Moi, que j'ai une erreur à cet exercice ? Impensable ! Impossible !

Participe présent ou adjectif verbal ?

Diagnostic

Cochez les bonnes réponses.

1. Forgeant tel Vulcain, ils devinrent forgerons. ❑
Forgeants tel Vulcain, ils devinrent forgerons. ❑

2. Ces exercices fatigants m'ont épuisé. ❑
Ces exercices fatiguants m'ont épuisé. ❑

3. Tu t'es montré convaincant. ❑
Tu t'es montré convainquant. ❑

4. Adhérant à mes idées, tu dois m'obéir. ❑
Adhérent à mes idées, tu dois m'obéir. ❑

5. Ils s'avèrent très exigents. ❑
Ils s'avèrent très exigeants. ❑

Le participe présent est une forme verbale plutôt facile, mais qui pose quelques petits problèmes, notamment quand on le confond avec son frère jumeau, l'adjectif verbal...

Prescription

Le participe présent (actif) se forme sur le radical du présent à la 1re personne du pluriel + *-ant*.

Étant (être), *ayant* (avoir), *sachant* (savoir).

Lorsqu'il est précédé de la préposition *en*, on parle de gérondif : *C'est **en** bûchant qu'on devient bûcheron.*

Le participe présent est toujours **invariable** : *Des chasseurs **sachant** chasser chassent sans leur chien.*

Mais il existe une autre forme en -*ant*, qui, elle, est variable, l'adjectif verbal : il s'agit d'un adjectif qualificatif tiré d'un verbe ; il s'accorde donc comme n'importe quel autre adjectif : *Ils se montrent **brillants** et **convaincants**.*

Petit pansement pour gros bobo

Comment les distinguer, alors ? Quand accorder, quand laisser invariable ?

Le participe présent est une forme verbale : à ce titre, il exprime une action. Au contraire, l'adjectif verbal, comme tout adjectif, exprime une caractéristique. Ça, c'est pour la théorie !

Concrètement : puisqu'il est une forme verbale, le participe présent peut toujours être encadré par la négation (ce qui est impossible pour l'adjectif verbal) : *Ses mots **apaisant** tout le monde, il est le bienvenu > Ses mots **n'apaisant pas** tout le monde, il est le bienvenu.* Dans ce cas, l'invariabilité sera obligatoire.

L'adjectif verbal peut, quant à lui, être précédé d'un adverbe intensif comme *très* (ce que n'accepte pas le participe présent) : *Ses mots apaisants sont les bienvenus > Ses mots **très** apaisants sont les bienvenus.* Vous pouvez aussi, si vous préférez, le remplacer par n'importe quel autre adjectif : *Ses mots **gentils** sont les bienvenus.* Dans ce cas, vous devrez accorder l'adjectif verbal avec le nom qu'il caractérise.

Vaccin BCG (Boostez vos Connaissances en Grammaire !)

Outre le problème d'accord, certains participes présents et adjectifs verbaux se distinguent par leur orthographe.

Cette difficulté concerne d'une part les adjectifs verbaux en -*ent* (*émergent*) :

Participe présent en -*ant*	Adjectif verbal en -*ent*
adhérant	adhérent
affluant	affluent

Participe présent en *-ant*	Adjectif verbal en *-ent*
coïncidant	coïncident
confluant	confluent
convergeant	convergent
déférant	déférent
détergeant	détergent
émergeant	émergent
différant	différent
équivalant	équivalent
excellant	excellent
expédiant	expédient
Influant	influent
négligeant	négligent
précédant	précédent
résidant	résident
somnolant	somnolent

D'autre part, quelques verbes ont un adjectif verbal en *-gant/-cant* (*fatigant*, *convaincant*), alors que le participe présent se termine par *-guant/-quant* (*fatiguant*, *convainquant*) :

Participe présent en *-guant/-quant*	Adjectif verbal en *-gant/-cant*
communiquant	communicant
convainquant	convaincant
extravaguant	extravagant
fatiguant	fatigant
intriguant	intrigant
naviguant	navigant
provoquant	provocant
suffoquant	suffocant
vaquant	vacant
zigzaguant	zigzagant

Pour les différencier, là encore utilisez le même truc que ci-dessus : *Les problèmes de grammaire [ne] **fatiguant** [pas] le lecteur, il écrit en langage SMS/Les problèmes de grammaire sont [très] **fatigants**.*

Traitement

Choisissez la bonne réponse.

1. *Prenant/Prenants* des vessies pour des lanternes, ces benêts ne sont pas des lumières !

2. Les élèves *somnolant/somnolents* en classe, le professeur décide d'étudier « Le Dormeur du val ».

3. Elle vient d'empocher des honoraires *équivalant/équivalents* à six mois de salaire.

4. L'air *suffocant/suffoquant* de cette pièce m'oppresse.

5. *Zigzagant/Zigzaguant* parmi la foule, nous nous frayons un chemin jusqu'à une table libre.

6. Les mots « prescription » et « proscription », ne *différant/différents* que d'une lettre, sont des paronymes.

7. Tu t'es montré assez *négligent/négligeant* dans ton travail, même si j'avais été plutôt *exigent/exigeant*.

8. Ce n'est pas en *négligent/négligeant* les opinions d'autrui que l'on a forcément raison.

9. Le jour *précédant/précédent* leur mariage, les futurs époux n'étaient pas à la noce !

10. Depuis les augmentations de salaire, le personnel *navigant/naviguant* est au septième ciel !

Le participe passé

Diagnostic

Cochez les bonnes réponses.

1. j'ai grandi ❑   j'ai grandit ❑

2. elle a fais ❑   elle a fait ❑

3. il avait fui ❑   il avait fuit ❑

4. vous avez dissous ❑   vous avez dissout ❑

5. il a cru ❑   il a crû ❑

Ce que l'on appelle couramment *participe passé* est en réalité une réduction du participe passé passif : *ayant été soigné(e)(s) > soigné(e)(s).*

Prescription

Au 1ᵉʳ groupe (ainsi que pour *aller*), il se forme en *-é* : **soigné, soignée, soignés, soignées**.

Au 2ᵉ groupe, il se termine par *-i* : **guéri, guérie, guéris, guéries**. Une exception : *maudit(e)(s).*

Au 3ᵉ groupe, comme toujours les choses se compliquent un peu ! Le participe passé se forme souvent avec un *-i* (**parti, dormi**) ou un *-u* (**bu, couru**), mais plusieurs verbes présentent des irrégularités, tant dans la terminaison que dans le radical :

	participes en -*i*	participes en -*u*	participes en -*t*	participes en -*s*	participes irréguliers
Participes variables	*assailli, bouilli, cueilli, fui, parti, senti, servi...*	*accru, battu, bu, conclu, connu, couru, cousu, cru, dû, eu, lu, moulu, mû, paru, pendu, pondu, reçu, rendu, repu, résolu, rompu, su, tendu, tu, vaincu, valu, vécu, venu, vêtu, voulu, vu*	*conduit, confit, couvert, craint, détruit, dit, écrit, extrait, fait, frit, joint, mort, offert, ouvert, peint, souffert*	*acquis, assis, clos, mis, pris, sursis*	*né, absous, dissous*
Participes invariables	*dormi, menti, nui, ri, suffi*	*crû, fallu, plu, pu*			*été*

Vaccin BCG (Boostez Conjugaison et Grammaire !)

Soyez attentif à quelques petites subtilités :

» Les participes passés d'*absoudre* et de *dissoudre* sont *absous, dissous* au masculin, malgré le féminin *absoute, dissoute*.

» *Conclure* et *exclure* ont pour participe passé *conclu, conclue* et *exclu, exclue* ; en revanche *inclure* fait *inclus, incluse*.

» Les participes de *devoir, redevoir, croître, recroître* et *mouvoir*, prennent au masculin singulier un accent circonflexe (*dû, redû, crû, recrû, mû*), qui disparaît aux autres formes (*due, redus, recrues, mus...*). Mais on écrit, sans accent, le participe des autres verbes composés : *accru, décru, ému, promu*.

Traitement

Mots mêlés

Retrouvez dans la grille 37 participes passés masculins. Les quatre lettres restantes vous donneront un 38ᵉ participe :

_ _ _ _

T	N	I	O	J	D	A	C	R	U
N	T	O	U	V	E	R	T	E	T
I	M	I	R	E	D	I	T	P	T
E	O	V	A	L	U	E	F	U	A
P	R	E	P	R	I	S	L	A	B
R	T	I	T	I	T	L	S	I	S
O	E	S	U	F	A	S	I	M	O
M	N	U	I	F	E	M	U	R	L
I	D	P	L	U	L	C	N	O	C
S	U	O	S	S	I	D	T	D	S

adjoindre	fuir	reprendre
avoir	instruire	repaître
battre	lire	soustraire
clore	mourir	rire
conclure	naître	savoir
croire	nuire	seoir
déduire	ouvrir	suffire
devoir	paraître	taire
dissoudre	peindre	tendre
dormir	plaire	valoir
émouvoir	pouvoir	voir
être	promettre	
falloir	redire	

Infinitif ou participe passé ?

Diagnostic

Cochez les bonnes réponses.

1. Je vais déménagé. ❑
   Je vais déménager. ❑

2. Moi, me trompé ? ❑
   Moi, me tromper ? ❑

3. Elle est allée marchée. ❑
   Elle est allée marcher. ❑

4. Ils ont été acceptés. ❑
   Ils ont été accepter. ❑

5. Elles sont là pour progressé. ❑
   Elles sont là pour progresser. ❑

Notre langue offre cette exquise particularité de posséder plusieurs graphies pour un même son, ce qui cause de nombreuses erreurs. C'est particulièrement le cas pour les formes en [e]/[ɛ] (prononcez « é »/« è »), notamment en conjugaison : *-é, -er, -ez, -ai, -ais, -ait*. Les fautes courantes concernent tout spécialement la confusion entre infinitif et participe passé au 1er groupe : *-er* ou *-é* ?

Prescription

L'infinitif présent (*soigner*) est une forme invariable du verbe ; on le trouve le plus souvent :

>> après un autre verbe : *je sais **nager**, j'adore **conjuguer**, il va pouvoir **entrer** ;*

>> après les prépositions *à, de, par, pour, sans* : *je songe à me **marier**, je viens de **manger**...*

Le participe passé fonctionne comme un adjectif et se trouve :

>> dans un temps composé (après les auxiliaires *être* ou *avoir*) : *j'ai **soigné**, tu avais **voyagé**, elle sera **allée**, nous fûmes **restés**, que vous ayez **discuté**, ils se seraient **reposés**...* ;

>> en emploi adjectival, en tant qu'épithète liée (*des enfants bien **élevés***), épithète détachée (*bien **élevés**, ces enfants disent toujours bonjour*), attribut du sujet (*elles sont bien **élevées***), attribut du COD (*ces filles, je les trouve bien **élevées***).

Petit pansement pour gros bobo

Dans la pratique, il existe deux astuces pour vous aider à les différencier rapidement :

>> L'infinitif peut toujours être remplacé par un infinitif du 3e groupe, puisque sa terminaison n'est alors pas en *-er* (*vendre* ou *venir*, par exemple).

>> Le participe peut être remplacé par un participe passé du 3e groupe (*venu, vendu*).

Traitement

Cochez les phrases correctes et corrigez les autres.

❏ Dans les allées désolées, les azalées ont pousser dès que le printemps est arriver.

❏ Tout ce qu'elle a à donné pour être accepter, c'est un papier qu'elle a fait tamponné.

❏ Ils n'ont cessé de travailler, sans même s'arrêter pour s'octroyer une pause bien méritée.

❏ Elle adore mangé au restaurant et être invitée par des sigisbées bien éduqués.

❏ Je viens de lui demandé de m'épouser : elle n'a pas refusé, mais n'a pas voulu non plus accepter.

- ❑ Elle a aimé étudier le latin et a toujours considéré que cette langue lui a beaucoup apporté.

- ❑ J'ai commencé par me demandé si j'avais bien fait de me comporter ainsi.

- ❑ Il va sans doute être muter en Angleterre et s'installer à Londres, même s'il préférerait ne pas payer un loyer trop élevé.

- ❑ Une fois la première frayeur passer, il s'est habitué à cette façon de parler.

- ❑ J'ai pu voyagé dans le monde enchanté de la grammaire et j'en ai rapporter des règles alambiquées !

UN *-EZ* QUI SAIGNE...

-er ou *-ez* ?

Diagnostic

Cochez les bonnes réponses.

1. Il souhaite vous consultez. ❏
Il souhaite vous consulter. ❏

2. Il sait que vous comptez sur lui. ❏
Il sait que vous compter sur lui. ❏

3. Vous méprisez est indigne de lui. ❏
Vous mépriser est indigne de lui. ❏

4. Je ne peux vous ignorez. ❏
Je ne peux vous ignorer. ❏

5. J'ignore si vous aimer les sushis. ❏
J'ignore si vous aimez les sushis. ❏

La distinction entre *soigner* (infinitif) et *soignez* (2ᵉ personne du pluriel) peut sembler aller de soi... Et pourtant ! Les fautes sont de plus en plus fréquentes, notamment lorsque l'infinitif et précédé du pronom *vous*.

Prescription

La règle est simple : si le pronom sujet *vous* précède une forme verbale en [e], celle-ci prend la marque *-ez*. Oui, mais uniquement quand ce *vous* est **sujet** : *vous soignez, vous grondez...*

En revanche, si le *vous* est complément, il ne peut commander l'accord du verbe et l'on a donc affaire à un infinitif : *je peux vous soigner, je vais vous gronder...*

Pour que la terminaison soit *-ez*, il faut que le pronom *vous* soit sujet, donc que ce soit lui qui fasse l'action du verbe :

>> *Vous soignez* > Qui est-ce qui soigne ? > Vous.

>> *Je vais vous soigner* > Qui est-ce qui soigne ? > C'est moi qui vous soigne.

Petit pansement pour gros bobo

Pour aller encore plus vite, utilisez l'astuce de la substitution ; si la forme en [e] peut être remplacée par *vendre*, il s'agit d'un infinitif, donc *-er* : *J'ai envie de vous parler* > *J'ai envie de vous vendre*.

Dans le cas contraire, le pronom *vous* sera bien sujet du verbe, donc *-ez*.

PIQÛRE DE RAPPEL : *ALLEZ, SORS D'ICI* OU *ALLER, SORS D'ICI* ?

L'erreur est de plus en plus fréquente : il ne s'agit pas ici de l'infinitif, mais de l'impératif à la 2e personne du pluriel, utilisé en tant qu'interjection incitant à l'action : *Allez, sors d'ici !*

Traitement

Choisissez la bonne réponse.

1. Je souhaiterais vous *parler/parlez* quelques minutes.

2. Vous *énerver/énervez* contre lui ne servira à rien.

3. Il ne sait pas si vous l'*estimer/estimez* suffisamment capable pour ce travail.

4. *Aller/Allez*, dépêchez-vous un peu ou vous *aller/allez* être en retard.

5. Je voudrais vous *féliciter/félicitez* d'avoir réagi si vite.

6. Vous *persuader/persuadez* de ma bonne foi est le cadet de mes soucis.

7. Comment vous *persuader/persuadez* que c'est la bonne solution ?

8. Vous *appeler/appelez* toujours à des heures impossibles !

9. Je penserai à vous *appeler/appelez* la prochaine fois.

10. Si vous *aimer/aimez* passionnément, on ne peut que vous *aimer/aimez* en retour.

La voix passive

Diagnostic

Cochez les phrases à la voix passive.

1. J'étais devenu un homme. ❑

2. Il fut parti le premier. ❑

3. Il fut félicité pour ses succès. ❑

4. Elle avait été vue la veille. ❑

5. Il est aimé de tous. ❑

Les formes verbales que nous avons vues jusque-là étaient conjuguées à la voix active, c'est-à-dire que le sujet faisait l'action du verbe. À la voix passive, tout est renversé : le COD devient sujet passif (il subit l'action) et le sujet devient complément d'agent (introduit par les prépositions *par* ou *de*). Quant au verbe, il est conjugué avec l'auxiliaire *être* :

*L'homme **a créé** l'ordinateur* (voix active) > *L'ordinateur **a été créé** par l'homme* (voix passive).

Prescription

Quel que soit le mode, l'auxiliaire utilisé est *être* suivi du participe passé. Pour former la voix passive, il suffit de conjuguer l'auxiliaire *être* au temps voulu et de lui ajouter le participe passé. Ainsi, pour conjuguer un verbe au passé composé, mettez votre auxiliaire *être* au passé composé + le participe passé : *j'ai été + soigné*.

Aux temps simples, la voix passive compte donc deux « morceaux » (*je suis soigné*) ; aux temps composés, il y en a trois (*j'ai été soigné*) :

Modes	Temps		Conjugaison à la voix passive
Indicatif	temps simples	présent	*je suis soigné(e)*
		imparfait	*j'étais soigné(e)*
		futur simple	*je serai soigné(e)*
		passé simple	*je fus soigné(e)*
	temps composés	passé composé	*j'ai été soigné(e)*
		plus-que-parfait	*j'avais été soigné(e)*
		futur antérieur	*j'aurai été soigné(e)*
		passé antérieur	*j'eus été soigné(e)*
Subjonctif	temps simples	présent	*que je sois soigné(e)*
		imparfait	*que je fusse soigné(e)*
	temps composés	passé	*que j'aie été soigné(e)*
		plus-que-parfait	*que j'eusse été soigné(e)*
Conditionnel	temps simple	présent	*je serais soigné(e)*
	temps composés	passé 1e forme	*j'aurais été soigné(e)*
		passé 2e forme	*j'eusse été soigné(e)*
Impératif	temps simple	présent	*sois soigné(e)*
	temps composé	passé	*aie été soigné(e)*
Infinitif	forme simple	présent	*être soigné(e)*
	forme composée	passé	*avoir été soigné(e)*
Participe	forme simple	présent	*étant soigné(e)*
	forme composée	passé	*ayant été soigné(e)*

N'oubliez pas non plus que, dans tous les cas, le participe passé se trouve juste après l'auxiliaire *être* ; il devra donc s'accorder avec le sujet : *elle fut soignée, elles ont été soignées, elle eût été soignée...*

Traitement

Transposez les passages actifs soulignés à la voix passive et vice-versa.

1. <u>La morphine a été inventée</u> pour permettre aux médecins de dormir tranquilles. (S. Guitry)

....

2. Le progrès technique est comme une hache <u>qu'on aurait mise dans les mains d'un psychopathe.</u> (A. Einstein)

....

3. <u>Les sanglots longs des violons de l'automne blessent mon cœur d'une langueur monotone.</u> (P. Verlaine)

....

4. <u>Des meubles luisants, polis par les ans, décoreraient notre chambre.</u> (C. Baudelaire)

....

5. <u>Les astres émaillaient le ciel profond et sombre.</u> (V. Hugo)

....

6. <u>L'amour m'en eût d'abord inspiré la pensée.</u> (J. Racine)

....

7. <u>Quand le domestique eut refermé la porte,</u> il saisit vivement la main de la jeune femme, qu'il baisa avec tendresse.
(E. Zola)

....

8. <u>Les jugements de cour vous rendront blanc ou noir.</u>
(La Fontaine)

....

9. <u>La solution de ce problème affolant, chacun la chercha.</u>

....

10. Quand on ne travaillera plus les lendemains des jours de repos, <u>la fatigue sera vaincue.</u> (A. Allais)

....

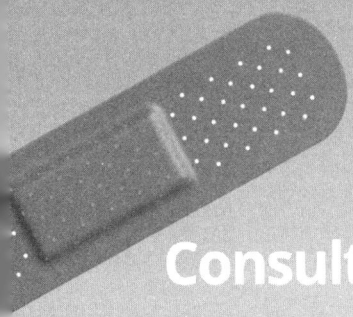

Consultation

2

Soignez
vos grands
accords
malades !

Savoir accorder est une opération du cerveau parfois délicate et risquée : elle concerne un grand nombre de cas (verbes, déterminants, adjectifs, pronoms, participes) et requerra de vos neurones l'application de quelques règles, certaines plutôt simples, d'autres assez complexes...

Mais ne paniquez pas : antalgiques et pansements seront là pour faire de cette opération une simple promenade de santé !

L'accord du verbe avec le sujet

Diagnostic

Cochez les bonnes réponses.

1. Homme et femme devrait être égaux. ❑
   Homme et femme devraient être égaux. ❑

2. Soudain arrive le froid et la neige. ❑
   Soudain arrivent le froid et la neige. ❑

3. C'est toi qui a raison. ❑
   C'est toi qui as raison. ❑

4. La plupart a réussi son bac. ❑
   La plupart ont réussi leur bac. ❑

5. Elle les porte. ❑
   Elle les portent. ❑

Le verbe s'accorde en genre, en nombre et en personne avec son sujet : c'est le postulat de base. Cela dit, la variété de sujets possibles pose parfois quelques problèmes, par exemple lorsqu'ils sont coordonnés (par *ou* ou *ni*) ou introduits par un collectif (*foule, groupe, nuée...*).

Prescription

L'accord avec un sujet unique

Si le sujet est singulier, le verbe s'accorde au singulier ; si le sujet est au pluriel, le verbe se met au pluriel : *Le chien ne **fait** pas un chat. Les chiens ne **font** pas des chats.*

Quand le sujet est un pronom relatif (*qui*), le verbe s'accorde avec l'antécédent du pronom : *C'est moi qui* **avais** *appelé* (= *J'avais appelé*) ; *C'est toi qui* **as** *fait ce travail ?* (= *Tu as fait ce travail ?*)

Renversez l'ordre établi !

L'ordre sujet-verbe-complément est la règle en français... Mais rien n'empêche d'avoir un sujet inversé ; c'est le cas dans la phrase interrogative : *Nos aïeux* **mangeaient**-*ils du mammouth ?* Vous pouvez le trouver aussi dans des phrases déclaratives : *Dans les couloirs ténébreux* **passent** *soudain des fantômes* ; *Peu* i**mportent** *vos doutes.*

Cette difficulté est particulièrement sensible dans des énoncés comme *Les routes qu'***avaient** *empruntées mes amis avaient divergé* : le sujet est inversé (*mes amis*), tandis que le COD (*que*) se retrouve antéposé !

Vous devrez donc être vigilant et toujours vous demander « qui est-ce qui ? » : cette question vous aidera à trouver le sujet et à accorder le verbe en conséquence.

L'accord avec plusieurs sujets

L'accord se fait au pluriel, que les sujets soient coordonnés (par *et*) ou juxtaposés (séparés par des virgules) : *Mon père et ma père* **fêtent** *leurs noces d'or* ; *Le téléphone, l'ordinateur, la tablette* **constituent** *de vraies addictions.*

Quand les sujets sont à différentes personnes, la 1re l'emporte sur la 2e, qui l'emporte sur la 3e : *Toi et moi* **devrions** *nous marier* ; *Tes amis et toi* **êtes** *les bienvenus.*

Vaccin BCG (Boostez vos Connaissances en Grammaire !)

Accord avec un collectif

Le terme « collectif » désigne des noms exprimant un pluriel sémantique : *foule, tas, groupe, armée, bande, nuée, kyrielle...*

Si le collectif n'est pas suivi d'un complément, on laisse le verbe au singulier : *Une foule **fait** la queue.*

La plupart est toujours suivi du pluriel : *La plupart **sont partis**.*

Si le collectif est suivi d'un complément, deux cas se présentent :

>> Le collectif est introduit par un article défini (*le, la*), un déterminant démonstratif (*ce, cette*) ou possessif (*mon, ton...*) : on accorde le verbe avec le collectif (l'article défini porte l'attention sur lui) : *La majorité des Français **est** pour. Ce groupe d'élèves **est** bavard.*

>> Le collectif est introduit par un article indéfini (*un, une*) : le choix vous est laissé ! Vous pouvez accorder avec le collectif ou avec le complément, selon l'élément sur lequel vous souhaitez insister : *Un grand nombre de lycéens **ont/a** le bac.*

De même pour les fractions (*un tiers*), les numéraux (*une douzaine*) et les pourcentages : *Le tiers des électeurs **s'est abstenu** ; Un tiers des électeurs **se sont abstenus/s'est abstenu** ; Une douzaine d'œufs **suffiront/suffira** ; 60 % des Français **ont/a** voté contre.*

Avec les expressions *nombre de, quantité de, peu de, force*, c'est le complément qui commande l'accord du verbe : *Nombre d'amis **sont venus** ; Quantité de plats **furent servis**.*

PIQÛRE DE RAPPEL

Avec *plus d'un*, l'accord se fait au singulier (*Plus d'un grammairien **obéit** à ses subordonnées*), sauf s'il y a une idée de réciprocité (*Plus d'un ornithologiste **s'envoient** des noms d'oiseaux*).

Avec *moins de deux*, l'accord se fait au pluriel (*Moins de deux grammairiens **obéissent** à leurs subordonnées*).

Traitement

Cochez les phrases correctes et corrigez les autres.

- ❏ Ces gens-là, je ne les aiment pas et je ne vous parlerez pas d'eux.

- ❏ Quelque 54 % des électeurs ont voté non au référendum et un tiers s'est abstenu.

- ❏ Un bruit de pas se fait entendre : entre alors un officier et deux soldats qui empoigne le prisonnier.

- ❏ Tout le groupe des invités manifestait une joie tapageuse et la plupart semblaient ivres.

- ❏ Plus d'un candidat ont été reçus à ce concours.

- ❏ Une fois que fut résolu les questions d'organisation, ne demeurait que les problèmes de date.

- ❏ Frère humain qui après moi vivra, aie pitié de moi qui ne suis plus que poussière.

- ❏ La stupeur qu'avait provoquée leurs réactions ne se dissipèrent qu'au bout de plusieurs longues minutes et plus d'un se sentirent choqués.

- ❏ N'est-ce pas moi qui doit accomplir ce travail ?

- ❏ Alors que silence et méditation m'auraient été nécessaires pour mener à bien les tâches que m'avait confiées mon chef, dans la torpeur de l'après-midi retentit soudain – sans qu'aucun des êtres présents semblât s'étonner de ces remuements qui devaient durer plusieurs heures – les cris d'une centaine d'enfants qui s'égaillaient dans les rues.

Le pluriel des noms

Diagnostic

Cochez les bonnes réponses.

1. des nezs ☐   des nez ☐

2. des corails ☐   des coraux ☐

3. des caillous ☐   des cailloux ☐

4. des piédestals ☐   des piédestaux ☐

5. des bungalow ☐   des bungalows ☐

Le pluriel des noms réservent aux amateurs de bizarreries grammaticales (si, si, ils existent !) quelques belles surprises... Quant aux autres, rassurez-vous : ce n'est pas si difficile !

Prescription

Pluriel en -*s*

Le pluriel des noms se marque par l'ajout d'un -**s** : *des verres, des euros, des jeudis, des slows...*

Les noms abrégés prennent aussi la marque du pluriel : *des profs, des métros, des cinémas...*

Pluriel en -*x*

Un certain nombre de noms prennent un -**x** au pluriel :

>> Tous les noms en -*eau* : *bateaux, gâteaux...*

>> Les noms en -*eu* et -*œu* : *feux, lieux, vœux...* Exceptions : *bleus, émeus, enfeus, lieus* (poissons), *pneus, richelieus.*

>> Les noms en *-au* : *joyaux, tuyaux...* Exceptions : *graus, landaus, sarraus, unaus.*

>> Sept noms en *-ou* : *bijoux, cailloux, choux, genoux, hiboux, joujoux, poux.*

>> La plupart des noms en *-al* : *bocaux, chevaux, piédestaux...* Mais quelques noms ont un pluriel en *-als* : *bals, cals, carnavals, cérémonials, chacals, chorals, festivals, gavials, narvals, nopals, pals, régals, rorquals, santals, servals, sisals.* Certains hésitent entre les deux : *des idéals/idéaux.*

>> Quelques noms en *-ail* font leur pluriel en *-aux* : *baux, coraux, fermaux, gemmaux, soupiraux, travaux, vantaux, vitraux,* + *ail* > *ails/aulx.*

>> Quelques noms à part : *un ciel* > *des cieux* ; *un œil* > *des yeux* ; *un aïeul* > *des aïeux.*

Vaccin BCG (Boostez vos Connaissances en Grammaire !)

Noms invariables

Ne prennent pas la marque du pluriel :

>> les noms terminant par *-s, -x, -z* : *des souris, des noix, des riz* ;

>> les noms de notes : *des sol, des fa dièse* ;

>> les noms des lettres grecques : *des alpha, des oméga* ;

>> les sigles : *des BD, des DVD* ;

>> la plupart des acronymes : *des sicav, des FAQ.* Mais les plus courants ne sont plus sentis comme des acronymes et s'accordent normalement : *des ovnis, des sidas, des radars...*

Des « œils » ? Mon œil !

Le pluriel *œils* existe bel et bien et peut être tout à fait correct... dans certains contextes !

Ainsi, on utilisera le pluriel *œils* dans quelques acceptions techniques : *les œils des aiguilles* (= chas), *les œils des outils* (= trous pour recevoir le manche), *les œils des lettres* (= en imprimerie, partie du caractère saillante ou rentrante qui reçoit l'encre). Ce pluriel se trouve aussi dans les noms composés : *des œils-de-bœuf, des œils-de-chat, des œils-de-perdrix, des œils-de-pie.*

De même, vous distinguerez vos *aïeux* (vos ancêtres) de vos *aïeuls* (vos grands-parents) ; vos *travaux* (tâches, emplois) des *travails* (outils du maréchal-ferrant) ; et enfin, vous vous élèverez jusqu'aux *cieux* (pluriel poétique et emphatique), à moins que vous ne préfériez les *ciels* (véritable pluriel : ciels d'un tableau ; climats ; plafonds de carrière ; couronnements de lits)...

Toujours pluriels !

Environ deux cents noms communs n'existent qu'au pluriel et ne peuvent s'employer au singulier ; parmi les plus courants : *affres, agissements, aguets, alentours, annales, appointements, archives, arrhes, castagnettes, condoléances, confins, décombres, ébats, fiançailles, frais, funérailles, honoraires, latrines, mœurs, obsèques, ossements, parages, pénates, prémices, représailles, rillettes, sévices, ténèbres, us...*

Des pluriels étrange(r)s...

Certains emprunts (didactiques) peuvent garder leur pluriel d'origine – si vous souhaitez jouer les cuistres, effet garanti ! : *un land > des länder* (allemand) ; *une supernova > des supernovæ* (latin) ; *un scenario > des scenarii* (italien) ; *un tennisman > des tennismen* (faux anglicisme !) ; *un kibboutz > des kibboutzim* (hébreu) ; *un Targui > des Touareg* (arabe)...

Traitement

Pour sortir du labyrinthe, choisissez les dix formes correctes, en entrant par le haut.

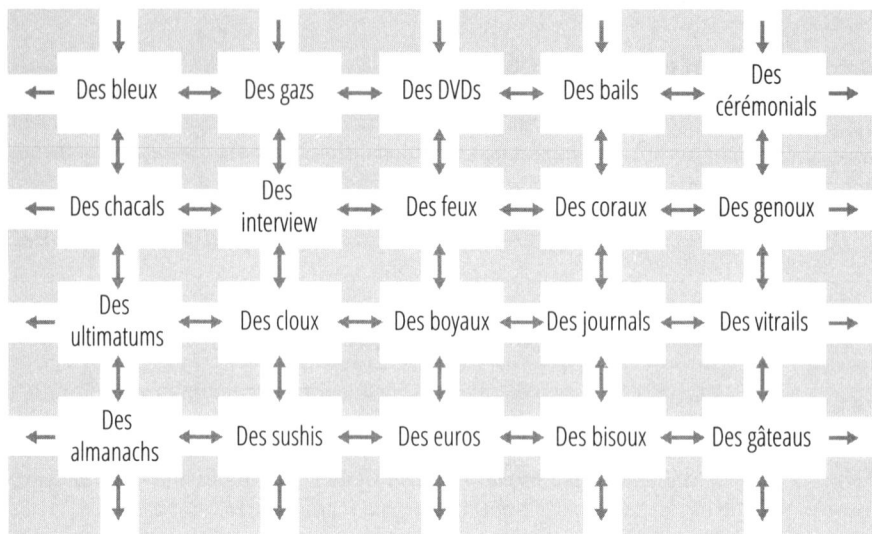

↓	↓	↓	↓	↓
← Des bleux ↔	Des gazs ↔	Des DVDs ↔	Des bails ↔	Des cérémonials →
↕	↕	↕	↕	↕
← Des chacals ↔	Des interview ↔	Des feux ↔	Des coraux ↔	Des genoux →
↕	↕	↕	↕	↕
← Des ultimatums ↔	Des cloux ↔	Des boyaux ↔	Des journals ↔	Des vitrails →
↕	↕	↕	↕	↕
← Des almanachs ↔	Des sushis ↔	Des euros ↔	Des bisoux ↔	Des gâteaus →
↕	↕	↕	↕	↕

Le pluriel des noms composés

Diagnostic

Cochez les bonnes réponses.

1. des rouge-gorge ☐ des rouges-gorges ☐

2. des années-lumières ☐ des années-lumière ☐

3. des haut-parleurs ☐ des hauts-parleurs ☐

4. des porte-avions ☐ des portes-avions ☐

5. des guet-apens ☐ des guets-apens ☐

Aïe, aïe, aïe ! On entre ici en terrain miné ! En effet, pendant longtemps, le pluriel des noms composés fut le royaume de la complication et de l'arbitraire... Mais désormais, les règles sont simplifiées et les dictionnaires se montrent plus tolérants...

Prescription

L'accord va dépendre en fait de la nature grammaticale des composants.

Nom + nom

Les deux noms juxtaposés s'accordent : *des bars–tabacs, des bijoutiers–joailliers.*

> **»** Si le composé est formé à l'aide d'un point cardinal, celui-ci reste invariable : *des Sud-Coréens, des Est-Allemands.*

> **»** Si le nom composé est formé d'un nom + complément dont la préposition est sous-entendue, on n'accorde que le premier

membre : *des années-lumière* (= années *de* lumière), *des assurances-vie* (= sur la vie), *des kilomètres-heure* (= par heure), *des cocottes-minute* (= en une minute), *des bébés-éprouvette* (= grâce à une éprouvette).

» Comment savoir si on a affaire à l'un de ces noms ? C'est simple : contrairement à *bar-tabac* (c'est à la fois un bar *et* un tabac), les deux noms ne sont pas sur un pied d'égalité : une *assurance-vie* n'est pas une assurance *et* une vie, mais une assurance *sur* la vie.

Nom + adjectif/adjectif + nom

Les deux éléments s'accordent généralement : *des châteaux forts, des ronds-points.*

Certains composés, bien que soudés, ont conservé l'accord des deux membres : *des bonshommes, des gentilshommes.*

» L'adjectif reste invariable s'il est utilisé comme adverbe (*des haut-parleurs*), ou si le nom composé est formé par dérivation : *long cours* > *des long-courriers* ; *Extrême-Orient* > *des Extrême-Orientaux.*

» *Demi, nu* demeurent invariables : *des demi-portions, des nu-pieds.* Exceptions : *des nues-propriétés, des nu(e)s-propriétaires.*

» Si le nom est complément de l'adjectif, il reste invariable : *des petits-beurre* (= de petits gâteaux faits avec du beurre), *des terre-pleins* (= pleins de terre).

Quant aux composés sur *grand* (qui était jadis invariable), l'usage hésite : *des grands-pères, des grand(s)-mères, des mères-grand, des grandes-duchesses.*

Nom + préposition + nom

Seul le premier nom prend la marque du pluriel : *des arcs-en-ciel, des pieds-de-biche...*

Si le composé provient d'une locution verbale, il demeure invariable : *mettre le pot au feu* > *des pot-au-feu* ; *mettre le pied à terre* > *des pied-à-terre* ; *sauter du coq à l'âne* > *des coq-à-l'âne* ; *être en tête à tête* > *des tête-à-tête.*

Mot invariable + nom/adjectif

Seul le nom se met au pluriel :

» préposition + nom : *des à-côtés, des en-buts, des après-rasages, des sans-culottes* ;

>> élément gréco-latin + nom : *des oto-rhino-laryngologistes, des micro-ordinateurs* (ces composés sont, sauf exception, de plus en plus soudés, ce qui résout le problème du pluriel : *des gastroentérites, des microordinateurs*) ;

>> adverbe + nom : *des non-dits, des vice-rois, des mal-logés.*

Verbe + nom COD

Ce type de composés, très productif, souffrait naguère encore d'une rare complexité ! La règle traditionnelle exigeait l'invariabilité du nom lorsque celui-ci représente une entité unique : *des porte-bonheur* (= ils portent *le* bonheur), *des abat-jour* (= ils abattent *le* jour).

Désormais, les dictionnaires tendent à régulariser : le verbe reste invariable et le nom s'accorde : *des passe-montagnes, des ouvre-boîtes, des aide-mémoires, des porte-bonheurs...*

Les composés sur *garde* ont une petite particularité : *garde-* reste invariable quand il est un verbe et désigne une chose (*des garde-fous, des garde-côtes* « bateaux ») ; il s'accorde lorsqu'il est un nom, car il désigne alors une personne (*des gardes-malades, des gardes-côtes* « personnes surveillant le littoral »). De même pour *aide* : *des aide-mémoires* vs *des aides-soignants.*

Vaccin BCG (Boostez composition et grammaire !)

Composés de types divers

D'autres types de formation résiduels existent : phrase (*sauve-qui-peut, on-dit, sot-l'y-laisse*), infinitifs (*savoir-faire, copier-coller*), onomatopées (*coin-coin, tam-tam, pin-pon*), noms propres (*Coca-Cola*).

Dans tous ces cas, l'invariabilité est la règle générale : *des on-dit, des copier-coller, des coin-coin* (même si, çà et là, les dictionnaires ne sont pas toujours d'accord entre eux et que certains cas demeurent délicats).

Composés d'origine anglaise

Dans l'immense majorité, le second terme prend la marque du pluriel (comme en anglais) : *des fast-foods, des week-ends, des chewing-gums...*

Restent invariables ceux qui sont formés avec des prépositions ou adverbes anglais : *des start-up, des drive-in, des black-out...*

Traitement

Accordez si nécessaire.

1. Ces gourmets aiment autant les pot…-au-feu… et les quatre…-quart… que les croque…-monsieur… et les milk…-shake… des fast…-food….

2. Des lave…-linge…, des essuie…-glace… pour les semi…-remorque… et de vieux deux-roue… avec leurs porte…-bagage… traînent dans ces station…-service… désaffectées : ils mériteraient d'être vendus lors des vide…-grenier… !

3. J'étais à des année…-lumière… de penser que notre grammaire pût offrir autant de chausse…-trape… et de guet…-apens !

4. Les petit…-bourgeois fustigeaient nos tête…-à-tête… pleins de non…-dit… et de sous-entendu…, mais nous n'avions que faire des ouï…-dire….

5. Dans leurs quatre…-quatre… aux pare…-choc… rutilants, ces grand…-mère… abordent les rond…-point… des lieu…-dit… à plus de 90 kilomètre…-heure… : elles risquent des tête…-à-queue… !

6. Les aide…-soignant… et les garde…-malade… sont allés chercher dans les garde…-manger… des forêt…-noire… pour leurs patients ouest…-allemand….

7. Ces best…-seller… anglo…-saxon… narrent les déboires sentimentaux de loup…-garou… avec des cul…-de-jatte… dans les bas-fond… des centre…-ville… : c'est loin d'être des chef…-d'œuvre… !

8. Ces boute…-en-train… pince…-sans-rire… ne sont que des gagne…-petit….

9. Des sauf…-conduit… et des blanc…-seing… leur permettent d'échapper aux couvre…-feu… et autorisent leurs aller…-retour… incessants.

10. Ces bijoutier…-joaillier… refilent des tuyaux à des plombier…-zingueur… sur des assurance…-vie… en or !

Masculin ou féminin ?

Diagnostic

Cochez les bonnes réponses.

1. un haltère ☐ une haltère ☐

2. un écritoire ☐ une écritoire ☐

3. un anagramme ☐ une anagramme ☐

4. un pétale ☐ une pétale ☐

5. un épithète ☐ une épithète ☐

Qu'ils sont agaçants, ces noms sur le genre desquels on hésite... et se trompe dans à peu près 100 % des cas !

Prescription

Des centaines de noms peuvent poser problème quant au genre ; concentrons-nous sur les hésitations les plus fréquentes :

Masculins		Féminins	
un agrume	un appendice	une acné	une apothéose
un amiante	un arcane	une aérogare	une argile
un anchois	un armistice	les affres	des arrhes
un antidote	un asphalte	des ambages	une autoroute
un antipode	un astérisque	une alluvion	les calendes
un aparté	un astragale	une anagramme	une câpre
un aphte	un augure	une anicroche	une drachme
un apogée	un auspice	une apostrophe	une ébène

Masculins		Féminins	
un baffle	des mânes	une ecchymose	une spore
un chrysanthème	un méandre	une échappatoire	une stalactite
un colchique	un météore	une écritoire	une stalagmite
des décombres	un obélisque	une égide	une urticair
un effluve	un ongle	une éphéméride	une vicomté
un éloge	un opprobre	une épitaphe	une vis
un en-tête	un ovule	une épithète	
un entracte	des pénates	des équivoque	
un épilogue	un pétale	des frasques	
un équinoxe	un planisphère	une immondice	
un esclandre	un pore	une ocre	
un exergue	les sévices	une octave	
un exode	un stigmate	une omoplate	
des fastes	un tentacule	une oriflamme	
un granule	un termite	une orque	
un haltère	un testicule	des prémices	
un hiéroglyphe	des vivres	une scolopendre	
un ivoire	le wifi	une sépia	

Certains noms peuvent être, au choix, masculins ou féminins : *alvéole, après-midi, éphémère, entre-deux-guerres, enzyme, HLM, interview, météorite, oasis, palabre, réglisse, silicone, thermos...*

Vaccin BCG (Boostez vos Connaissances en Grammaire !)

Les noms à double genre

Certains noms changent de sens en changeant de genre. Voici les plus courants :

Nom	Sens au masculin	Sens au féminin
aide	auxiliaire, personne qui aide	action d'aider
aigle	rapace mâle	rapace femelle ; figure héraldique, enseigne militaire (« aigles romaines »)
cache	objet servant à masquer une surface	lieu secret, cachette
cartouche	ornement architectural ; encadrement	projectile, étui
crème	café crème	matière grasse du lait
crêpe	tissu	galette
critique	personne qui juge	jugement
enseigne	officier portant le drapeau	drapeau, panneau
espace	lieu, firmament	tige en métal (typographie) ; blanc entre les mots
finale	dernier morceau d'un opéra	dernière épreuve d'un tournoi
foudre	« un foudre de guerre, d'éloquence »	phénomène météorologique
garde	gardien, surveillant	action de garder, de protéger
geste	mouvement du corps	ensemble de poèmes épiques
gîte	abri, logement ; morceau de bœuf	inclinaison d'un bateau
greffe	bureau d'un tribunal	action de greffer ; plante greffée
légume	végétal	« une grosse légume » : un personnage important (familier)
manche	partie longue d'un outil	partie du vêtement
manœuvre	ouvrier	opération manuelle ; machination
mémoire	dissertation ; au pluriel : autobiographie	faculté mémorielle
merci	remerciement	pitié (« sans merci », « à la merci »)
mode	terme de grammaire ; méthode, processus	vogue, tendance
onagre	fête religieuse ; chant de Noël	« la Noël » (la fête de Noël)
œuvre	« le gros œuvre, le second œuvre » (architecture) ; « le grand œuvre » ; ensemble des œuvres d'un artiste	activité, travail ; réalisation artistique
ouvrage	œuvre, travail	« de la belle ouvrage » (populaire)
Pâques	fête chrétienne (sans article : « Pâques est célébré »)	au pluriel : la fête de Pâques (« Joyeuses Pâques »)
parallèle	comparaison ; cercle de latitude	droite parallèle
pendule	balancier oscillant	horloge
poche	livre de poche	compartiment

Nom	Sens au masculin	Sens au féminin
plastique	matière synthétique	beauté des formes du corps
poste	corps de garde ; fonction, place ; emplacement	service de distribution du courrier
solde	différence entre crédit et débit ; rabais	rémunération des militaires
voile	morceau de tissu qui cache	morceau de toile sur un bateau

Les homonymes homographes

Enfin, certains noms sont homographes (ils s'écrivent de la même façon), mais n'ont pas le même genre :

Nom	Sens au masculin	Sens au féminin
aria	tracas	pièce vocale ou instrumentale
barde	poète celte	tranche de lard
bogue	francisation de *bug* : défaut d'un logiciel	enveloppe de la châtaigne
boum	bruit d'explosion ; essor	surprise-party
bugle	instrument à vent	plante herbacée
carpe	os de la main	poisson
foudre	grand tonneau	phénomène météorologique
grêle	intestin grêle	phénomène météorologique
livre	ouvrage imprimé	monnaie ; unité de masse
moule	modèle creux	mollusque
mousse	apprenti marin	écume
page	jeune noble	côté d'une feuille
platine	métal	pièce plate
poêle	appareil de chauffage ; drap recouvrant le cercueil	ustensile de cuisine
ponte	joueur dans certains jeux de hasard ; personnage important (familier)	action de pondre
somme	action de dormir	addition, total
tour	circonférence, balade	bâtiment
vague	flou, imprécision	mouvement de la mer
vase	récipient	boue

PIQÛRE DE RAPPEL : *AMOUR, DÉLICE ET ORGUE*

Ces trois noms sont célèbres pour leur changement de genre : masculins au singulier, ils deviennent féminins au pluriel. En réalité, leur signification au pluriel n'est pas tout à fait la même ; comme souvent, il confère une valeur concrète que le singulier n'a pas (*cf. la liberté* vs *les libertés*). Ainsi *des amours heureuses* désignent des relations amoureuses (et non des sentiments amoureux) ; de même si *délice* au singulier signifie « plaisir vif, régal gustatif », son pluriel féminin s'appliquera plutôt à des charmes, des jouissances, des plaisirs (la nuance est ténue !). Quant à *orgue*, c'est un peu différent : un *orgue* est un instrument, mais les *grandes orgues* sont un pluriel « emphatique » et ne désignent toujours qu'un orgue !

Mais que vont dire les gens ?

Le nom *gens* a longtemps balancé entre masculin et féminin... L'accord de l'adjectif porte les traces de cette hésitation :

» Précédant directement le nom, l'adjectif s'accorde au féminin : *de **bonnes** gens*.

» Placé derrière ou appartenant à une autre proposition (ou partie de proposition), l'adjectif se met au masculin : *des gens **idiots** ; trop **idiots** pour répondre, ces gens me snobent.*

» Dans les locutions *gens de + nom*, le nom *gens* est toujours masculin : *de **vieux** gens de robe/d'Église/d'affaires/d'épée/de lettres/de loi...*

Traitement

1. Retrouvez dans la grille 17 noms, dont vous préciserez le genre. Les 6 lettres restantes vous donneront un 18ᵉ nom au genre « mystérieux » : _ _ _ _ _ _ (M/F ?)

E	D	I	R	E	M	E	H	P	E
A	U	E	E	G	O	P	A	A	E
E	U	Q	R	O	C	E	R	T	C
R	E	U	S	C	R	N	C	E	I
O	T	I	A	I	E	A	A	G	T
G	E	N	N	D	R	T	P	O	S
A	T	O	O	T	U	E	H	L	I
R	N	X	N	E	G	S	T	E	M
E	E	E	O	V	U	L	E	S	R
U	R	T	I	C	A	I	R	E	A

Noms masculins : ....

....

Noms féminins : ....

....

2. À partir des définitions mélangées, retrouvez dix noms qui peuvent être à la fois masculins et féminins. Ex. : *plante pour l'âne sauvage :* **onagre.**

1. Pitié pleine de gratitude : _ _ _ _ _

2. Balancier pour horloge : _ _ _ _ _ _ _

3. Éclair dans un tonneau : _ _ _ _ _ _

4. Chauffage à crêpes : _ _ _ _ _

5. Rabais pour les militaires : _ _ _ _ _

6. Bouquin à la masse : _ _ _ _ _

7. Addition au lit : _ _ _ _ _

8. Souvenir d'une dissertation : _ _ _ _ _ _ _

9. Encadrement pour l'encre : _ _ _ _ _ _ _ _

10. Galette de tissu : _ _ _ _ _

Le féminin des noms et des adjectifs

Diagnostic

Cochez les bonnes réponses.

1. maline ☐   maligne ☐

2. partisane ☐   partisanne ☐

3. replète ☐   replette ☐

4. manchote ☐   manchotte ☐

5 pâlote ☐   pâlotte ☐

On ne fait pas de féminin sans caser des *e* !

Prescription

Le féminin des noms et des adjectifs se marque par l'ajout d'un *-e* à la forme du masculin : *petit > petite* ; *plein > pleine* ; *flou > floue* ; *ours > ourse*...

De nombreux noms et adjectifs ont la même forme au masculin et au féminin (on dit qu'ils sont épicènes) : *dentiste, élève, grave*...

Parfois, l'ajout du *-e* ne va pas sans quelques petites modifications...

Modification de la consonne finale

La formation du féminin peut entraîner un changement de la consonne finale :

» *-f* donne *-ve* : *neuf > neuve* ; *vif > vive*.

» *-c* donne *-que* : *caduc > caduque* ; *turc > turque*. Exceptions : *grec > grecque* ; *blanc, franc, sec > blanche, franche, sèche*.

» *-x* donne *-se* : *heureux > heureuse*. Exceptions : *faux > fausse* ; *roux > rousse* ; *doux > douce* ; *vieux > vieille*.

» *-in* donne *-igne* pour deux adjectifs : *bénin > bénigne* ; *malin > maligne* (**maline* n'existe pas !).

Modification de la voyelle finale

La voyelle finale peut aussi changer :

» *-eau* donne *-elle* : *nouveau > nouvelle* ;

» *-ou* peut donner *-olle* : *mou > molle*. Exception : *andalou > andalouse* ;

» 4 adjectifs en *-gu* donnent *-guë* : *aiguë, ambiguë, contiguë, exiguë*.

Doublement de la consonne

Les principaux problèmes orthographiques concernent le doublement de la consonne finale.

» Ceux qui doublent :

- *-as, -os* donnent *-asse, -osse* : *gras > grasse* ; *gros > grosse*. Deux exceptions : *ras > rase* ; *dispos > dispose*.

- *-en* donne *-enne* : *chien > chienne* ; *parisien > parisienne*.

- *-et* donne *-ette* : *sujet > sujette* ; *fluet > fluette*. Huit exceptions : *complète, concrète, désuète, discrète, inquiète, préfète, replète, secrète*.

- *-on* donne *-onne* : *patron > patronne* ; *bon > bonne*. Deux exceptions : *démone, mormone*. Au choix : *lapon(n)e, letton(n)e, nippon(n)e*.

- *-ot* donne *-ote* : *idiot > idiote* ; *manchot > manchote*. Huit exceptions : *bellotte, boulotte, griotte, jeunotte, maigriotte, pâlotte, sotte, vieillotte*.

- *-eil, -ul, -el* donnent *-eille, -ulle, -elle* sans exceptions : *vermeil > vermeille* ; *nul > nulle* ; *naturel > naturelle*.

» Ceux qui ne doublent pas :

- *-ais* donne *-aise* : *français > française*. Deux exceptions : *épais > épaisse* ; *frais > fraîche*.

- *-an* donne *-ane* : *roman > romane* ; *partisan > partisane*. Trois exceptions : *paysanne, rouanne, valaisanne.*

- *-at* donne *-ate* : *candidat > candidate ; rat > rate.* Exception : *chat > chatte.*

- *-il* donne *-ile* : *civil > civile.* Exception : *gentil > gentille.*

Vaccin BCG (Boostez vos Connaissances en Graphies !)

Ajout d'un suffixe

Pour former certains féminins, l'*e* ne suffit pas ; il faut parfois ajouter un suffixe :

» *-esse* : *ânesse, comtesse, devineresse, diablesse, duchesse, hôtesse* (personne qui reçoit), *maîtresse, ogresse, princesse, tigresse, traîtresse...*

» *-ine* : *héros > héroïne ; speaker > speakerine ; tsar > tsarine.*

Le suffixe *-(t)eur*

C'est un suffixe complexe, car ses féminins sont divers :

» *-euse* : *chanteuse, menteuse, travailleuse...*

» *-trice* : *actrice, animatrice, productrice...*

» Onze féminins en *-eure* : *antérieure, extérieure, inférieure, majeure, meilleure, mineure, postérieure, prieure, supérieure, ultérieure.* À ceux-là s'ajoutent désormais les noms de fonctions féminisés : *une auteure* (ou *autrice*), *une proviseure, une professeure...*

» Huit féminins en *-eresse* : *bailleresse, chasseresse, demanderesse, défenderesse, doctoresse, enchanteresse, pécheresse, vengeresse.*

» Une exception en *-drice* : *ambassadeur > ambassadrice.*

» Un irrégulier : *empereur > impératrice.*

Formations particulières

Et puis il y a les inclassables :

» Ajout d'une consonne de liaison : *chou > choute ; coi > coite ; esquimau > esquimaude ; favori > favorite ; rigolo > rigolote.*

» Faux anglicismes : *barman > barmaid ; tennisman > tenniswoman.*

» Irréguliers : *compagnon > compagne ; copain > copine ; dieu > déesse ; roi > reine ; serviteur > servante ; tiers > tierce.*

En famille et avec les animaux

Enfin, les noms de parenté offrent un féminin irrégulier, souvent formé sur un autre radical :

Masculin	Féminin
fils	fille
frère	sœur
gendre	bru
mari	femme
monsieur	madame/mademoiselle
neveu	nièce
oncle	tante
papa	maman
parrain	marraine
père	mère

De même, pour trouver le féminin des noms d'animaux les plus courants, il ne faudra pas que vous soyez trop... bête :

Masculin	Féminin
bélier, mouton	brebis
chien de chasse	lice
bouc	chèvre
buffle	bufflonne, bufflesse
canard	cane
cerf	biche
cheval, étalon	jument
chapon	poularde
chevreuil	chevrette
coq	poule
dindon	dinde
jars	oie
lévrier	levrette
lièvre	hase

Masculin	Féminin
loup	louve
poulain	pouliche
sanglier	laie
singe	guenon
taureau, bœuf	vache
veau	génisse
verrat, porc	truie

Traitement

1. Transposez au féminin.

1. un chat pâlot >..

2. un partisan discret >..

3. un préfet replet >..

4. un héros malin >...

5. un patron ambigu >...

6. un dieu chasseur >..

7. un paysan grec >...

8. un gendre bellot >...

9. un Esquimau manchot >...

10. un Andalou sévillan >..

2. Retrouvez dix noms d'animaux cachés derrière ces anagrammes, et précisez leur équivalent masculin ou féminin.

ART :................ > ....

AILE :................ > ....

CIEL :............... .> ....

LOUPE : .... > ....

OVULE : .... > ....

BRIBES : .... > ....

REVEIL : .... > ....

CADRAN : .... > ....

SIGNEES : .... > ....

VEHICULER : .... > ....

Le pluriel des adjectifs

Diagnostic

Cochez les bonnes réponses.

1. de gentil garçons ❏ de gentils garçons ❏

2. les feux rois ❏ les feus rois ❏

3. des blues postnatals ❏ des blues postnataux ❏

4. des robes chic ❏ des robes chics ❏

5. des visites éclair ❏ des visites éclairs ❏

Comme les noms, les adjectifs prennent le plus souvent la marque du pluriel... Mais « s » toujours la même ?

Prescription

La plupart des adjectifs qualificatifs se voient ajouter un **-s** au pluriel : *gentil > gentils ; intelligent > intelligents.*

Ceux qui ont déjà un -s ou un -x au singulier ne changent pas : *Ils sont* **bas** *et* **jaloux***.*

Comme pour les noms, les adjectifs en -eau prennent un -x au pluriel : *Ils sont* **beaux***.*

Vaccin BCG (Boostez vos Connaissances en Grammaire !)

Quelques particularités rendent cette règle trop facile moins monotone...

Bleu, feu

Ces deux adjectifs prennent un –s au pluriel : *Ils sont **bleus*** ; *mes **feus** grands-parents.*

Les adjectifs en -*al*

La plupart forment leur pluriel en -***aux*** : *bestial > bestiaux ; normal > normaux.*

Quelques-uns ont un pluriel en -***als*** : *bancal, fatal, natal, naval.*

D'autres encore vous laissent le choix entre -*als* et -*aux* : *austral, boréal, causal, final, glacial, idéal, pascal, tonal.*

L'adjectif *banal* : *banals* est le pluriel courant ; *banaux* s'applique, dans le système féodal, à ce qui appartenait au ban (territoire du suzerain) : *des fours, des moulins banaux.*

Variables ou invariables ?

Certains adjectifs demeurent invariables au pluriel et s'écrivent donc sans *s*. Cela peut paraître surprenant, mais il s'agit souvent d'adjectifs familiers, abrégés ou empruntés à d'autres langues et qui, pendant quelque temps, n'ont pas droit au pluriel « classique ». Mais au fur et à mesure de leur intégration, ils acquièrent un pluriel « normal » : ainsi *chic*, *cool* ou *bio*, qui furent longtemps invariables, peuvent s'écrire désormais *chics, cools, bios* au pluriel.

Néanmoins, un certain nombre demeure encore invariable :

>> adjectifs abrégés : *déco, impec, météo...*

>> noms devenus adjectifs (familiers) : *bateau, béton, bidon, bœuf, chou, nickel...*

>> anglicismes : *cheap, clean, design, flashy, groggy, light, open, smart, trash, vintage...*

>> emprunts à d'autres langues : *devanagari, halal, lambda, yiddish...*

>> adjectifs composés : *bon enfant, bon marché, collet monté, terre à terre, top secret, vieux jeu...*

>> autres : *antipersonnel, antitabac, ils sont capot, des trains corail, mat* [échecs], *rosat...*

Le mieux est donc de se référer aux dictionnaires... qui changent parfois d'une année sur l'autre et ne sont pas toujours d'accord entre eux !

Les noms en apposition

Une des évolutions de la langue fait que de plus en plus de noms sont employés en apposition et jouent le rôle d'un adjectif, mais sans en être un...

Trace de ce flottement : nombre de ces noms en apposition demeurent invariables : *des talons bottier, des pulls jacquard, des cols cheminée, des œufs cocotte/mayonnaise/miroir, des visites éclair, des meubles Empire, des cheveux filasse, des veaux marengo, des moules marinière, des yaourts nature, les banlieues nord, des bas nylon, des tons pastel, des sacs plastique, des messages radio, des manches raglan, des homards thermidor, des bijoux toc...*

D'autres s'accordent : *des talons aiguilles, des cols officiers, des idées chocs, des mots clés, des villes fantômes, des maisons mères, des œufs mimosas, des trains miniatures, des visites–surprises, des appartements témoins, des objets types...*

Là encore, la consultation des dictionnaires s'avère indispensable... malgré leurs désaccords !

Traitement

Cochez les phrases correctes et corrigez les autres.

❑ Les grand esprits ont toujours rencontré une opposition farouche des esprits médiocre. (A. Einstein)

❑ Les ciels boréaux sont les plus bleus et les plus purs.

❑ Ces bobos écolos et chics ne se nourrissent que de produits bios et de yaourts natures.

❑ Lors d'hivers glaciaux, des serfs aux cheveux filasses faisaient la queue devant les fours banals.

❑ Je trouve les pulls jacquard plus smart que les manteaux raglan.

❑ Nos nouveau voisins nous ont habitués à des visites-surprises et éclairs.

❑ Je préfère les moules marinière aux agneaux pascaux !

❑ Dans ces villes fantômes, les appartements témoin attendent les trop rares visites d'acheteurs collet monté.

❑ Ces meubles vintages sont nickels.

❑ Les alibis des suspects étaient béton et pas bidon !

L'accord des numéraux

Diagnostic

Cochez les bonnes réponses.

1. quatre roues ❑ quatres roues ❑

2. quatre-vingt euros ❑ quatre-vingts euros ❑

3. quatre-vingt-dix pages ❑ quatre-vingts-dix pages ❑

4. deux cent huit ans ❑ deux cents huit ans ❑

5. les années quatre-vingt ❑ les années quatre-vingts ❑

Vos analyses de « cent » ne sont pas bonnes ? Vous pouvez compter sur ce qui suit pour vous aider à y voir plus clair dans l'accord des nombres.

Prescription

Numéraux cardinaux invariables

Les adjectifs (ou déterminants) numéraux cardinaux sont invariables : *quatre, onze, deux mille...*

Cent *et* vingt

Cent et *vingt* s'accordent uniquement s'ils sont multipliés **et** non suivis d'un autre adjectif numéral : *quatre-vingts, trois cents* vs *quatre-vingt-dix, trois cent un.*

Concrètement, *vingt* ne s'accorde que dans *quatre-vingts* ; *cent* ne s'accorde que dans *deux cents, trois cents, quatre cents, cinq cents, six cents, sept cents, huit cents* et *neuf cents.*

Vaccin BCG (Boostez vos Connaissances en Grammaire !)

Millier, million, milliard

Millier, million et *milliard* ne sont pas des adjectifs numéraux, mais des noms ; les règles ci-dessus ne les concernent donc pas. Ainsi, on écrira : *trois millions, dix milliards* ; *trois cents milliers, quatre-vingts milliards*.

Dans les *années quatre-vingt...*

Dans les tournures comme *la page quatre-vingt, les années quatre-vingt*, le numéral ne s'accorde pas, car il n'est pas cardinal mais ordinal (il exprime un ordre, un rang) et équivaut donc à *quatre-vingtième*.

PIQÛRE DE RAPPEL

Lorsqu'un numéral décimal est inférieur à 2, il impose obligatoirement le singulier au nom qu'il détermine : *Il a gagné 1,9 million d'euros au loto.* Ne vous laissez donc pas induire en erreur par le chiffre après la virgule !

Traitement

Accordez, si nécessaire.

1. Ce repas nous a coûté deux cent... quatre...-vingt... euros.

2. L'armistice fut signé le huit mai mille... neuf... cent... quarante...-cinq....

3. Cet athlète mesure un mètre quatre...-vingt...-quinze et pèse soixante...-quatorze... kilos.

4. Je suis arrivé à la page sept... cent... de mon roman.

5. L'Asie compte plus de quatre... milliard... trois cent... quatre...-vingt...-treize... million... deux cent... quatre...-vingt...-seize... mille... habitants.

6. La peste noire ravagea l'Europe dans les années treize... cent....

7. Cette revue tire à deux cent... quatre...-vingt... mille... exemplaires.

8. Ce businessman a gagné des mille... et des cent....

9. Et un homard thermidor pour la table deux cent... !

10. Que sera devenue notre planète en deux mille... cinq... cent... ?

L'accord des adjectifs de couleur

Diagnostic

Cochez les bonnes réponses.

1. des chaussettes orange ❑   des chaussettes oranges ❑

2. des fleurs mauve ❑   des fleurs mauves ❑

3. des jeans bleu marine ❑   des jeans bleus marines ❑

4. des nuages gris-noir ❑   des nuages gris-noirs ❑

5. des chemises jaune et rouge ❑   des chemise jaunes et rouges ❑

Vous êtes rouge de colère, vert de peur et vous broyez du noir à l'idée de devoir accorder les adjectifs de couleur ? Pas d'inquiétude : avec ce qui suit, vous allez voir la vie en rose !

Prescription

Les vrais adjectifs de couleur

Ils s'accordent avec le nom qu'ils qualifient : *des joues **rouges**, des idées **noires***.

Ils sont en fait assez peu nombreux : *beige, bis, blanc, bleu, blond, brun, châtain, cramoisi, écru, glauque, gris, jaune, noir, pers, rouge, roux, vermeil, vert, violet*.

Les noms employés comme adjectifs

Les autres adjectifs sont des noms utilisés comme adjectifs et demeurent invariables : *des gants* **marron**, *des chemise* **orange**, *des manteaux* **anthracite**.

Six exceptions, qui s'accordent au pluriel (en réalité de vrais adjectifs, devenus des noms) : **écarlate, incarnat, rose, pourpre, mauve, fauve**.

La phrase suivante peut vous aider à les retenir : Écarte un cas rosse pour des mots fautifs.

Les adjectifs composés

Qu'ils soient formés de deux vrais adjectifs de couleurs (*gris-bleu*) ou non (*gris fer*), ils sont invariables : *des ciels gris-bleu, des yeux brun clair, des cheveux noir de jais, des cravates jaune et vert...*

Vaccin BCG (Boostez vos Connaissances en Grammaire !)

Des *vaches noir et blanc* **ou** *noires et blanches* **?** Si vous laissez *noir et blanc* invariable, c'est que votre adjectif est composé : chaque vache sera donc noir et blanc ; au contraire, *des vaches noires et blanches* signifie que certaines vaches sont noires, d'autres blanches. De même, les drapeaux français sont *bleu, blanc, rouge*.

Traitement

Choisissez la bonne réponse.

1. Ne sont-ils pas élégants, avec leurs pantalons *marron/ marrons* et leurs cravates *beige/beiges* sur des chemises *orange/oranges* ?

2. Les eaux *bleu-vert/bleues-vertes* polluées de la Méditerranée me ravissent presque autant que les flots *turquoise/ turquoises* du Pacifique.

3. Les treillis *kaki/kakis* donnent une allure plus martiale que les tee-shirts *vert pomme/verts pommes* ou *jaune fluo/jaunes fluos* !

4. Sur les étals se mêlaient les tissus *beige/beiges*, les soies *grège/grèges*, les étoffes bicolores *gris et blanc/grises et blanches*.

5. De petites fleurs *mauve/mauves* ont éclos parmi les roses *fuchsia/fuchsias* et les phalaenopsis *nacarat/nacarats*.

6. Des chevaux *fauve/fauves* galopaient dans les champs *jaune pâle/jaunes pâles* sous des cieux *gris-noir/gris-noirs*.

7. Leurs visages étaient *vermeil/vermeils* de colère et *incarnat/incarnats* de colère.

8. Leurs cache-cols *moutarde/moutardes* leur montent au nez.

9. Leurs cheveux *châtain foncé/châtains foncés* ou *auburn/auburns* sont au poil !

10. Avec leurs joues *pourpre/pourpres*, leurs fronts *vermillon/vermillons* et leurs oreilles *écarlate/écarlates*, les touristes en connaissent un rayon sur les coups de soleil !

Adjectif ou adverbe ?

Diagnostic

Cochez les bonnes réponses.

1. des gens bien ☐   des gens biens ☐

2. des portières arrière ☐   des portières arrières ☐

3. des cheveux coupés court ☐   des cheveux coupés courts ☐

4. Ils sont bon derniers. ☐   Ils sont bons derniers. ☐

5. le plus d'amis possible ☐   le plus d'amis possibles ☐

Quelques adjectifs peuvent jouer le rôle d'adverbes... et vice-versa ! Dans les deux cas, ils demeurent **invariables**.

Prescription

L'adjectif, nous l'avons vu, exprime une qualité appliquée à un nom (couleur, taille, caractéristique morale...) et s'accorde en général avec celui-ci.

L'adverbe, quant à lui, est un mot invariable qui modifie le sens d'un verbe (*Tu dors **trop***), d'un adjectif (*Tu es **très** maligne*), d'un autre adverbe (*Tu dors **vraiment** trop*), d'une phrase (***Évidemment**, tu as tout compris*) ; il exprime une circonstance de l'action : le lieu (*ici, là, ailleurs...*), le temps (*hier, aujourd'hui...*), la quantité (*assez, beaucoup, trop, plus...*), la manière (*vite*, tous les adverbes en *-ment* : *gentiment, intelligemment...*).

Les adverbes en emploi adjectival

Certains adverbes peuvent être en position d'adjectifs ; ils demeurent néanmoins invariables. Cela concerne surtout **avant, arrière, bien,**

debout, ensemble : *les sièges **avant**, les roues **arrière**, des gens **bien**, des stations **debout**, ils restent **ensemble**.*

Les adjectifs en emploi adverbial

À l'inverse, certains adjectifs peuvent être employés adverbialement ; ils sont eux aussi invariables : *Ils chantent **fort** ; La pluie tombe **dru**.*

Cet emploi concerne essentiellement :

>> *cher* : *Ils coûtent **cher** ; Ces vacances sont **cher** payées ;*

>> *court* : *Ses cheveux sont coupés **court** ; Face à ma question ils sont restés **court** ;*

>> *fin* : *Elles sont **fin** prêtes ;*

>> *plein* : *Elle a des rêves **plein** la tête ;*

>> quelques autres : *Elles mettent **bas** ; Ils filent **droit** ; On met la barre **haut** ; Il a pris trois ans **ferme** ; Ils se font **fort** de réussir ; Il a gagné deux mille euros **net** ; des maisons **flambant** neuf* (ou *neuves*).

La langue familière et publicitaire se montre depuis quelques décennies très créative en la matière : *Roulez **malin** ; Voyagez **tranquille** ; Consommez **futé** ; Ils assurent **grave**.*

Comment reconnaître que l'on est en présence de ces adjectifs invariables ? C'est très simple : puisqu'ils sont employés adverbialement, vous pouvez les remplacer par un adverbe correspondant : *Ils chantent fort > Ils chantent fortement ; Consommez futé > Consommez intelligemment.*

PIQÛRE DE RAPPEL

Dans les deux adjectifs *nouveau-né* et *mort-né*, le premier membre est employé comme adverbe et reste donc invariable : *des **nouveau**-nés, des enfants **mort**-nés.*

Au contraire, on accorde les deux adjectifs dans *premier-né* et *dernier-né* : *les premiers-nés, les dernières-nées.*

Vaccin BCG (Boostez vos Connaissances en Grammaire !)

Dans certains cas bien précis, l'adjectif en emploi adverbial s'accorde néanmoins (vestige de l'ancienne langue) ; cela concerne :

>> bon, frais, grand, large, nouveau : ils sont **bons** derniers, une diplômée **fraîche** émoulue, les yeux **grands** ouverts, des **nouveaux** venus ;

>> ivre, raide dans les locutions **ivres** morts, **raides** morts ;

>> fou dans les locutions **fou** amoureux, **fou** furieux.

L'adjectif *possible* reste invariable dans la structure *le plus/le moins... possible*, car il est considéré comme adverbe : *Nous avons fourni le plus d'efforts* **possible**.

En revanche, en tant qu'adjectif proprement dit, il s'accorde : *Il fournit tous les efforts* **possibles**.

Traitement

Cochez les phrases bien écrites et corrigez les autres.

❑ Nous sommes fins prêts pour la cérémonie.

❑ Tous ces produits menacés par l'obsolescence programmée nous coûtent très cher !

❑ Soyez sages, ô mes douleurs, et tenez-vous plus tranquilles !

❑ Ils avaient des rêves de grandeur pleins la tête, mais ont fini bons derniers.

❑ Cette voiture est vendue 15 000 euros net.

❑ Ils ont beau être des gens biens, ils parlent un peu trop fort.

❑ Les nouveaux mariés sont ensembles depuis cinq ans.

❑ Les manifestants ont passé plusieurs nuits debouts et ont crié le plus de slogans possibles.

❑ Sous la pluie battante, les essuie-glaces avant dansent un étrange ballet.

❑ Les jumeaux nouveaux-nés ont eu droit à des berceaux flambant neufs.

L'accord de l'adjectif épithète

Diagnostic

Cochez les bonnes réponses.

1. des idées pertinente ☐
   des idées pertinentes ☐

2. Agacés par les élèves qui bavardent sans cesse
   dans son dos, la professeure se met à crier. ☐
   Agacée par les élèves qui bavardent sans cesse
   dans son dos, la professeure se met à crier. ☐

3. D'importantes questions et sujets sont à l'ordre du jour. ☐
   D'importants questions et sujets sont à l'ordre du jour. ☐

L'adjectif peut occuper deux fonctions essentielles : épithète et attribut.

C'est assez simple : ne vous prenez donc pas la tête pour l'épithète !

Prescription

Accord avec un seul nom

L'adjectif est épithète lorsqu'il qualifie directement le nom, sans l'intermédiaire d'un verbe ; il peut être alors :

» épithète liée, directement devant ou derrière le nom : *Ces gens **bons** viennent de Parme ; Ces jeux de mots **laids** me font une belle jambe !*

» épithète détachée, séparée du nom par une virgule : ***Intelligentes**, elles peuvent tout résoudre ; Ils entrent dans l'immeuble, **circonspects** et **prudents**.*

Dans tous les cas, l'adjectif s'accorde toujours avec le nom qu'il qualifie.

L'épithète détachée peut être parfois très... détachée du nom qu'elle caractérise ; il ne faudra pas pour autant omettre de l'accorder : **Perdues** *dans les ruelles labyrinthiques de la Cité des Doges dont les canaux frissonnent sous la brume hivernale, les visiteuses poussent, sous les ponts, des soupirs.* Qui est-ce qui est perdu ? > les visiteuses : l'accord se fait donc au féminin pluriel.

En résumé, trois étapes :

>> repérez l'adjectif ;

>> repérez le nom (ou pronom) que qualifie l'adjectif ;

>> accordez l'adjectif avec le nom.

Accord avec des noms coordonnés

Si un adjectif épithète qualifie plusieurs noms coordonnés, il s'accorde au pluriel : *un hiver et un printemps* **glacials.**

Si un adjectif épithète qualifie des noms de genres différents, la langue se montre sexiste et le masculin l'emporte sur le féminin : *Il y avait cent filles et un garçon* **présents** *ce jour-là.*

Vaccin BCG (Boostez vos Connaissances en Grammaire !)

Un accord des plus faciles

Dans le structure *des plus/moins* + adjectif, ce dernier s'accorde généralement au pluriel : *Il est des plus* **travailleurs** *; Elle est des plus* **gentilles.**

L'adjectif demeure invariable lorsqu'il renvoie à un pronom neutre (*ça, il*) ou un infinitif : *Il est des plus* **difficile** *de travailler ; Travailler est des plus* **difficile.**

Traitement

Accordez les adjectifs, si nécessaire.

1. Vide… et clair… ainsi que des miroirs sans tain,/Ses yeux ne vivent pas dans son masque d'argile./Ils luisent bleu… parmi le fard et les onguents […] (Verlaine)

2. Perdu… parmi ces gens qui la bousculent, étourdi…, désemparé…, elle reste là.

3. Quelques modeste… changements plus ou moins annexe… doivent intervenir bientôt, imposé… par la directrice nommé… récemment.

4. Les frères et sœur bien connu… d'Antigone formaient avec elle une vrai… famille des plus dysfonctionnel… !

5. Deux figures allégorique…, deux femmes riant…, la gorge nu… et renversé…, déroulaient l'enseigne : *Au Bonheur des Dames*. (É. Zola)

6. Entre les deux allées latéral… est un carré d'artichauts flanqu… d'arbres fruitier… en quenouille, et bordé… d'oseille, de laitue ou de persil. Sous le couvert de tilleuls est plantée une table rond… peint… en vert, et entouré… de sièges. (H. de Balzac)

7. Ces businessmen millionnaire… ont quitté la tête de leurs entreprises multinational…, gratifié… de parachutes doré… pour le moins indécent….

8. Nous marchions sans parler, dans l'humide… gazon,/Dans la bruyère épais… et dans les haut… brandes,/Lorsque, sous des sapins pareil… à ceux des Landes,/Nous avons aperçu les grand… ongles marqué…/Par les loups voyageur… que nous avions traqués. (A. de Vigny)

9. Malgré ces plat… horreurs, si vous le compariez à la salle à manger, qui lui est contigu…, vous trouveriez ce salon élégant […]. Cette salle, entièrement boisé…, fut jadis peinte en une couleur indistinct… aujourd'hui […] (H. de Balzac)

10. Il est des plus probable… que, accro… au tabac, ces sorciers incurable… préfèrent les cigarettes sans philtre !

L'accord de l'adjectif attribut

Diagnostic

Cochez les bonnes réponses.

1. Ils sont stupide. ☐
   Ils sont stupides. ☐

2. Il considère sa voiture comme fichu. ☐
   Il considère sa voiture comme fichue. ☐

3. Le président les a estimés nécessaire. ☐
   Le président les a estimés nécessaires. ☐

4. Sa sœur a l'air futé. ☐
   Sa sœur a l'air futée. ☐

5. Tes vacances ont l'air génial. ☐
   Tes vacances ont l'air géniales. ☐

L'adjectif est attribut lorsqu'il qualifie un nom par l'intermédiaire d'un verbe ; il peut être attribut du sujet ou du complément d'objet direct.

Prescription

L'attribut du sujet

L'attribut du sujet renvoie au sujet, dont il est séparé par un verbe, le plus souvent un verbe d'état : *être, paraître, sembler, demeurer, avoir l'air, tomber* (*tomber amoureux*), *vivre* (*vivre vieux*).

Dans tous les cas, l'attribut du sujet s'accorde avec le sujet : *Elle est jolie* ; *Ces athlètes semblent **fatigués*** ; *Ta voiture a l'air **neuve*** ; *Juliette tomba **amoureuse** de Roméo.*

L'attribut du complément d'objet direct (COD)

L'attribut du COD renvoie au COD, dont il dépend par l'entremise de verbes exprimant un jugement ou un changement d'état : *juger, estimer, trouver, élire, nommer, rendre, appeler*... Quelques-uns se construisent avec une préposition : *tenir pour, considérer comme.*

Dans tous les cas, l'attribut du COD s'accorde avec le COD : *Il estime ses amies suffisamment **intelligentes*** (*ses amies* est COD ; *intelligentes* est attribut du COD) ; *Je tiens pour **acquise** votre acceptation* ; *Les exploits de cette superwoman l'ont rendue **immortelle*** (*l'* est COD ; *immortelle* est attribut du COD).

Vaccin BCG (Boostez vos Connaissances en Grammaire !)

Un accord qui n'en a pas l'air...

La locution *avoir l'air* présente une petite subtilité d'accord :

>> Si le sujet est un être vivant, vous pouvez accorder l'adjectif avec ce sujet ou avec *l'air*, selon que la locution est synonyme de « sembler » ou que vous insistez plutôt sur la physionomie (la nuance étant subtile...) : *Elles ont l'air **ahuries*** (= Elles semblent ahuries) ou *Elles ont l'air **ahuri*** (= Leur visage porte un air ahuri).

>> Si le sujet est une chose, vous devez obligatoirement accorder l'adjectif avec le sujet (une chose n'a pas un air) : *Cette maison a l'air grande*.

Traitement

Cochez les phrases correctes et corrigez les autres.

❑ Ils ont paru un instant dubitatif avant de s'avouer finalement convaincu.

- ❑ Ils sont demeurés sourds à nos souhaits, qui leur ont semblé sans doute trop exigeants.

- ❑ La vendeuse de frigos a été glacial avec nous.

- ❑ Nous les tenons peut-être pour plus malins qu'ils ne sont.

- ❑ Rimbaud et Apollinaire sont morts plutôt jeune.

- ❑ Ma mère a trouvé trop frivole à son goût mes différents petits amis.

- ❑ Insistant, pour le moins, étaient les regards qu'il lançait à la dérobée.

- ❑ Nous avons estimé nécessaire au bien-être de tous ces quelques jours de vacances au soleil.

- ❑ Ces desserts ont l'air franchement appétissant.

- ❑ Je les tiens tous pour responsable de la situation actuelle.

UN TRAITEMENT DÉTERMINANT

L'accord des déterminants

Diagnostic

Cochez les bonnes réponses.

1. Quelle adresse et nom avez-vous donnés ? ❑
   Quels adresse et nom avez-vous donnés ? ❑

2. aucun frais supplémentaire ❑
   aucuns frais supplémentaires ❑

3. Leur modestie les honore. ❑
   Leurs modesties les honorent. ❑

4. Elles courent, telles des guépards. ❑
   Elles courent, tels des guépards. ❑

5. les langues telles que l'allemand et l'anglais ❑
   les langues tels que l'allemand et l'anglais ❑

Les déterminants forment une classe grammaticale très riche ; ce sont ces petits mots qui précèdent le nom : articles (*le, la, les, du, au, un, des...*), déterminants possessifs (*mon, ta, notre, vos, leur*), démonstratifs (*ce, cette, ces*), interrogatifs-exclamatifs (*quel*), indéfinis (*aucun, chaque, maint, nul, plusieurs, quelque...*).

Prescription

Comme les adjectifs, les déterminants s'accordent en genre et en nombre avec le nom qu'ils déterminent : ***des*** *vacances* ; ***ces*** *jours-ci* ; ***leurs*** *parents* ; À ***quels*** *jour et année fais-tu référence* ?

Cherchez donc le genre et le nombre du nom qu'introduit le déterminant afin de l'accorder comme il se doit.

Vaccin BCG (Boostez vos Connaissances en Grammaire !)

Quelques déterminants, notamment parmi les indéfinis, requerront tout votre doigté grammatical !

Aucun

Il est toujours au singulier et s'accorde en genre (*aucun doute, aucune chance*), sauf devant un nom qui n'existe qu'au pluriel : **Aucuns** *frais ne sont prévus* ; **aucunes** *ténèbres.*

On le trouve aussi au masculin pluriel dans le pronom *d'aucuns* (synonyme de « certains ») : **D'aucuns** *prétendent que l'orthographe est difficile.*

Chaque

Ce déterminant n'existe qu'au singulier : **Chaque** *invité vient avec son cadeau.*

Leur

Le déterminant possessif de la 3e personne du pluriel *leur* peut s'accorder au singulier ou au pluriel selon que vous insisterez :

>> sur la distributivité : *Les élèves ont* **leur** *cartable* (chacun a *un* cartable) ;

>> sur la pluralité : *Les élèves ont* **leurs** *cahiers* (chacun a *plusieurs* cahiers… normalement !).

Dans de nombreux cas, la tolérance est de mise ; dans certains, cependant, le singulier ou le pluriel s'imposera : *Les Français et* **leur** *art de vivre sont réputés* vs *Ils ont fait couper* **leurs** *cheveux.*

⚠ *Leur* devant un verbe est pronom (*Elles leur parlent*) : voir feuille 55.

Tel, tel que

Tel s'accorde avec le nom qui suit : *Ils se jettent sur la nourriture,* **telles** *des bêtes affamées.*

Tel que, au contraire, s'accord avec le nom qui précède : *Les divinités* **telles que** *Zeus et Apollon.*

Traitement

Choisissez la bonne réponse.

1. Ce krach n'avait été annoncé par *aucune/aucunes* prémices.

2. *Chaque/Chaques* mois, il assiste *au/aux* rencontres littéraires organisées par son libraire.

3. Les goélands s'envolèrent, *tels/telles* des virgules ponctuant le ciel.

4. À *mainte/maintes* reprises, j'ai souligné *certaine/certaines* fautes que vous aviez commises.

5. Il nous considère souvent avec *quelque/quelques* jalousie.

6. Ces enfants éprouvent *quelque/quelques* difficultés à obéir à *leur/leurs* parents.

7. *Quel/Quelle* rancunière elle fait : elle ne laisse passer *aucune/aucunes* représailles.

8. J'ignore toujours *quelle/quelles* couleurs ils ont choisies pour *leur/leurs* chambres.

9. Elle me lance des œillades *chaque/chaques* fois que je la rencontre.

10. Héraclès se prit la tête avec de nombreux monstres, *tels/telle* que l'hydre de Lerne.

Demi, même, nu, quelque

Diagnostic

Cochez les bonnes réponses.

1. une demi-journée ☐   une demie-journée ☐

2. deux années et demie ☐   deux années et demies ☐

3. Eux-même ont accepté. ☐   Eux-mêmes ont accepté.☐

4. Quelque cinquante invités sont présents. ☐   Quelques cinquante invités sont présents. ☐

5. Il est nu-tête. ☐   Il est nue-tête. ☐

Certains déterminants ou adjectifs sont inclassables : ils changent de catégorie grammaticale et offrent des accords pour le moins facétieux, selon leur position par rapport au nom.

Prescription

Demi

Demi reste invariable quand il est placé devant le nom (auquel il est joint par un trait d'union) : *une **demi**-heure, des **demi**-litres.*

Il s'accorde uniquement en genre, quand il est placé derrière le nom : *deux litres et **demi**, une heure et **demie**, trois semaines et **demie**.*

L'expression *à demi* est toujours invariable : *Il est **à demi** mort de soif.*

Même

Même adjectif

Placé entre le déterminant et le nom, il est adjectif et s'accorde très logiquement : *Il porte les **mêmes** vêtements ; Il a les **mêmes**.*

Situé juste derrière le pronom personnel (auquel il se joint par un trait d'union), il signifie « en personne » et s'accorde avec le pronom : *Ils ont tout fait **eux-mêmes**.*

Même adverbe

Même demeure invariable :

>> placé devant le groupe nominal, il signifie « aussi » : ***Même** ses ennemis le respectent ;*

>> quand il suit le nom, il signifie là encore « aussi » : *Ses ennemis **même** le respectent.*

En revanche, quand il suit le nom et ne peut être antéposé, il signifie « soi-même » et s'accorde comme un adjectif : *Il est l'honnêteté et la droiture **mêmes**.*

Nu

Cet adjectif est invariable quand il est antéposé : ***nu**-tête, **nu**-pieds.*

Les termes juridiques *nue-propriété, nu(e)-propriétaire* s'accordent en genre et en nombre.

Quand il est postposé, *nu* s'accorde comme tout autre adjectif : *tête **nue**, pieds **nus**.*

Quelque

Quelque déterminant

Quelque est déterminant quand il peut être remplacé par *certain* ; il s'accorde alors avec le nom qui suit : ***Quelques** jours ont passé ; Il a trente ans et **quelques*** (sous-entendu : *mois, semaines*). Dans la langue soutenue, il peut être employé devant un nom singulier : *Il agit avec **quelque** précipitation ; elle est restée chez nous **quelque** temps.*

De même, dans la structure littéraire *quelque(s) + nom + que + subjonctif*, il s'accorde avec le nom : ***Quelques** paris qu'il ait faits, il les a perdus.*

Quelque adverbe

Quelque est adverbe quand il est synonyme d'« environ » ; il est alors invariable et se trouve toujours devant un numéral : **Quelque** *vingt ans ont passé depuis lors.*

De même, dans la structure concessive *quelque* + adjectif + *que* + subjonctif (synonyme de *si... que*), il est adverbe et demeure invariable : **Quelque** *serviables qu'ils soient, je ne les apprécie guère.*

Traitement

Choisissez la bonne réponse.

1. *Quelque/Quelques* deux cents journalistes étaient présents à la conférence de presse, qui a duré deux heures et *demi/demie/demies*.

2. J'ai dû prendre une *demi-journée/demie-journée* pour me remettre de mes vacances.

3. *Quelque/Quelques* journalistes sont venus participer à ces événements *même/mêmes* qu'ils ont dénoncés.

4. *Quelque/Quelques* proches qu'ils aient été, ils ne se sont pas revus pendant *quelque/quelques* dix ans.

5. Tout l'été, égaux à *eux-même/eux-mêmes*, ils se baladent *nu-tête/nue-tête* et *nu-pieds/nus-pieds* pendant deux mois et *demi/demis*.

6. Ceux-là *même/mêmes* qui formulent *quelque/quelques* critiques ne profèrent que des *demi-vérités/demies-vérités*.

7. *Quelque/Quelques* novatrices que soient vos propositions, elles n'ont pas été retenues.

8. Ses collègues, ses amis, ses parents *même/mêmes* l'ont laissé tomber.

9. *Quelque/Quelques* livres qu'il ait lus, il est toujours aussi inculte.

10. *Même/Mêmes* les bons élèves ont pris la tangente, quand il a fallu dessiner *quelque/quelques* trente *demi-cercles/demis-cercles* !

●

J'AI MAL PAR *TOUT* !

L'accord de *tout*

Diagnostic

Cochez les bonnes réponses.

1. tout les garçons et les filles ❑
   tous les garçons et les filles ❑

2. Tout ce que je vois, c'est du bleu. ❑
   Tous ceux que je vois, c'est du bleu. ❑

3. la France tout entière ❑
   la France toute entière ❑

4. Elle se montre tout honnête. ❑
   Elle se montre toute honnête. ❑

5. Elle est tout harassée. ❑
   Elle est toute harassée. ❑

Tout est un véritable transformiste : tantôt déterminant, tantôt pronom, parfois adverbe, voire nom, il ne se laisse pas deviner aisément... et les problèmes d'accord sont à l'avenant !

Prescription

Tout déterminant *: tout, toute, tous, toutes*

Devant un groupe nominal, *tout* est déterminant et s'accorde donc avec le nom qui suit : ***tout*** le jour ; ***toute*** la journée ; ***tous*** les jours ; ***toutes*** les journées.

L'article n'est pas toujours obligatoire (langue soutenue) : ***tout*** homme, ***toute*** femme, à ***toute*** heure. Dans ce cas, le singulier est la norme (*tout* équivaut alors à « chaque »).

Tout pronom *: tout, toute, tous, toutes*

Quand il remplace un nom, tout est pronom et s'accorde avec son réfé-rent : *J'attendais des invités, **tous** sont venus ; **Tout** est bien qui finit bien.*

PIQÛRE DE RAPPEL

Tout ce qui/que (= toutes les choses qui/que) est toujours au singulier : ***Tout** ce que vous me dites est passionnant.*

Tous ceux qui/que, toutes celles qui/que (renvoyant à des êtres ou des choses bien identifiés) est toujours au pluriel : *Je félicite **tous** ceux qui ont compris ; Parmi les fruits, j'ai choisi **tous** ceux qui étaient mûrs.*

Tout nom *: un tout, des touts*

Tout peut être un nom ; il signifie alors « un ensemble » et s'accorde comme un nom : *Faites des **touts** bien rangés.*

Tout adverbe *: tout, toute, toute, toutes*

Comme n'importe quel adverbe, il est invariable : il est alors synonyme de « tout à fait » : *Elle est **tout** émerveillée et **tout** heureuse ; Ils sont **tout** petits* (à distinguer de l'emploi pronominal : *Ils sont tous petits = Tous sont petits*).

⚠ Mais – car il y a un mais ! – pour des raisons euphoniques, *tout* est variable devant un adjectif féminin commençant par une consonne ou un *h* aspiré (qui fonctionne comme une consonne) : *Elle est **toute** perdue et **toute** hagarde.*

⚕ Vaccin BCG (Boostez vos Connaissances en Grammaire !)

Singulier ou pluriel ?

Certaines expressions contenant *tout*, assez courantes, sont sources de doute :

Au singulier	Au pluriel
en tout cas	de tous côtés
de tout temps	à tous égards
de toute façon	en toutes lettres
à tout hasard	toutes proportions gardées
à toute heure	en tous sens
en tout genre	tous azimuts
en tout lieu	
en toute occasion	
en tout point	
à tout propos	

Traitement

Cochez les phrases correctes et corrigez les autres.

☐ Tous ce que je demande, c'est d'avoir tout vos talents en grammaire !

☐ En tout cas, elle sait tout ce qu'elle doit à tous ses amis.

☐ Toute enthousiasmée, elle s'agite à toute heure et vibrionne en tous sens.

☐ En tous cas, tous ceux qui étaient là étaient satisfaits en tout point de nos services.

☐ Tout horrifiée et toute hébétée, elle observe de tous côtés et sursaute à tout propos.

☐ Tous les jours, il fait tout ce qu'il peut pour aider son prochain.

☐ Toute amoureuse croit avoir rencontré son prince charmant.

☐ Toute amoureuse qu'elle est, elle ne croit pas au prince charmant.

☐ Tout nouveau chèque doit être rempli en toutes lettres.

☐ Tout handicapée par sa lombalgie, elle en a plein le dos !

L'accord du participe passé sans auxiliaire

Diagnostic

Cochez les bonnes réponses.

1. Les sportifs épuisé se reposent. ❑
   Les sportifs épuisés se reposent. ❑

2. Placé avant le nom, les adjectifs s'accordent. ❑
   Placés avant le nom, les adjectifs s'accordent. ❑

3. Ces enfants, je les trouve réservé. ❑
   Ces enfants, je les trouve réservés. ❑

4. Ci-joint mon CV et ma lettre de motivation. ❑
   Ci-joints mon CV et ma lettre de motivation. ❑

5. Passé les premiers jours, il s'est amusé. ❑
   Passés les premiers jours, il s'est amusé. ❑

L'accord du participe passé est LA règle qui va vous faire aimer passionnément la grammaire... ou la détester à tout jamais ! Mais soyez serein : rien qui ne soit insoluble avec un peu de méthode et de jugeote...

Prescription

Le participe passé employé sans auxiliaire fonctionne exactement comme un adjectif (voir feuilles 33 et 34) :

» épithète liée : *Les devoirs **finis** sont les meilleurs devoirs* ;

» épithète détachée : ***Transportée** par son enthousiasme, elle se met à chanter* ;

» attribut du sujet : *Elles paraissent **motivées*** ;

Vaccin BCG (Boostez vos Connaissances en Grammaire !)

Un petit nombre de participes passés, placés devant le nom, sont invariables (ils fonctionnent alors comme des adverbes ou des prépositions) : *attendu, excepté, ôté, passé, vu, y compris, non compris, ci-joint, ci-inclus.*

Placés après le nom, ils s'accordent : *Excepté les week-ends, il est disponible/Les week-ends exceptés, il est disponible* ; *Ci-joint la photo demandée/ La photo ci-jointe n'a pas été retouchée.*

Traitement

Accordez si nécessaire.

1. Il travaille toute la semaine, les soirées y compris....

2. Réitéré... sans arrêt, ces remarques ont rendu les garçons plus énervé... que jamais.

3. Ces travaux sans cesse refait... nous ont fait perdre de précieuses heures, utilisé... à mauvais escient.

4. Souvent sollicité..., ils sont toujours joignables, excepté... les mois d'été.

5. Fini... les vacances et la belle vie !

6. Veuillez me renvoyer les fichiers ci-joint... dûment rempli....

7. Passé... les deux premiers jours, elles ont paru doué... pour apprendre le surf.

8. Ci-inclus... les photos demandé....

9. Sa sœur excepté..., toute la famille était là, réuni... au grand complet.

10. Elle tient pour acquis... – y compris... celles supposé... ne pas être encore validées – vos interventions prévu... à cette conférence.

L'accord du participe passé avec *être*

Diagnostic

Cochez les bonnes réponses.

1. Elle est parti tôt.   ❑
   Elle est partie tôt.   ❑

2. Nous étions convenu d'un rendez-vous.   ❑
   Nous étions convenus d'un rendez-vous.   ❑

3. Ils auront été retardé.   ❑
   Ils auront été retardés.   ❑

4. Elles étaient arrivé en avance.   ❑
   Elles étaient arrivées en avance.   ❑

5. Elle avoua, après avoir été interrogé.   ❑
   Elle avoua, après avoir été interrogée.   ❑

Être avec accord ou pas *être* avec accord ? Là est la question... Et la réponse n'est pas théâtrale, mais grammaticale !

Prescription

La règle est simple et ne souffre aucune exception : employé avec l'auxiliaire *être*, le participe passé s'accorde toujours en genre et en nombre avec le sujet, que ce soit :

» à la voix active : *Elle est* **venue** *seule ; Ils étaient* **arrivés** *en avance* ;

» à la voix passive : *Elle a été* **acceptée**, *après que ses examens ont été* **validés**.

Traitement

Cochez les phrases bien écrites et corrigez les autres.

❑ Nous étions partis cinq cents et, par un prompt renfort, étions arrivés cinq mille en arrivant au port.

❑ Ils sont nés, ont un peu vécu, puis sont morts : voilà la destinée qui nous est à tous échu !

❑ Une estrade de brocart d'or, adossée au mur, et dans laquelle était pratiqué une entrée particulière au moyen d'une fenêtre du couloir de la chambre dorée, avait été élevé pour les envoyés flamands [...] (V. Hugo)

❑ S'ils en étaient demeuré là, nous n'aurions pas été contraint de sévir.

❑ Les antalgiques qui lui ont été prescrits ne sont pas parvenus à calmer sa douleur.

❑ Ils sont entrés chez nous sans y avoir été invité.

❑ Avons-nous vraiment été secoué par cette nouvelle ou serions-nous devenu des femmes insensibles ?

❑ Après qu'elle eut été huée, ce fut la ruée, et elle fut tuée.

❑ D'où sont sorti tous ces bouquets ? Ils auront été offert par la fine fleur des romantiques !

❑ Les Troyens n'étaient pas très à cheval sur les maux qui avaient été prédit par Cassandre.

L'accord du participe passé avec *avoir*

Diagnostic

Cochez les bonnes réponses.

1. Ils ont semblé me sourire. ☐
   Ils ont semblés me sourire. ☐

2. Elles ont suffi à mon bonheur. ☐
   Elles ont suffis à mon bonheur. ☐

3. Si tu avais vu la tête qu'il a fait ! ☐
   Si tu avais vu la tête qu'il a faite ! ☐

4. Je ne sais plus combien de livre j'ai lu. ☐
   Je ne sais plus combien de livre j'ai lus. ☐

5. Je vous ai parlé gentiment. ☐
   Je vous ai parlés gentiment. ☐

Dans la vie, il vaut mieux être qu'avoir... Et en grammaire aussi ! En effet, l'accord du participe passé avec *avoir* promet quelques jolies difficultés. Mais rien d'insurmontable, comme nous allons le voir...

Prescription

Première règle essentielle à retenir : le participe passé employé avec *avoir* ne s'accorde jamais avec le sujet : *Elles ont bien **mangé** et ont même **pris** une pâtisserie.*

Seconde règle, plus subtile : le participe s'accorde avec le COD, si celui-ci est placé avant le participe : *Elles ont apprécié les plats qu'elles ont **mangés** et les pâtisseries qu'elles ont **prises*** (*mangés* s'accordent avec le COD *que*, qui remplace *plats* ; *prises* s'accorde avec le COD *que*, qui remplace *pâtisseries*).

Concrètement, si vous savez dès le début de quoi on parle, accordez le participe : *les erreurs que tu as faites* ; sinon, le participe reste invariable : *tu as fait des erreurs.*

Vaccin BCG (Boostez vos Connaissances en Grammaire !)

Cette règle d'accord se trouve surtout en présence du pronom relatif COD *que* et des pronoms personnels *me, te, le, la, nous, vous, les* : *Cette faute, je l'ai encore faite ; Je nous ai inscrits à un concours ; Je vous avais prévenus ; Je les ai reçus.* Mais on peut aussi trouver l'accord avec le COD après des termes interrogatifs ou exclamatifs : ***Combien** de fautes as-tu **faites*** ? ***Quelles** fautes as-tu **faites** ? **Que** de fautes tu as **faites** !*

Soyez attentif aux oppositions du type : *Je **vous** ai demandée en mariage* (vous est COD) vs *Je **vous** ai demandé de vous taire* (vous est COI : j'ai demandé **à vous**).

Dans tous les cas, vous devez toujours vous poser la question « quoi ? » pour trouver la position du COD et accorder en conséquence.

PIQÛRE DE RAPPEL

Si vous avez bien compris ce qui précède, vous en déduirez que les verbes qui ne peuvent se construire avec COD (les verbes « intransitifs ») ont une particularité... Par exemple : *accédé, agonisé, appartenu, atterri, bâillé, bondi, brillé, circulé, correspondu, débuté, déjeuné, dormi, duré, été, existé, lutté, marché, menti, participé, régné, résonné, ri, semblé, suffi, voyagé...*

Vous avez deviné, bien sûr ? Leur participe est forcément invariable !

Traitement

Accordez, si nécessaire.

1. On ignore combien de petites amies il a eu... avant de se marier avec celle dont il a depuis divorcé....

2. Les derniers choix qu'il a fait... ne nous ont pas paru... des plus judicieux.

3. Chers amis, je ne vous ai pas écrit… ni contacté… depuis quelque temps, car on m'a confié…, en tant que nouvelle responsable, des tâches importantes qui m'ont accaparé….

4. Les paroles qu'il a prononcé… ne nous ont pas franchement plu….

5. Avez-vous aimé… les nouvelles qu'a écrit… Maupassant ? Je ne les ai pas toutes lu…, pour ma part.

6. Ils ont abusé… des libertés qu'on leur avait permis….

7. Combien d'empires l'homme a construit… ! Que de destructions il a aussi causé… !

8. Selon vous, laquelle de ces propositions avons-nous refusé… ?

9. Tous les médecins que nous avons consulté… nous ont autorisé… les sorties.

10. Les enfants avaient fini… tous leurs devoirs, aussi les ai-je autorisé… à lire quelques pages de Proust !

L'accord du participe passé avec *avoir* – cas particuliers

Diagnostic

Cochez les bonnes réponses.

1. Des chocolats, j'en ai mangé !   ☐
   Des chocolats, j'en ai mangés !   ☐

2. La grêle qu'il a fait a tout détruit.   ☐
   La grêle qu'il a faite a tout détruit.   ☐

3. les 30 € que ce gâteau a coûté   ☐
   les 30 € que ce gâteau a coûtés   ☐

4. les souffrances qu'elle a vécu   ☐
   les souffrances qu'elle a vécues   ☐

5. les 10 € qu'a valu ce livre   ☐
   les 10 € qu'a valus ce livre   ☐

Continuons de penser (et panser !) les plaies dues au participe passé. En effet, son accord en présence de l'auxiliaire *avoir* réserve quelques cas pour le moins retors...

Prescription

Avec le pronom *en*

En est considéré comme un adverbe : dans ces conditions, il ne suffit pas, en tant que COD, à imposer l'accord du participe passé quand il est placé devant ; le participe restera donc toujours invariable : *Des erreurs, j'en ai **commis** !*

167

Verbes impersonnels

Les verbes impersonnels (*il pleut, il neige, il y a, il fait, il faut...*) ont un participe passé invariable : *les cordes qu'il a **plu**, les succès qu'il y a **eu**, les orages qu'il a **fait**, les années qu'il a **fallu**...*

Verbes de mesure

Les verbes de mesure (*coûter, courir, peser, valoir, vivre*) se construisent normalement avec un complément circonstanciel de mesure (question « combien ? »), et non avec un COD (question « quoi ? ») : leur participe passé reste donc invariable. Et même si le pronom *que* ressemble furieusement à un COD, il n'en est rien ; il est bien CC de mesure et ne peut donc imposer l'accord au participe : *Les 15 € que m'a **coûté** ce livre* (ce livre a coûté « combien » ? et non pas « quoi ? ») ; *les 200 mètres que j'ai **couru** ; les 10 kg que le sac a **pesé** ; les 500 € qu'a **valu** ce voyage ; les vingt années que nous avons **vécu**.*

Toutefois, ces verbes peuvent être employés avec un sens figuré ; dans ce cas, ils régissent un COD et le participe s'accorde donc avec celui-ci : *La peine que ce travail m'a **coûtée** (ce travail a coûté « quoi ? ») ; les risques que j'ai **courus** ; les 10 kg de sable que j'ai **pesés** ; les récompenses que lui a **values** ce succès ; les joies que nous avons **vécues**.*

💊 Traitement

Choisissez la bonne réponse.

1. Des allées et venues entre Lille et Paris, j'en ai *fait/faites* !

2. Toutes ces années qu'il aura *fallu/fallues* pour comprendre la grammaire française n'auront pas été vaines !

3. Les cultures ont été abîmées par les orages qu'il a *fait/faits* dernièrement.

4. Le vendeur m'a fait payer plus de 15 € les 2 kg de fraises qu'il a *pesé/pesés*.

5. Les honneurs que j'ai avidement *couru/courus* m'ont tous été refusés.

6. J'ai regretté les 12 € que m'a *coûté/coûtés* cette place de cinéma.

7. Les reproches que m'a *valu/valus* cette remarque étaient injustifiés.

8. Les 100 kg qu'il a *pesé/pesés* avant son régime ne sont plus qu'un lointain souvenir.

9. Jamais il n'oubliera les instants de bonheur qu'il a *vécu/vécus* tout seul.

10. Sur les cent mètres que j'ai *couru/courus,* les quatre-vingt-dix derniers furent les plus durs !

L'accord du participe passé des verbes pronominaux

Diagnostic

Cochez les bonnes réponses.

1. Ils se sont envolé. ❑
   Ils se sont envolés. ❑

2. Elle s'est servi de nous. ❑
   Elle s'est servie de nous. ❑

3. Ils se sont disputé. ❑
   Ils se sont disputés. ❑

4. Ils se sont disputé l'héritage. ❑
   Ils se sont disputés l'héritage. ❑

5. Ils se sont rendu compte qu'ils avaient tort. ❑
   Ils se sont rendus compte qu'ils avaient tort. ❑

Gravissons encore une marche, courage... Et prenons de la hauteur ! Regardez autour de vous, vous êtes au faîte de la tour « Accord » : l'air se fait plus rare, mais que le paysage est beau... et vous vous sentez grisé ! Vous avez atteint le sommet de la grammaire, là où les subtilités se font aériennes, éthérées...

Prescription

Un verbe pronominal se reconnaît facilement : il se construit avec un pronom réfléchi (*me, te, se, nous, vous*) et se conjugue avec l'auxiliaire *être*.

Pour bien accorder le participe, il faut analyser à quel type de verbe pronominal vous avez affaire : il en existe quatre et les trois premiers s'accordent avec le sujet. Quant au quatrième, c'est à peine plus compliqué...

Verbes essentiellement pronominaux

Un verbe essentiellement pronominal est un verbe qui n'existe qu'à la forme pronominal : *s'absenter, s'envoler, s'évanouir, se souvenir...*

Le participe passé s'accorde avec le sujet : *elle s'est **évanouie**, ils se sont **absentés**.*

Verbes pronominaux dont le pronom est inanalysable

Certains verbes ne sont pas essentiellement pronominaux, mais leur pronom réfléchi n'est pas clairement analysable : *apercevoir > s'apercevoir ; douter > se douter.* Le pronom *se* renvoie bien au locuteur sans qu'on sache vraiment ce qu'il exprime. Les principaux verbes sont : *s'apercevoir de, s'attendre à, se douter de, s'attaquer à, s'aviser de, s'échapper, se jouer de, se plaindre, se prévaloir de, se saisir de, se servir de, se taire.*

Le participe passé s'accorde avec le sujet : *Elle s'est **doutée** de quelque chose ; Ils se sont **plaints** de vos remarques.*

Verbes pronominaux de sens passif

Certains verbes pronominaux sont employés avec une valeur passive ; ils peuvent donc être remplacés par le verbe non pronominal correspondant mis à la voix passive : *Ces livres se sont bien vendus > Ces livres ont été bien vendus.*

Le participe passé s'accorde avec le sujet : *Les matchs se sont **joués** en cinq sets.*

Verbes accidentellement pronominaux

Les verbes pronominaux les plus fréquents sont ceux qui peuvent exister à la forme non pronominale : *lever/se lever ; voir/se voir ; parler/se parler...*

Il faut alors analyser le pronom réfléchi :

> **» S'il est COD, on accorde le participe avec ce pronom** : *Elle s'est **regardée*** (Elle a regardé qui ? « Elle » > COD, donc accord).

> **» Si le pronom réfléchi n'est pas COD, le participe reste invariable** : *Elle s'est **regardé** le nombril* (Elle a regardé quoi ? « Le nombril ». Le pronom *s'* n'est pas COD > pas d'accord).

Donc, quand le COD est placé derrière, le pronom réfléchi est COS et le participe ne s'accorde pas : *Ils se sont **cassé** la jambe.* De même, les verbes qui n'ont pas de COD ont un participe toujours invariable : *Ils se sont **plu**, **parlé**, **écrit**, puis **déplu**, **menti** et **nui**.*

✛ Petit pansement pour gros bobo

Finalement, tout se passe ici comme pour l'accord du participe passé conjugué avec l'auxiliaire *avoir*.

💉 Vaccin BCG (Boostez vos Connaissances en Grammaire !)

Dans certaines locutions verbales, le participe reste toujours invariable : *se faire fort, se faire jour, se faire l'écho, se rendre compte* : *Elles se sont **fait fort** de nous battre ; Ils se sont **fait l'écho** de nos interrogations ; Elle s'est **rendu compte** de ses erreurs.*

💊 Traitement

Accordez, si nécessaire.

1. Les 1 % les plus fortunés se sont approprié... la majorité des richesses et se sont bien gardé... de partager.

2. Elles se sont permis... bien des libertés avec les règles d'orthographe !

3. Ma pédicure s'est mis... à me casser les pieds et s'en est mordu... les doigts.

4. À force de s'être agenouillé..., les lèche-bottes sont sur les rotules.

5. Ces gourmands se sont servi... trois fois de mont-blanc et ne s'en sont pas fait... toute une montagne !

6. Les carriéristes se sont toujours servi... de leurs relations sans s'être jamais demandé... si c'était moral.

7. Ils se sont aimé... dès le premier regard et haï... dès le premier retard.

8. Après s'être juré… de ne plus faire de fautes, elle s'est aperçu… qu'elle s'était encore trompé…

9. La corneille, honteuse et confuse, s'est rendu… compte qu'on l'avait prise pour une buse.

10. Lors du speed-dating, Paul et Virginie se sont observé…, souri…, parlé…, puis dit… au revoir.

.

L'accord du participe passé suivi d'un infinitif

🌡 Diagnostic

Cochez les bonnes réponses.

1. les livres que j'ai aimé lire ☐
   les livres que j'ai aimés lire ☐

2. les années que j'ai senti passer ☐
   les années que j'ai senties passer ☐

3. les animaux que j'ai vu manger ☐
   les animaux que j'ai vus manger ☐

4. Ils se sont fait refaire le portrait. ☐
   Ils se sont faits refaire le portrait. ☐

5. Il a visité les pays qu'il a voulu. ☐
   Il a visité les pays qu'il a voulus. ☐

Ultime étape et non des moindres : le subtil accord du participe passé suivi d'un infinitif.

✒ Prescription

On accorde le participe avec le COD, si celui-ci est placé devant. Alors pourquoi tant de mystère autour de l'infinitif ? C'est que celui-ci vient en apparence compliquer les choses : en effet, le COD placé devant peut être COD du participe ou de l'infinitif... Or l'accord ne sera pas le même !

On écrira donc : *Ces sportifs, je les ai **vus** jouer* (J'ai vu quoi ? *Les sportifs (jouer)* > *Les sportifs* est COD de *vus*, on accorde le participe).

En revanche, on écrira : *Ces matchs, je les ai **vu** jouer* (J'ai vu quoi ? *Jouer les matchs* > *Les matchs* est COD de *jouer*, on n'accorde pas le participe).

De même, on opposera : *Je les ai **laissés** gagner le match* vs *Je les ai **laissé** gagner par l'angoisse.*

Les verbes pronominaux suivis d'un infinitif fonctionneront de la même manière : *Ils se sont **laissés** aller* vs *Ils se sont **laissé** duper* ; *Ils se sont **vus** réussir* vs *Ils se sont **vu** arrêter.*

✚ Petit pansement pour gros bobo

Une astuce toute simple : on accorde le participe avec le COD uniquement si celui-ci fait l'action de l'infinitif ; au contraire, s'il subit l'action de l'infinitif, il demeure invariable : *Ces groupes, je les ai **entendus** chanter* (les groupes font l'action de chanter) vs *Ces hymnes, je les ai **entendu** chanter* (les hymnes sont chantés).

Vaccin BCG (Boostez vos Connaissances en Grammaire !)

Participe de *faire* + infinitif

Le participe passé *fait* suivi d'un infinitif est toujours invariable : *la robe qu'elle a **fait** recoudre* ; *Elle s'est **fait** avoir.*

Infinitif sous-entendu

Pour quelques verbes, l'infinitif peut être sous-entendu : *devoir, permettre, pouvoir, vouloir.* Le participe passé n'en restera pas moins invariable : *Il a rempli toutes les missions qu'il a **dû** [remplir], qu'il a **pu** [remplir], qu'il a **voulu** [remplir], qu'on lui a **permis** [de remplir].*

Traitement

Choisissez le bon accord.

1. Les marrons et les châtaignes que j'ai *vu/vus* distribuer n'avaient rien de fruits !

2. Elle ne s'est pas *fait/faite* prier pour écouter religieusement mon discours.

3. Toutes ces règles que j'ai *entendu/entendues* répéter ne m'ont toujours pas dégoûté de la grammaire.

4. Nous avons accompli tous les efforts que nous avons *dû/dus*.

5. Ces gourmands ne se seraient jamais *laissé/laissés* mourir de faim !

6. Cette addition était salée, je l'ai *senti/sentie* passer !

7. Je les avais *laissé/laissés* sortir tard, et je ne les ai même pas *entendu/entendus* rentrer.

8. Roxane ne s'est-elle pas *laissé/laissée* mener par le bout du nez par Cyrano ?

9. Toutes les recettes que j'ai *aimé/aimées* faire, je les ai *vu/vues* réaliser dans mon enfance par ma mère.

10. Ces gardiens de zoo oisifs se sont *vu/vus* habituer à peigner la girafe.

Consultation

3

Aux petits mots les grands remèdes !

Après les affres de la conjugaison et le supplice des accords, nous voici arrivés dans le domaine de l'orthographe pure et, plus particulièrement, celui des homonymes, ces mots qui se ressemblent mais ne s'assemblent pas ! La langue française en est prodigue, qu'ils soient lexicaux ou grammaticaux… Alors soignez-les bien, sinon ce sera pour vous un vrai *martyre*… ou *martyr* ?

Les homonymes lexicaux

Diagnostic

Cochez les bonnes réponses.

1. J'ai repeint les plaintes du salon. ❑
   J'ai repeint les plinthes du salon. ❑

2. Il est accro à la grammaire ! ❑
   Il est accroc à la grammaire ! ❑

3. Elle baille de fatigue. ❑
   Elle bâille de fatigue. ❑

4. J'ai fini ma cartouche d'ancre. ❑
   J'ai fini ma cartouche d'encre. ❑

5. Pour une simple addition, il conte sur ses doigts. ❑
   Pour une simple addition, il compte sur ses doigts. ❑

Le français compte des centaines d'homonymes, sources parfois d'hésitations, voire de quiproquos.

Homonyme est un terme générique qui désigne les mots se prononçant de la même façon ; parmi les homonymes, on distingue deux sous-catégories :

>> les homophones, qui ne s'écrivent pas de la même façon : *air, aire, ère, erre, ers, haire, hère* ;

>> les homographes, qui s'écrivent de la même façon : *avocat* (métier)/ *avocat* (fruit).

Certains homographes peuvent être non homophones : *Ce petit **punch** [« ponch »] m'a donné du **punch** [« peunnch »] ! Les poules du **couvent** couvent.*

Prescription

Les homonymes sont légion ; contentons-nous de (re)voir les plus fréquents (pour les plus « piégeux », rendez-vous à la feuille suivante) :

accord (entente)/accort (avenant)/accore (côte)

accroc (déchirure)/accro (drogué ; féru)

aine (entre la cuisse et l'abdomen)/haine (aversion)

air (gaz ; apparence ; musique)/aire (surface)/ère (époque)/hère (individu démuni)

allogène (antonyme d'indigène)/halogène (gaz ; lampe)

un ammoniac (gaz)/une ammoniaque (solution aqueuse d'ammoniac)

appât (pour les poissons)/les appas (charmes féminins)

amande (fruit)/amende (somme réclamée pour une infraction)

ancre (d'un bateau)/encre (du stylo)

are (100 m²)/art (talent, habileté)/arrhes (acompte)

auspice (sous de bons auspices)/hospice (asile)

autant (tant)/au temps (« au temps pour moi ! »)/autan (vent)

autel (table sacrée)/hôtel (pour dormir)

baccara (jeu de cartes)/baccarat (cristal)

bâiller (de fatigue)/bayer (aux corneilles)/bailler (donner)

balade (promenade)/ballade (poème)

banc (siège)/ban (proclamation officielle ; exil)

bonace (mer calme)/bonasse (débonnaire)

bouleau (arbre)/boulot (travail)

canne (pour marcher ; canne à sucre)/cane (femelle du canard)

céans (ici : « le maître de céans »)/séant (le derrière)

censé (supposé)/sensé (plein de bon sens)

cep (de vigne)/cèpe (champignon)

cerf (cervidé)/serf (esclave)/serre (pour les plantes ; griffe des rapaces)

cession (fait de céder un bien)/session (fait de siéger)

chair (viande)/cher (coûteux ; chéri)/chère (faire bonne chère)/chaire (tribune élevée)

chaos (anarchie)/cahot (soubresaut)

chant (chanson)/chant (face étroite d'un objet : « un livre posé sur chant »)/ champ (de patates)

chat (félin)/chas (d'une aiguille)/chah, shah (roi de Perse)

chemineau (vagabond)/cheminot (conducteur de train)

chéri (aimé)/cherry (liqueur de cerise)/sherry (xérès)

clair (lumineux)/clerc (employé aux écritures ; érudit)

cœur (organe)/chœur (ensemble de voix : « tous en chœur »)

coin (endroit)/coing (fruit du cognassier)

conte (histoire)/compte (calcul)/comte (titre de noblesse)

cor (de chasse : « à cor et à cri » ; callosité)/corps (physique)

cote (valeur)/cotte (de mailles)

coup (choc, heurt)/coût (prix)/cou (partie du corps)

cour (de récréation, du roi, de justice)/cours (de français, d'eau, de la vie, de la bourse)/court (de tennis)/courre (chasse à...)

crack (champion ; drogue)/krach (boursier)/crac ! (interjection)/krak (château des croisés)/une craque (mensonge)

date (jour)/datte (fruit)

décrépi (qui a perdu son crépi)/décrépit (un homme décrépit, une bâtisse décrépite)

dégoûter (écœurer)/dégoutter (tomber goutte à goutte)

délacer (dénouer)/délasser (détendre, reposer)

détonner (sortir du ton, jurer)/détoner (exploser : « un mélange détonant »)

dessein (but)/dessin (art, croquis)

différend (mésentente)/différent (dissemblable)

d'avantage (de bénéfice)/davantage (encore plus)

écho (son renvoyé, bruit)/écot (quote-part)

empreint (marqué par une empreinte)/emprunt (prêt)

entrain (ardeur)/en train (en cours de : « être en train de travailler »)

envie (désir)/à l'envi (à qui mieux mieux)

étique (maigre)/éthique (morale)

exaucer (un vœu)/exhausser (élever)

faim (envie de manger)/fin (mince ; terme, but)/feint (simulé)

une fête (réjouissances)/un fait (acte, événement)/un faîte (sommet)

filtre (tamis)/philtre (breuvage magique)

flamand (belge)/flamant (rose)

flan (gâteau)/flanc (côté)

foi (croyance, confiance)/foie (organe)/fois (une fois, deux fois…)

fond (le plus bas)/fonds (bien possédé ; capital)/fonts (baptismaux)

fort (château ; puissant)/for (« en mon for intérieur »)/fors (excepté)

un gaz (élément gazeux)/une gaze (tissu)

geai (oiseau au plumage tacheté)/jais (variété de lignite noir : « cheveux noir de jais »)

glaciaire (époque ancienne)/glacière (pour garder le vin au frais)

golf (sport)/golfe (crique, baie)

goûter (tester)/goutter (tomber goutte à goutte)

guère (peu)/guerre (conflit)

héraut (celui qui annonce)/héros (demi-dieu ; personnage principal)

heure (60 minutes)/heurt (choc)/heur (chance)

las (fatigué)/un lacs (piège)/la (note)

laid (disgracieux)/lai (poème ; religieux)/laie (femelle du sanglier)/lait (liquide)

lice (entrer en lice)/lisse (plat)/lys, lis (fleur)

un lieu (endroit ; poisson)/une lieue (mesure : « les bottes de sept lieues »)

lobe (de l'oreille)/lob (balle en hauteur)

une lutte (combat)/un luth (instrument)/un lut (pour boucher)

mai (mois)/mais (conjonction)/mets (plat délicieux)/maie (huche)

maire (édile)/mère (maman)/mer (océan)

maître (celui qui commande)/mètre (mesure)/mettre (poser)

mante (religieuse ; poisson)/menthe (herbe)

mari (époux)/marri (contrit)

martyre (supplice)/martyr (supplicié)

la mort (décès)/le mort (défunt)/le mors (pour diriger le cheval)

mou (mollasson)/moût (raisin)/moue (grimace)

pal (pieu)/pale (d'une hélice)/pâle (blafard)

palier (plateforme)/pallier (remédier)

un parti (prendre parti, prendre un parti)/une partie (prendre à partie)

peau (épiderme)/pot (récipient)

peaucier (muscle)/peaussier (ouvrier travaillant les peaux)

une peine (chagrin)/un pêne (pour verrouiller)/une penne (plume)

penser (réfléchir)/panser (soigner)

père (papa)/pair (semblable)/paire (couple)/pers (« des yeux pers »)

phare (lumière)/fard (maquillage)/far (gâteau breton)

pineau (vin des Charentes)/pinot (cépage courant, noir, blanc ou gris)

piton (rocheux ; cheville)/python (serpent)

plain (plat : « de plain-pied »)/plein (rempli)

plaine (espace)/pleine (remplie)

plainte (réclamation)/plinthe (saillie au bas d'un mur)

plan (carte)/plant (de tomates)

plastic (explosif)/plastique (matière plastique)

poignet (partie du bras)/poignée (de mains)

poil (cheveu)/une poêle (à frire)/un poêle (à charbon)

pois (petit ou chiche)/poids (fardeau)/poix (matière visqueuse)

policlinique (dispensaire)/polyclinique (clinique où l'on soigne plusieurs maladies)

porc (cochon)/port (pour bateau ; transport)/pore (de la peau)

pose (installation, attitude)/pause (arrêt momentané, repos)

pou (parasite)/pouls (battements de cœur)

les prémices (premiers produits de la terre ; signes avant-coureurs)/une prémisse (première proposition d'un syllogisme)

près (à proximité, sur le point de : « être près de »)/prêt (disposé : « être prêt à ») puits (pour puiser de l'eau)/puis (ensuite))/puy (montagne d'Auvergne)

rai (de lumière)/raie (strie ; poisson)/rets (filets, piège)

rainette (grenouille)/reinette (pomme)

raisonner (faire la leçon)/résonner (produire un son)

rancart (mettre au rancart)/rencard, rancard (renseignement ; rendez-vous)

rate (femelle du rat ; organe)/ratte (pomme de terre)

une rêne (courroie)/un renne (cervidé)/une reine (souveraine)

repaire (cachette)/repère (pour se repérer)

sain (bon pour la santé)/saint (canonisé)/ceint (entouré)/sein (mamelle)/seing (signature)

la satire (écrit ironique)/le satyre (divinité champêtre ; homme lubrique)

il scelle (il ferme hermétiquement ; il conclut)/il cèle (il cache)/il selle (un cheval)

scène (de théâtre... ou de ménage !)/saine (bonne pour la santé)/Cène (dernier repas du Christ)

sceptique (qui doute)/septique (« fosse septique »)

seau (récipient)/sot (idiot)/sceau (cachet)/saut (bond)

soufflé (au fromage)/soufflet (gifle ; soufflet de forge)

saoul, soûl (ivre)/sou (argent)/sous (en dessous)

serein (calme)/serin (oiseau ; niais)

signe (de la main)/cygne (oiseau)

sur (au-dessus ; aigre)/sûr (certain)

tache (salissure)/tâche (labeur)

tante (tati)/tente (abri)

teint (du visage)/tain (d'un miroir)/thym (herbe aromatique)

teinter (un tissu)/tinter (sonner)

terme (fin ; mot)/thermes (bains romains)

la tribu (ensemble d'individus)/le tribut (impôt)

turbo (diesel)/turbot (poisson)

vain (inutile)/vin (boisson)/vingt (20)

vaine (inutile)/veine (artère)

vanter (faire l'éloge)/venter (faire du vent)

ver (lombric)/vers (en poésie)/verre (pour boire)/vair (fourrure)/vert (couleur)

vernis (nom : « vernis à ongles »)/verni (adjectif : un bois verni)

le vice (gros défaut)/la vis (pour tournevis)

voir (percevoir)/voire (et même)

voix (humaine)/voie (route, chemin)

volatil (adjectif : qui s'évapore)/un volatile (nom : oiseau)

Traitement

Retrouvez dans la grille 29 homonymes et placez-les dans les phrases ci-après.
Les 4 lettres restantes vous donneront un 30ᵉ homonyme à trouver dans cet extrait d'Anatole France : « C'est par erreur [...] qu'on a dit que les pantoufles de Cendrillon étaient de verre ? [...] Des chaussures de _ _ _ _, c'est-à-dire des chaussures fourrées, se conçoivent mieux. »

E	A	N	C	R	E	R	E	P	E	R
R	U	V	O	L	U	T	H	A	E	E
I	S	Q	R	E	E	A	R	L	N	N
A	P	N	I	R	I	D	E	L	I	E
I	I	I	M	T	L	O	N	I	A	S
C	C	E	H	L	P	C	N	E	T	C
A	E	S	C	I	L	E	O	R	M	E
L	S	S	A	H	A	N	S	U	T	A
G	A	E	R	P	N	E	I	I	R	U
I	L	D	K	R	T	C	A	H	O	T
T	N	A	M	A	L	F	R	E	S	F

1. Il a été condamné à 1 500 € d'..................... .

2. Ils ont jeté l'.................. dans le port de Marseille.

3. Deux jeunes époux, unis sous d'heureux.............................., sortant du lit nuptial [...] (Rousseau)

4. Un violent............................ secoua la voiture.

5. *La*.................. est un fameux tableau de Léonard de Vinci.

6. J'ai réclamé votre aide à............... et à cri.

7. Les deux joueurs de tennis ont fait leur entrée sur le........................ central.

8. Ce perfide nourrit de noirs............................. .

9. Cet écrivain est à l'apogée de son génie, au..................... de son talent !

10. Perché sur ses longues pattes, ce.......................... rose m'a semblé plutôt rosse.

11. Si tu n'as pas confiance en toi-même, comment veux-tu que j'aie............ en toi ?

12. La période................................ jette un froid sur la planète.

13. Le........................ de 2008 n'a pas grand-chose à envier à celui de 1929.

14. Je suis............... de vos disputes continuelles.

15. J'étais à cent..............s de douter de son honnêteté.

16. Poète, prends ton................., et me donne un baiser. (A. de Musset)

17. Le gouvernement cherche à............................ la crise par des mesures d'urgence.

18. La sorcière fit boire le............................ d'amour à la princesse.

19. J'ai acheté un................... de rosiers chez l'horticulteur.

20. As-tu une grande...................... pour faire des crêpes ?

21. Il était comme fou : personne ne parvint à le........................... .

22. Il a confié les........................ de son entreprise à sa fille.

23. Certains événements historiques servent de grands points de.......................... .

24. Manger trois hamburgers et deux portions de frites, ce n'est certes pas très................ .

25. Cette trahison porte le.................... de sa vilenie.

26. La fosse..................... est encore bouchée.

27. Le................ médiéval était taillable et corvéable à merci.

28. Narcisse n'aurait sans doute pas apprécié les miroirs sans................. !

29. Tu utilises toujours le................... « satire » à mauvais escient.

Les homonymes lexicaux piégeux

Diagnostic

Cochez les bonnes réponses.

1. Je me suis trompé, autant pour moi ! ❏
   Je me suis trompé, au temps pour moi ! ❏

2. Ils réclament notre aide à cor et à cri. ❏
   Ils réclament notre aide à corps et à cri. ❏

3. Notre petit différend a été vite résolu. ❏
   Notre petit différent a été vite résolu. ❏

4. Ce gourmand aime faire bonne chair. ❏
   Ce gourmand aime faire bonne chère. ❏

5. Quel martyr, cette réunion ! ❏
   Quel martyre, cette réunion ! ❏

Prescription

Voici les principaux homonymes récalcitrants :

Ne confondez pas...	avec...
un **accroc** au pantalon	Il est **accro** à l'orthographe
un **acquis** social	par **acquit** de conscience
j'ai beaucoup **à faire**	j'ai **affaire** à un idiot
j'en prends **autant** pour moi	**au temps** pour moi !
le poète a composé une **ballade**	je fais une **balade** en mer
un **banc** de poissons	il est mis au **ban** de la société

191

Ne confondez pas...	avec...
il **bâille** de fatigue	il **baye** aux corneilles
il est rationnel et **sensé**	il est **censé** travailler
un **champ** de pommes de terre	un livre posé de **chant**
de la **chair** fraîche	nous avons fait bonne **chère**
ils rient de bon **cœur**	ils répondent tous en **chœur**
à bras-le-**corps**	à **cor** et à cri
un **coup de pied** au derrière	un **cou-de-pied** cambré
je parle d'inconvénients, pas d'**avantages**	il y a **davantage** de monde
un mur **décrépi**	un vieillard **décrépit**
des couleurs **détonnant** entre elles	un mélange **détonant**
nous avons eu un avis **différent**	nous avons eu un **différend**
un **emprunt** de 5 000 €	un visage **empreint** de sérénité
il parle avec joie et **entrain**	il est **en train** de dormir
je ne résiste pas à l'**envie** de vous parler	ils se disputent **à l'envi**
le **fond** de l'assiette	**fonds** de commerce à vendre
le **fort** de Douaumont	en mon **for** intérieur
le **geai** bleu jase dans l'arbre	des cheveux noir de **jais**
j'ai visité mille **lieux** touristiques	Vingt mille **lieues** sous les mers
saint Sébastien est un **martyr**	j'ai souffert le **martyre**
j'ai pris **parti** pour lui	il m'a pris **à partie**
un sac **plein**	une maison de **plain-pied**
la **prémisse** d'un raisonnement	les **prémices** du printemps
je suis **près** de réussir	je suis **prêt** à partir
le maître de **céans**	Il est assis sur son **séant**
couvrez ce **sein** que je ne saurais voir !	il a donné son **blanc-seing**
le dieu Pan et son cortège de **satyres**	les **satires** de Voltaire
cela reste à **voir**	il est brillant, **voire** génial
un gaz **volatil**	le dindon est un **volatile**

Traitement

Remplissez la grille avec des homonymes qui complètent les phrases.

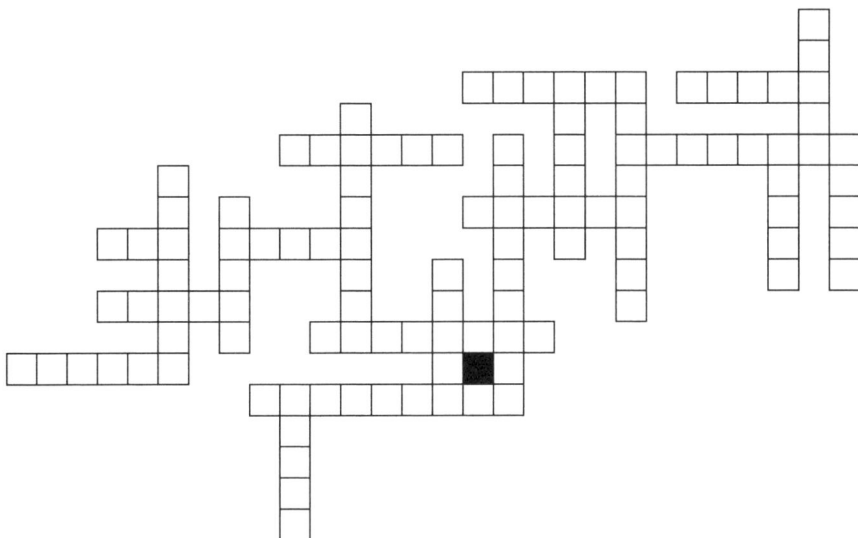

1. Je ne lâche jamais mon portable : je suis........................ aux textos.

2. Je préfère vous avertir, ne serait-ce que par.......................... de conscience.

3. Ce randonneur adore faire une...................... en forêt.

4. Concentre-toi un peu et cesse de....................... aux corneilles !

5. Nul n'est.............. ignorer la loi.

6. Obélix a posé ses menhirs sur..................... .

7. Lors du banquet, nous avons bien bu et fait bonne.......................

8. Reprenons ce refrain tous en............................ !

9. Un lion........................., goutteux, n'en pouvant plus,/Voulait que l'on trouvât remède à la vieillesse. (La Fontaine)

10. Nous ne pourrons pas régler ce........................... à l'amiable.

11. Son visage était........................... de sérénité et de zénitude.

12. Es-tu sûr de vouloir confier ton épargne à un..................... de pension ?

13. En mon................ intérieur, je sais bien que je réussirai.

14. Ces règles de grammaire me font souffrir le.................................. !

15. Cette poule mouillée a peur de s'engager en prenant.....................

16. Il nous a pris à....................... en nous invectivant vertement.

17. Ils se sont acheté un grand loft de.................................. .

18. Bourgeons, douceur de l'air : les......................... du printemps sont là.

19. Es-tu................ à faire enfin quelques efforts ?

20. Ce pamphlet est une........................... mordante de la société de consommation.

21. Je ne sais quelle mouche l'a piqué, mais il s'est soudain dressé sur son..................... .

22. Il a mis des jours, ... des semaines pour oser aller lui parler.

23. Dans la basse-cour, gloussait un pauvre........................... efflanqué.

A ou *à* ?

Diagnostic

Cochez les bonnes réponses.

1. Elle a assez d'argent pour vivre. ❑
   Elle à assez d'argent pour vivre. ❑

2. C'est a vous que nous faisons allusion. ❑
   C'est à vous que nous faisons allusion. ❑

3. Il n'à qu'a écouter. ❑
   Il n'a qu'à écouter. ❑

4. A croire que tu es amoureux ! ❑
   À croire que tu es amoureux ! ❑

5. On a gagné le match. ❑
   On à gagné le match. ❑

Les homonymes grammaticaux sont constitués de mots outils, très fréquents, distingués par leur catégorie grammaticale... et leur orthographe, bien sûr ! L'un des plus fréquents et des plus malmenés est le couple *a/à*.

Prescription

A est la 3ᵉ personne du présent de l'indicatif du verbe *avoir* : *Il a vraiment faim* ; *Son fils a grandi*.

À est une préposition ; il introduit donc des groupes nominaux ou verbaux, des pronoms : *Il ne répond jamais à mes messages* ; *Elle tient à être présente* ; *Il n'obéit à personne*.

Petit pansement pour gros bobo

Vous pouvez remplacer *a* par une autre forme du verbe avoir : *Il **a** à faire son travail* > *Il **avait** à faire son travail.*

Traitement

Choisissez la bonne réponse.

1. Qui *a/à* bu boira.

2. On *a/à* décidé de se retrouver *a/à* trois heures *a/à* l'entrée du cinéma.

3. Elle *a/à a/à* réaliser de nombreuses tâches pour parvenir *a/à* son but.

4. *A/À* voir sa réaction, nul ne croirait qu'il *a/à* pris ses anxiolytiques.

5. Il y *a/à* là, *a/à* vrai dire, une étape importante *a/à* franchir.

6. *A/À* Paris, *a/à* vélo, on dépasse les autos.

7. Tout vient *a/à* point *a/à* qui sait attendre.

8. J'en viens *a/à* croire qu'on n'*a/à* guère évolué depuis trente mille ans.

9. Il n'*a/à* en aucun cas *a/à* commenter les décisions qu'*a/à* prises son supérieur.

10. Mon père *a/à* vraiment la banane, depuis qu'il *a/à* entamé un régime.

Ça, sa ou *çà* ?

Diagnostic

Cochez les bonnes réponses.

1. Je ne sais pas si ça lui conviendra. ❑
   Je ne sais pas si sa lui conviendra. ❑

2. Ça n'a aucun intérêt ! ❑
   Sa n'a aucun intérêt ! ❑

3. Ça petite amie est très jalouse. ❑
   Sa petite amie est très jalouse. ❑

4. S'il était serviable, ça se saurait ! ❑
   S'il était serviable, sa se saurait ! ❑

5. Des livres traînaient ça et là. ❑
   Des livres traînaient çà et là. ❑

Prescription

Ça est un pronom démonstratif, équivalent de *cela* dans la langue familière : *Ça va ?*

Sa est un déterminant possessif : *Il aime **sa** petite vie.*

Çà est un ancien adverbe de lieu ; il n'est plus guère utilisé que dans l'expression *çà et là.*

Petit pansement pour gros bobo

Ça peut toujours être remplacé par *cela*.

Quant au possessif *sa*, il est toujours placé devant un nom et est synonyme de *la sienne*.

Traitement

Choisissez la bonne réponse.

1. Comment *ça/sa* va aujourd'hui ?

2. L'orthographe, *ça/sa* demande un peu de mémoire.

3. Tu répondras peut-être à *ça/sa* demande, mais *ça/sa* m'étonnerait.

4. Avec *ça/sa*, on n'est pas sortis de l'auberge !

5. Qu'elle ait *ça/sa* petite victoire, *ça/sa* m'est complètement égal.

6. Personne ne doute jamais de *ça/sa* bienveillance, c'est comme *ça/sa*.

7. Nous avons erré dans les rues, *ça/çà* et là ; *ça/sa* n'était pas désagréable...

8. C'est toujours *ça/sa* de gagné !

9. *Ça/Sa* y est, Jeanne a fini *ça/sa* dissertation.

10. Vraiment, tu ne penses qu'à *ça/sa* !

Ce, se ou *ceux* ?

Diagnostic

Cochez les bonnes réponses.

1. Il ce vante de ses conquêtes. ❑
   Il se vante de ses conquêtes. ❑

2. Ce serait bien si elle venait. ❑
   Se serait bien si elle venait. ❑

3. Il ce croit au Far West ! ❑
   Il se croit au Far West ! ❑

4. Ce que tu dis semble intéressant. ❑
   Ceux que tu dis semble intéressant. ❑

5. Elle ne parle qu'à ce qu'elle apprécie. ❑
   Elle ne parle qu'à ceux qu'elle apprécie. ❑

Prescription

Ce est un déterminant (devant un nom) ou pronom démonstratif (devant un verbe) : *Ce garçon est sérieux, ce sera facile pour lui.* On le trouve aussi devant les pronoms relatifs *qui, que, dont* pour désigner une chose, une abstraction : *Ce que tu demandes est impossible.*

Se est un pronom réfléchi ; il ne se trouve donc que devant un verbe pronominal : *Il se dépêche de se laver.*

Ceux est le pronom démonstratif de la 3e personne du pluriel ; il est presque toujours placé devant un pronom relatif (*qui, que, dont*) et renvoie à un nom (personnes, objets) au pluriel : *Ceux dont la peau est fragile doivent mettre de la crème.*

Petit pansement pour gros bobo

Devant un verbe, *ce* = *cela*.

Devant un nom, remplacez *ce* par son féminin *cette*.

Devant un pronom relatif, remplacez *ce* par « la chose qui/que/dont ».

Ceux peut être remplacé par le féminin *celles*.

Traitement

Cochez les phrases correctes et corrigez les autres.

❑ Tous ceux qu'il veut aimer l'observent avec crainte. (Baudelaire)

❑ Ce n'est pas en se disputant avec ceux qui le soutiennent qu'il se fera aimer.

❑ Se serait trop facile si ceux que tu souhaites ce produisait forcément !

❑ Ce qui souhaitaient se prendre quelques jours de vacances ce sont vu donner congé.

❑ L'onde qui baise se rivage,/De quoi ce plaint-elle à ses bords ? (Lamartine)

❑ Se n'est pas une raison pour oublier ce que tu as promis à ce pauvre homme !

❑ Ce petit hypocrite obtient tout ce qu'il veut de tous ceux qu'il flatte.

❑ Se garder de tout préjugé est primordial pour ce qui ce prétendent philosophes.

❑ Ce dont je parle n'ont pas besoin de se vexer pour si peu.

❑ Zeus se transforme en ce qu'il veut... en un éclair !

Ces ou *ses* ?

Diagnostic

Cochez les bonnes réponses.

1. Ces croissants ont l'air délicieux. ☐
   Ses croissants ont l'air délicieux. ☐

2. Ces parents l'ont encore puni. ☐
   Ses parents l'ont encore puni. ☐

3. Avec ces températures, on va geler ! ☐
   Avec ses températures, on va geler ! ☐

4. Ce sont bien ces pâtes que tu aimes ? ☐
   Ce sont bien ses pâtes que tu aimes ? ☐

5. Elle ne laissera jamais tomber ces amis. ☐
   Elle ne laissera jamais tomber ses amis. ☐

Prescription

Ces et **ses** se trouvent toujours devant un nom (contrairement à *c'est* et *s'est* : voir feuille suivante).

Ces est un déterminant démonstratif : **Ces** *moments sont inoubliables.*

Ses est un déterminant possessif : *Personne ne sort sans* **ses** *gants.*

Petit pansement pour gros bobo

Ajoutez les particules *-ci* ou *-là* pour être sûr d'avoir affaire au démonstratif **ces**.

Mettez le possessif **ses** au singulier : **son**.

PIQÛRE DE RAPPEL

Le déterminant démonstratif masculin *ce* prend une forme spéciale devant un nom masculin commençant par une voyelle (ou un *h* muet) : **cet**. Attention à ne pas l'écrire comme son homonyme féminin *cette*, faute de plus en plus courante !

Ne confondez donc pas **cet** *imbécile*, **cet** *homme* avec *cette idiote*, *cette femme* ! Pour ce faire, soyez vigilant au genre du nom qui suit *cet(te)* !

Traitement

Complétez les phrases par *ces* ou *ses*.

1. Tous...... auteurs dont on nous rebat les oreilles ne sont que des écrivaillons.

2. Je n'oublierai jamais...... instants passés à Venise avec toi !

3. Elle a tout intérêt à défendre...... propres intérêts, si elle veut que...... idées s'imposent.

4. ...... parents ne viendront le voir que...... jours-ci.

5. ...... sportifs, qu'on nous donne pour modèles, sont loin d'être des exemples.

6. ...... petites amies l'ont toutes largué pour des raisons différentes.

7. Tu préfères...... lunettes bleues ou celles-là ?

8. Ingres était violoniste à...... heures.

9. Avec...... talents, tu peux faire ce que tu veux !

10. Dans...... moments où l'on perd...... vers, il faut persévérer dans la poésie, même si ça ne rime à rien !

C'est ou *s'est* ?

Diagnostic

Cochez les bonnes réponses.

1. Ma sœur c'est offert une année sabbatique. ❑
   Ma sœur s'est offert une année sabbatique. ❑

2. Il c'est montré bienveillant. ❑
   Il s'est montré bienveillant. ❑

3. Avec lui, c'est toujours pareil ! ❑
   Avec lui, s'est toujours pareil ! ❑

4. C'est moi qui te le dis. ❑
   S'est moi qui te le dis. ❑

5. C'est-elle remise de sa soirée ? ❑
   S'est-elle remise de sa soirée ? ❑

Prescription

C'est est formé du pronom démonstratif *c'* et du verbe *être* : **C'est** *vraiment facile.*

S'est est constitué du pronom réfléchi *se* et de l'auxiliaire *être* suivi d'un participe passé : *Il **s'est** bien intégré.*

Petit pansement pour gros bobo

Transposez ***s'est*** au pluriel (***se sont***), en cas d'hésitation : *Ils **se sont** bien intégrés.*

Mettez ***c'est*** au futur (***ce sera***) : ***Ce sera** vraiment facile.*

Traitement

Complétez par *c'est* ou *s'est*.

1. Héphaïstos............ alors dit : «............ en forgeant qu'on devient forgeron. »

2. On sait bien que............ de Rodolphe qu'Emma............ enamourée.

3. Mon frère............ marié à vingt ans,............ de famille !

4. ....-on jamais soucié de savoir si tout ce qui............ passé,............ vraiment important ?

5. Ce qui n'est pas,............ ce qui ne pouvait pas être. (Gide)

6. Elle............ permis de nous apostropher,............ incroyable !

7. Ce m'as-tu-vu............ cru arrivé parce qu'on............ vaguement intéressé à lui.

8. Le fleuriste............ souvenu que............ grâce à toi qu'il voit la vie en rose.

9. «............ la réalité des photos qui sont sur mon cœur que je veux »,............ mis à écrire Guillaume.

10. « Il............ réveillé avec deux puces dans le cou »,............ bien une contrepèterie ?

CES SOINS-*CI* SONT SANS SOUCIS !

Ci, si ou *s'y* ?

Diagnostic

Cochez les bonnes réponses.

1. C'est bizarre, mais on si habituera. ❑
    C'est bizarre, mais on s'y habituera. ❑

2. Il est si serviable que ça en devient gênant. ❑
    Il est s'y serviable que ça en devient gênant. ❑

3. Je me demande si elle va nous appeler. ❑
    Je me demande s'y elle va nous appeler. ❑

4. Il si croit vraiment ! ❑
    Il s'y croit vraiment ! ❑

5. Même en si prenant tôt, il n'aura pas le temps. ❑
    Même en s'y prenant tôt, il n'aura pas le temps. ❑

Prescription

Ci est une particule démonstrative (*ces jours-**ci***) ou un adverbe démonstratif présent dans des expressions ou locutions : *par-ci par-là, de-ci de-là, ci-après, ci-dessus, ci-joint, comme ci comme ça...*

Si est un adverbe intensif (*Elle est **si** gentille*) ou une conjonction de subordination (***Si** tu veux, je t'invite*).

S'y est constitué du pronom réfléchi **se** et du pronom adverbial **y** : *Ils ne **s'y** attendaient pas.*

Petit pansement pour gros bobo

Pensez à remplacer **si** (conjonction) par **quand** et **si** (adverbe) par **tellement**.

Dans tous les autres cas, vous écrirez **s'y**.

Traitement

Choisissez la bonne réponse.

1. *Ci/Si/S'y* la mer peut être traître, *ci/si/s'y* plonger est un vrai délice.

2. Même *ci/si/s'y* on ne peut toujours *ci/si/s'y* fier, il faut croire en la justice.

3. Pauline est *ci/si/s'y* intelligente que je ne me demande même pas *ci/si/s'y* elle pourra résoudre ce problème-*ci/si/s'y*.

4. Damien est *ci/si/s'y* amoureux qu'on ne peut guère *ci/si/s'y* méprendre.

5. *Ci/Si/S'y* belle que soit cette ville antique, on ne peut *ci/si/s'y* rendre pour la visiter.

6. *Ci/Si/S'y* tu vas au Panama, n'oublie pas de payer tes impôts !

7. Charles est *ci/si/s'y* maladroit qu'il *ci/si/s'y* prend très mal avec Emma.

8. Je ne sais pas *ci/si/s'y* le climat de Nice est *ci/si/s'y* agréable que cela.

9. *Ci/Si/S'y* Hélène voit une place, elle *ci/si/s'y* précipite et *ci/si/s'y* assoit.

10. *Ci/Si/S'y* Sissi *ci/si/s'y* était mise, sa vie à la cour n'eût pas été *ci/si/s'y* désagréable !

Est ou *et* ?

Diagnostic

Cochez les bonnes réponses.

1. Et alors, qu'as-tu fait ? ❑
   Est alors, qu'as-tu fait ? ❑

2. Le portable et une vraie addiction. ❑
   Le portable est une vraie addiction. ❑

3. Il est sorti et revenu très vite. ❑
   Il est sorti est revenu très vite. ❑

4. Il est sorti, puis et revenu très vite. ❑
   Il est sorti, puis est revenu très vite. ❑

5. Le rouge et le bleu sont mes couleurs préférées. ❑
   Le rouge est le bleu sont mes couleurs préférées. ❑

Prescription

Et est une conjonction de coordination : *L'orthographe **et** la grammaire sont passionnantes.*

Est est la 3ᵉ personne du présent de l'indicatif du verbe *être* : *Il **est** très sûr de lui.*

Petit pansement pour gros bobo

Vous pouvez en général remplacer *et* par *et puis*.

Substituez à la forme *est* le futur *sera* : *Il **sera** très sûr de lui.*

PIQÛRE DE RAPPEL

Soyez attenfif à l'orthographe de certaines interjections, qui n'ont rien à voir avec la conjonction *et* : écrivez donc sans fautes *eh bien, eh oui* !

Traitement

Cochez les phrases correctes et corrigez les autres.

❑ Il est tard maintenant est il faut aller se coucher.

❑ Et donc, elle est allée lui parler est n'a pas eu peur ?

❑ Ce dont est responsable chacun d'entre vous doit être protégé et vérifié.

❑ C'est l'économie qui et au service de l'homme est non l'inverse.

❑ Laurent traîne avec je ne sais qui est n'a pas que de bonnes fréquentations.

❑ Bastien est plutôt intelligent et pourtant pas toujours mature.

❑ Mon frère, qui commet des fautes, et pourtant très studieux et consciencieux.

❑ On est souvent surpris par ceux qu'on connaît et aime.

❑ Et bien, elle est désormais adulte et peut très bien se débrouiller toute seule !

❑ Seul le silence est grand, tout le reste est faiblesse. (Vigny)

Hors ou *or* ?

Diagnostic

Cochez les bonnes réponses.

1. J'avais prévu de sortir, or il pleut. ☐
   J'avais prévu de sortir, hors il pleut. ☐

2. Il était or de lui. ☐
   Il était hors de lui. ☐

3. Il a voulu partir, or ce n'est pas ce qu'il avait promis. ☐
   Il a voulu partir, hors ce n'est pas ce qu'il avait promis. ☐

4. Elle était seule ; or un soir, nous vînmes la voir. ☐
   Elle était seule ; hors un soir, nous vînmes la voir. ☐

5. Tu croyais t'en sortir, or il n'en a rien été. ☐
   Tu croyais t'en sortir, hors il n'en a rien été. ☐

Prescription

Hors est une préposition, signifiant en dehors : **Hors** *de l'orthographe, point de salut !*

Or est une conjonction de coordination introduisant un fait ou un argument nouveau, souvent en contradiction avec ce qui précède : *Tu avais bien dit que tu viendrais ; **or** on ne t'a pas vu du tout.*

Petit pansement pour gros bobo

Remplacez **hors** par **en dehors de** et **or** par **mais**.

Traitement

Complétez par *hors* ou *or*.

1. Théodore est arrivé très en retard,...... j'avais exigé de lui rigueur et ponctualité.

2. Cendrillon balayait la maison ;......., sur ces entrefaites, surgit la bonne fée.

3. Michèle se sent perdue et nostalgique...... de son pays.

4. ...... de ma vue, espèce d'idiot !

5. Il ne fait pas grand-chose de ses journées,...... il est tout de même très bien payé.

6. On ne la trouve jamais...... de son bureau avant 19 heures.

7. La malbouffe est un vrai problème de santé publique,...... de plus en plus de jeunes se nourrissent ainsi.

8. Impossible de te calmer : tu étais...... de toi !

9. Valentine avait promis de me rappeler,...... elle ne l'a toujours pas fait.

10. Toutes les roues sont rondes ;...... ma sœur est ronde ; donc ma sœur est une roue.

La, *l'a* ou *là* ?

Diagnostic

Cochez les bonnes réponses.

1. Dès qu'il l'a vit, il tomba amoureux. ❏
   Dès qu'il la vit, il tomba amoureux. ❏

2. Dès qu'il l'a vue, il est tombé amoureux. ❏
   Dès qu'il la vue, il est tombé amoureux. ❏

3. On vous l'a dit et redit. ❏
   On vous la dit et redit. ❏

4. Je l'a croyais plus sérieuse. ❏
   Je la croyais plus sérieuse. ❏

5. Asseyez-vous la. ❏
   Asseyez-vous là. ❏

Prescription

La est l'article défini ou le pronom personnel complément féminin : *Cette voiture*, **la** *boîte me* **la** *paye*.

L'a est constitué du pronom personnel complément singulier (masculin ou féminin) élidé, suivi de *avoir* au présent de l'indicatif (suivi ou non d'un participe passé) : *Cet ordinateur, il* **l'a** *acheté ; Cette voiture, il* **l'a** *enfin*.

Là est l'adverbe de lieu ou la particule démonstrative : *Mettez* **là** *cette caisse-***là**.

Petit pansement pour gros bobo

Remplacez *l'a* par un imparfait, *l'avait* : *Cet ordinateur, il **l'avait** acheté ;* *Cette voiture, il **l'avait** enfin.*

Substituez à l'article/pronom **la** le masculin **le** : *Ce séjour, **le** patron me **le** paye.*

Traitement

Choisissez la bonne réponse.

1. Jean-Joseph aime *la/l'a/là* langue française : il l'honore et *la/l'a/là* sert à merveille.

2. Ce problème était prévisible : Margot *la/l'a/là* cherché et finalement elle *la/l'a/là*.

3. Mathilde est désespérée parce que Julien *la/l'a/là* trompée.

4. On lui a demandé de s'asseoir *la/l'a/là*, et il *la/l'a/là* fait.

5. *La/l'a/là*, franchement, je ne vois pas comment il pourrait *la/l'a/là* convaincre.

6. Louis *la/l'a/là* longtemps ignorée, avant de finalement *la/l'a/là* respecter.

7. À *la/l'a/là* voir ainsi exubérante, qui croirait qu'on *la/l'a/là* un jour brimée ?

8. Ma mère sait que mon père *la/l'a/là* aimée dès le premier regard.

9. Il *la/l'a/là* voit, il *la/l'a/là* veut, il *la/l'a/là* prise.

10. Même s'il ne *la/l'a/là* pas vraiment mérité, Sisyphe est devenu une star du roc !

Leur ou *leurs* ?

Diagnostic

Cochez les bonnes réponses.

1. Je leur suis reconnaissant de leur aide. ❏
   Je leurs suis reconnaissant de leur aide. ❏

2. Demandez-le-leur ! ❏
   Demandez-le-leurs ! ❏

3. Leur modestie les honore. ❏
   Leurs modestie les honore. ❏

4. Leur vœux de réussite sont bienvenus. ❏
   Leurs vœux de réussite sont bienvenus. ❏

5. Elles leur portent une grande attention. ❏
   Elles leurs portent une grande attention. ❏

Prescription

Leur est le pronom personnel pluriel COI/COS et demeure toujours invariable : *Je **leur** en veux.*

Leur(s) est le déterminant possessif et s'accorde : *Ils sont venus avec **leur** mère et **leurs** enfants.*

Petit pansement pour gros bobo

Leur est toujours invariable devant un verbe.

Leur(s) varie quand il est devant un nom.

Traitement

Accordez si nécessaire.

1. Ils ne font jamais rien sans leur... meilleurs amis et leur... confient tout.

2. Leur... petites manigances ne leur... apporteront que des déconvenues.

3. Je ne leur... ai toujours pas donné l'heure de rendez-vous avec leur... conseiller.

4. Ce sont leur... honneur et leur... crédibilité qui sont en jeu.

5. Avec leur... compétences, qui pourrait leur... refuser de telles responsabilités ?

6. On leur... prête bien des défauts, mais je ne crois pas en leur... malveillance.

7. En leur... donnant toujours raison, vous ne leur... rendez pas service.

8. Il leur... faudra un peu de temps pour finir leur... travaux.

9. Même si leur... groupies leur... élèvent une statue, ils resteront de marbre !

10. Leur... leurres leur... prennent toute l'heure.

Mais ou *mes* ?

Diagnostic

Cochez les bonnes réponses.

1. J'aime le chocolat mais pas le café. ☐
   J'aime le chocolat mes pas le café. ☐

2. Je les avais invités, mais ils ne sont pas venus. ☐
   Je les avais invités, mes ils ne sont pas venus. ☐

3. Je les apprécie, mais jours de congés ! ☐
   Je les apprécie, mes jours de congés ! ☐

4. Ils sont perdus mais je vais les aider. ☐
   Ils sont perdus mes je vais les aider. ☐

5. Avec mais qualités, ils ne peuvent que m'aimer. ☐
   Avec mes qualités, ils ne peuvent que m'aimer. ☐

Prescription

Mais est une conjonction de coordination : *Il fait beau,* **mais** *très froid.*

Mes est un déterminant possessif pluriel : *Les ennemis de* **mes** *ennemis sont* **mes** *amis.*

Petit pansement pour gros bobo

Mais peut être remplacé en général par un autre terme exprimant l'opposition : ***cependant***.

Mes peut être paraphrasé par « les mien(ne)s ».

Traitement

Complétez par *mais* ou *mes*.

1. Je suis heureux,...... chers amis, que vous soyez tous là.

2. ...... pourquoi voudrais-tu que j'abandonne...... bonnes vieilles habitudes ?

3. ...... exigences sont modestes,...... fermes.

4. ...... collaborateurs ne dépendent pas de ton service,...... du mien.

5. ...... non, je ne vais pas te laisser toute seule avec...... parents !

6. Toutes...... anecdotes sont incroyables,...... vraies.

7. Mon fils a hérité de bien de..... qualités,...... il n'est pas très malin.

8. ..... enfin ! Tu ne vas pas me dire que tu aimes...... mets !

9. Tu ne veux pas voir de psy ?...... c'est de la folie !

10. Non seulement tu n'aimes pas..... poèmes,..... encore tu dis qu'ils ne sont pas piqués des vers !

Ni ou *n'y* ?

Diagnostic

Cochez les bonnes réponses.

1. Je n'aime n'y le thé n'y le café. ☐
   Je n'aime ni le thé ni le café. ☐

2. Je ne l'apprécie n'y ne le déteste vraiment. ☐
   Je ne l'apprécie ni ne le déteste vraiment. ☐

3. Elle n'y comprend pas grand-chose. ☐
   Elle ni comprend pas grand-chose. ☐

4. On peut n'y voir qu'une critique malveillante. ☐
   On peut ni voir qu'une critique malveillante. ☐

5. Je n'y fais même plus attention. ☐
   Je ni fais même plus attention. ☐

Prescription

Ni est une conjonction de coordination, souvent redoublée : *Je n'en ai* **ni** *l'envie* **ni** *le courage.*

N'y est formé de la négation *ne* élidée, suivie du pronom *y* : *Il* **n'y** *parviendra jamais.*

Petit pansement pour gros bobo

Ni ne se trouve jamais devant un verbe conjugué ; il est très souvent répété : *Il n'a* **ni** *force* **ni** *courage ; Il ne peut entendre* **ni** *voir.* Il peut être remplacé par **pas** : *Il n'a pas de force, pas de courage ; Il ne peut entendre et ne pas voir.*

N'y est la plupart du temps devant un verbe conjugué (parfois un infinitif) : *Il **n'y** comprend rien* ; *On peut **n'y** aller qu'une fois*. Il peut être remplacé par ***ne... cela*** ou ***ne... là*** : *Il ne comprend rien à cela* ; *On peut n'aller là qu'une fois*.

Traitement

Complétez les phrases par *ni* ou *n'y*.

1. Je serai en sentinelle devant sa bouche, et j'aurai soin qu'il ...... entre ...... une goutte d'eau ...... une miette de pain. (E. About)

2. Ce n'est ...... vrai ...... faux, bien au contraire.

3. Patience et longueur de temps font plus que force ...... que rage.

4. Il ...... a pas résisté et n'a fait ...... une...... deux.

5. N'ayant pu tout entendre ...... tout voir du spectacle, je ...... suis pas resté.

6. Il ...... a pas de mal à se faire de bien ...... à prendre un peu de bon temps.

7. Le tonnerre ..... le déluge ne chasseront plus ce sourire de mes lèvres. (Giraudoux)

8. On pourra bien m'appeler : je ...... suis pour personne !

9. Si vous croyez qu'il va venir comme ça, ... comptez pas !

10. Le style de Proust, on peut ...... rien comprendre, mais on doit reconnaître qu'il n'a ...... rival ...... égal !

On ou *ont* ?

Diagnostic

Cochez les bonnes réponses.

1. On ne te dit rien. ❑
   Ont ne te dit rien. ❑

2. Il n'y a rien qu'on puisse faire. ❑
   Il n'y a rien qu'ont puisse faire. ❑

3. Ceux qui on le pouvoir en abusent. ❑
   Ceux qui ont le pouvoir en abusent. ❑

4. Ses propositions on répondu à nos attentes. ❑
   Ses propositions ont répondu à nos attentes. ❑

5. Avec lui, on ne sait jamais. ❑
   Avec lui, ont ne sait jamais. ❑

Prescription

On est un pronom indéfini ; il représente une personne inconnue ou remplace souvent, dans la langue familière, le pronom *nous* : **On** *a frappé à la porte*, **On** *vient pour quelle heure ?*

Ont est le verbe *être* à la 3ᵉ personne du pluriel du présent de l'indicatif : *Ils* **ont** *raison*.

Petit pansement pour gros bobo

On peut être remplacé par le pronom personnel **il**.

Ont peut être remplacé par le futur du verbe *avoir* : **auront**.

Traitement

Complétez par _on_ ou _ont_.

1. Ils n' ...... même pas réagi quand ils ...... appris qu' ...... ne viendrait pas.

2. Qu' ...... voulu faire nos parents ? ...... ne le saura jamais.

3. Les boulangers ......, comme ...... dit, du pain sur la planche !

4. ...... ne me fera jamais croire qu'elles les ...... abandonnés.

5. Eh bien, ... ne s'en fait pas !

6. ...... n'est jamais si bien servi que par soi-même, dit- ...... parfois.

7. ...... se demande toujours ce qu' ...... pu dire les autres à son sujet.

8. Quand ...... vit seul, ... ne sait même plus ce que c'est que raconter. (Sartre)

9. ...... n'apprend pas à un vieux singe à faire la grimace.

10. .... peut tout de même rire de ce qu'elles ...... fait, non ?

Ou ou *où* ?

Diagnostic

Cochez les bonnes réponses.

1. Ou est-elle passée ? ☐
   Où est-elle passée ? ☐

2. Fromage ou dessert ? ☐
   Fromage où dessert ? ☐

3. Elle n'avait nulle part ou aller. ☐
   Elle n'avait nulle part où aller. ☐

4. Il hésite ou plutôt montre de la réticence. ☐
   Il hésite où plutôt montre de la réticence. ☐

5. Je ne l'ai pas revue depuis l'année ou elle s'est mariée. ☐
   Je ne l'ai pas revue depuis l'année où elle s'est mariée. ☐

Prescription

Ou est une conjonction de coordination : *Vous prenez un thé ou un café ?*

Où est un adverbe de lieu ou un pronom interrogatif : *Où es-tu allé ? Je me demande où tu es allé.*

Petit pansement pour gros bobo

Ou est l'équivalent de *ou bien*.

Dans tous les autres cas, écrivez *où*.

Traitement

Choisissez la bonne réponse.

1. Je ne sais vers *ou/où* me diriger : le nord *ou/où* le sud ?

2. *Ou/où* il s'en va, *ou/où* c'est moi qui pars.

3. *Ou/où* que tu ailles – à New York *ou/où* à Londres –, je te suivrai !

4. Le jour *ou/où* tu es arrivé, tu as pris le métro *ou/où* le bus ?

5. Je ne sais plus *ou/où* nous en sommes... À l'apéritif *ou/où* aux hors-d'œuvre ?

6. Le titre exact de la pièce de Molière est *Le Misanthrope* ou/où *l'Atrabilaire amoureux*.

7. Avec lui, c'est tout *ou/où* rien.

8. Si tu cherches un pays *ou/où* passer tes vacances, je te conseille l'Italie *ou/où* la Grèce.

9. Au train *ou/où* vont les choses, une place de TGV sera bientôt un produit de luxe !

10. Hêtre *ou/où* pas hêtre ? Tel est le dilemme *ou/où* est plongé plus d'un menuisier !

Quand, quant ou *qu'en* ?

Diagnostic

Cochez les bonnes réponses.

1. Quand dis-tu ? ☐
   Qu'en dis-tu ? ☐

2. Quand à l'accueillir, c'est hors de question. ☐
   Quant à l'accueillir, c'est hors de question. ☐

3. Je ne la vois quand dehors du travail. ☐
   Je ne la vois qu'en dehors du travail. ☐

4. Je ne sais pas quoi choisir quand au costume. ☐
   Je ne sais pas quoi choisir quant au costume. ☐

5. Je sais quand fait, il te rappellera. ☐
   Je sais qu'en fait, il te rappellera. ☐

Prescription

Quand est un adverbe interrogatif ou une conjonction de subordination : *Je me demande **quand** elle arrivera. **Quand** arrivera-t-elle ?*

Quant ne se trouve que dans la locution prépositionnelle **quant à** (« en ce qui concerne ») : ***Quant à** ses vacances, il n'en est plus question.*

Qu'en est constitué de **que** (adverbe, conjonction de subordination, pronom relatif...) + le pronom adverbial ou la préposition **en** : *Ce n'est **qu'en** 2016 que je l'ai rencontré.*

Petit pansement pour gros bobo

Quand peut toujours être remplacé par **lorsque** ou **même si**.

Quant à signifie toujours « en ce qui concerne ».

Dans les autres cas, écrivez *qu'en*.

Traitement

Complétez les phrases par *quand, quant* ou *qu'en*.

1. .... à faire quelques efforts, ça ne lui viendrait même pas à l'esprit !

2. Je sais bien .... classe il est insupportable.

3. Il m'a affirmé .... tout état de cause nous ne nous reverrions plus.

4. .... à 3 heures ils ont débarqué chez nous, je peux vous dire .... effet, nous les avons bien reçus !

5. Dis-nous vite .... tu reviendras.

6. Elle attendait depuis trois quarts d'heure, ..., tout à coup, elle aperçut Rodolphe. (Flaubert)

7. .... au fond, ce roman ne vaut pas grand-chose.

8. Elle n'a pas précisé .... nous recevrions sa lettre.

9. Il nous a annoncé .... tout, cela faisait 100 € par personne.

10. Ce n'est .... errant qu'on devient Néron !

Quelle ou *qu'elle* ?

Diagnostic

Cochez les bonnes réponses.

1. Pour quelle raison fait-elle cela ? ❏
   Pour qu'elle raison fait-elle cela ? ❏

2. Quelle vienne m'étonnerait fort. ❏
   Qu'elle vienne m'étonnerait fort. ❏

3. Il est bien tel quelle l'a décrit ❏
   Il est bien tel qu'elle l'a décrit. ❏

4. Je sais bien quelle est compétente. ❏
   Je sais bien qu'elle est compétente. ❏

5. J'ignore quelle séance il préfère. ❏
   J'ignore qu'elle séance il préfère. ❏

Prescription

Quel(le) est un déterminant interrogatif : *Quel âge a-t-il ?* On le trouve aussi dans la locution *tel(le) quel(le)*, qui n'est jamais suivie d'un nom ou d'un verbe : *Elle a été gardée **telle quelle***.

Qu'elle est formé de *que* + pronom personnel féminin *elle* : *Ce **qu'elle** souhaite ne regarde **qu'elle***.

Petit pansement pour gros bobo

Quel est toujours situé devant un nom (sauf dans l'expression *tel quel*), avec lequel il s'accorde.

Dans les autres cas, écrivez *qu'elle*.

Traitement

Cochez les phrases bien écrites et corrigez les autres.

❑ Quelle me réponde aimablement serait des plus inattendu... Quelle surprise, même !

❑ Je ne vois pas quelle faute j'ai pu commettre aux yeux de la correctrice et je ne comprends pas quelle m'ait sanctionné.

❑ Quelle idiote ! Pourvu qu'elle ne se trompe pas !

❑ Partout, je ne vois quelle ! Quelle obsession est-ce là ?

❑ Je me demande qu'elle mouche la pique !

❑ J'exige qu'elle vienne présenter des excuses.

❑ Les propositions quelle avance manquent de pertinence et ne peuvent rester telles qu'elles.

❑ Qu'elle élève le ton, et elle verra avec quelle sévérité je la punirai !

❑ J'ignorais qu'elle fût si exigeante, avec quelle intransigeance !

❑ Quelle pieuvre ! Celui quelle gardera pour toujours n'est pas encore né !

Quelque ou *quel que* ?

Diagnostic

Cochez les bonnes réponses.

1. Quelque soit son avis, on le critique. ❑
   Quel que soit son avis, on le critique. ❑

2. Quelque envie que j'en aie, je n'irai pas. ❑
   Quelle qu'envie que j'en aie, je n'irai pas. ❑

3. Quelque fatigué qu'il soit, il fait son jogging. ❑
   Quel que fatigué qu'il soit, il fait son jogging. ❑

4. Quelque puissent être ses réticences, il obéira. ❑
   Quelles que puissent être ses réticences, il obéira. ❑

5. Quelque en soit la raison, il ne viendra pas. ❑
   Quelle qu'en soit la raison, il ne viendra pas. ❑

Prescription

Quelque, nous l'avons vu, peut être :

> » un déterminant indéfini (qui s'accorde) : ***Quelques*** *amis sont là ; Il mange avec* ***quelque*** *appétit ;*

> » un adverbe (invariable) : ***Quelque*** *trente amis sont là ;* ***Quelque*** *gentils qu'ils soient, je ne les apprécie pas.*

Quel(le) que est une locution concessive que l'on ne trouve que devant le verbe *être* (éventuellement *pouvoir, devoir*) au subjonctif : *Je ne ferai aucun compliment,* ***quel qu'***il soit ; ***Quelles qu'***elles puissent être, je n'accepte pas vos critiques.*

Petit pansement pour gros bobo

Quel que est toujours suivi directement d'un pronom *il(s)/elle(s)* ou des verbes *être, pouvoir, devoir* au subjonctif.

Dans les autres cas, c'est *quelque(s)* qui s'impose.

PIQÛRE DE RAPPEL

Quelque ne s'élide jamais sauf dans le pronom *quelqu'un, quelqu'une.*

Traitement

Complétez par *quelque* ou *quel que*… sans oublier d'accorder !

1. .... heures passèrent avant qu'il ne se décidât, non sans .... hésitation.

2. .... soit sa motivation, elle ne suffira pas à lui obtenir .... avancement.

3. .... en doivent être les conséquences, nous devons aller au bout de notre décision.

4. .... aient été les événements, nous y avons fait face.

5. .... soit l'être de chair et de sang qui vient à la vie, s'il a figure d'homme, il porte en lui le droit humain. (Jaurès)

6. .... efforts qu'il ait accomplis, le chemin sera encore long.

7. .... prétentieux qu'il soit, il se dégonfle à la première occasion.

8. Je ne rejetterai aucune de vos idées, ... elles puissent être.

9. .... rationnel qu'ait été Robespierre, il a fini par perdre la tête.

10. .... soit le faire, point de vraie beauté sans idéal. (Diderot)

Quoique ou *quoi que* ?

Diagnostic

Cochez les bonnes réponses.

1. Quoique tu fasses, tu réussis toujours. ☐
   Quoi que tu fasses, tu réussis toujours. ☐

2. Quoiqu'on en pense, il ne manque pas de panache. ☐
   Quoi qu'on en pense, il ne manque pas de panache. ☐

3. Quoiqu'on en pense le plus grand bien, on ne dira rien. ☐
   Quoi qu'on en pense le plus grand bien, on ne dira rien. ☐

4. Quoique fatigué, je me suis quand même levé. ☐
   Quoi que fatigué, je me suis quand même levé. ☐

5. Quoique tu fasses des efforts, ça ne suffira pas. ☐
   Quoi que tu fasses des efforts, ça ne suffira pas. ☐

Prescription

Quoique est une conjonction de subordination synonyme de *bien que* : *Quoiqu'il fasse beau, il reste enfermé.*

Quoi que est une locution concessive signifiant « quelle que soit la chose que » : *Quoi qu'il dise, on le croit.*

Petit pansement pour gros bobo

Quoique peut toujours être remplacé par *bien que*.

Dans les autres cas, écrivez *quoi que*.

💊 Traitement

Choisissez la bonne réponse.

1. *Quoique/quoi que* tu sois bien intentionné, tu es souvent maladroit.

2. *Quoique/quoi que* vous puissiez nous reprocher, nous n'y sommes pour rien.

3. *Quoique/quoi que* vous en pensiez, ça m'est égal.

4. *Quoique/quoi que* vous en pensiez le plus grand mal, ça m'est égal.

5. Je ne me dédirai pas, *quoique/quoi que* tous me croient inconstant.

6. Si tu as besoin de *quoique/quoi que* ce soit, surtout ne m'appelle pas !

7. *Quoiqu'/ quoi qu'*il arrive, nous devons rester ensemble.

8. *Quoiqu'/ quoi qu'*ils fassent, les astronomes ont besoin de lunettes.

9. *Quoiqu'/ quoi qu'*il en soit et *quoique/quoi que* tu penses le contraire, j'ai toujours raison.

10. *Quoique/quoi que* le silence soit d'or, mon mutisme ne m'a pas rendu riche !

Sans, s'en ou c'en ?

Diagnostic

Cochez les bonnes réponses.

1. Elle nous a accostés sans raison. ❑
   Elle nous a accostés s'en raison. ❑

2. Il sans doute forcément. ❑
   Il s'en doute forcément. ❑

3. C'en est fini de ces petites histoires. ❑
   S'en est fini de ces petites histoires. ❑

4. Elle ne c'en est jamais remise. ❑
   Elle ne s'en est jamais remise. ❑

5. Il sans fiche éperdument. ❑
   Il s'en fiche éperdument. ❑

Prescription

Sans est une préposition (devant un nom, un infinitif) : *Il part* **sans** *prévenir et* **sans** *ses bagages.*

S'en est constitué du pronom réfléchi *se* + pronom adverbial *en* : *Il* **s'en** *souvient.*

C'en est formé du démonstratif *ce* élidé + pronom adverbial *en* : **C'en** *est fini de lui.*

Petit pansement pour gros bobo

S'en se trouve toujours devant un verbe (pronominal) : *Il* **s'en** *va, il* **s'en** *occupe...*

231

C'en peut être remplacé par ***cela en*** : ***C'en*** *devient ridicule* > *Cela en devient ridicule.*

Dans les autres cas, vous devrez écrire ***sans.***

Traitement

Complétez les phrases par *sans*, *s'en* ou *c'en*.

1. ……… me vanter, on ……… sort plutôt bien.

2. Vous racontez ……… cesse des blagues, ……… devient fatigant.

3. Il nous quitta ……… un mot, ……… alla et ……… fut fini de lui.

4. Si elle ……… charge, ……… sera vite terminé.

5. Vous l'avez traité ……… ménagement, il ……… souviendra.

6. Vous aimez vous balader ……… pantalon ? ……… deviendrait presque gênant !

7. Ils nous ont apostrophés ……… même s'être présentés, puis ……… sont allés.

8. On……… veut parfois des problèmes qu'on a créés ……… ……… rendre compte.

9. Les spectateurs s'ennuient déjà à ce concert, bien que ……… soit seulement le début.

10. C'est la cerise sur le gâteau, mais elle ……… soucie comme d'une guigne !

Soi ou *soit* ?

Diagnostic

Cochez les bonnes réponses.

1. Il ne faut pas toujours penser qu'à soi. ❑
   Il ne faut pas toujours penser qu'à soit. ❑

2. Ses soi-disant amis l'ont laissé tomber. ❑
   Ses soit-disant amis l'ont laissé tomber. ❑

3. Il vaut mieux parfois rester chez soi. ❑
   Il vaut mieux parfois rester chez soit. ❑

4. Soi l'hypothèse suivante. ❑
   Soit l'hypothèse suivante. ❑

5. Cela va de soi ! ❑
   Cela va de soit ! ❑

Prescription

Soit est le subjonctif présent du verbe *être* : *Il faut qu'on* **soit** *sérieux.* Dans certaines circonstances, il s'est figé et est devenu une conjonction (invariable) : **Soit** *un triangle ABC.* **Soit** *tu te tais,* **soit** *tu pars.*

Soi est un pronom réfléchi : *On a toujours besoin d'un plus petit que* **soi**.

Petit pansement pour gros bobo

Soi peut toujours être remplacé par **soi-même**.

Vaccin BCG (Boostez vos Connaissances en Grammaire !)

Soyez vigilant à un adjectif un peu particulier : *soi-disant* (« se disant soi-même ») est bien composé sur *soi*. En outre, il est toujours invariable : *un **soi-disant** héros, de **soi-disant** héros*.

Traitement

Cochez les phrases bien écrites et corrigez les autres.

❑ Il est indispensable qu'il soit présent, soit avant, soit après la cérémonie.

❑ Il est bon parfois de prendre sur soit, qu'on soit courageux ou pas.

❑ Il faut cultiver l'estime de soit, sans que ce soit trop narcissique.

❑ Ce n'est pas la technologie en soi qui est mauvaise, mais certains usages qu'on en fait.

❑ Il s'en faut de peu que ce soi parfait.

❑ Rapporter toujours tout à soi ne résout rien.

❑ Les soi-disant héros ne sont souvent que des imposteurs.

❑ Quoi qu'il en soit, il vaut mieux parfois rester chez soi.

❑ Cette soit-disant star est soit avant-gardiste soit complètement has been.

❑ Bien que la poésie, ce soit coton, il vaut mieux composer ses vers à soit !

Son ou *sont* ?

Diagnostic

Cochez les bonnes réponses.

1. Elle est toujours avec son petit ami ? ❑
   Elle est toujours avec sont petit ami ? ❑

2. Son travail semble passionnant. ❑
   Sont travail semble passionnant. ❑

3. Ses enfants son gentils. ❑
   Ses enfants sont gentils. ❑

4. Chacun son tour ! ❑
   Chacun sont tour ! ❑

5. Ils ne son pas encore repartis. ❑
   Ils ne sont pas encore repartis. ❑

Prescription

Son est le déterminant possessif de la 3ᵉ personne du singulier : *Il est venu avec **son** amie.*

Sont est le verbe *être* à la 3ᵉ personne du pluriel du présent de l'indicatif : *Ses amis **sont** sympathiques.*

Petit pansement pour gros bobo

Remplacez **son** par **ses**.

Substituez à la forme **sont** le futur **seront**.

235

Traitement

***Son* ou *sont* ? Complétez les phrases.**

1. Quand les loups se .... mis à hurler, ... sang s'est figé.

2. Ce ne .... que quelques chansons qu'il a ajoutées à .... répertoire.

3. Après qu'ils se .... séparés, il n'est plus sorti de .... appartement pendant deux mois.

4. Il y a deux sortes de femmes : celles qui .... jeunes et jolies et celles qui me trouvent encore bien. (S. Guitry)

5. Si ces saucissons-ci ...... ici, scie ces saucissons aussi !

6. Il était normand par sa mère et breton par un ami de .... père. (A. Allais)

7. Avec .... génie, Aladin aurait pu devenir une lumière !

8. Au royaume des aveugles, les borgnes .... mal vus ! (P. Dac)

9. N'écoutant que .... courage, qui ne lui disait rien, il se garda bien d'intervenir. (J. Renard)

10. Les prévisions .... difficiles, surtout lorsqu'elles concernent l'avenir. (P. Dac)

Les paronymes

Diagnostic

Cochez les bonnes réponses.

1. Je vous adjure de m'écouter. ☐
Je vous abjure de m'écouter. ☐

2. Je vous trouve bien compréhensible avec eux. ☐
Je vous trouve bien compréhensif avec eux. ☐

3. L'amanite phalloïde est vénéneuse. ☐
L'amanite phalloïde est venimeuse. ☐

4. La police a mis à jour un trafic d'armes. ☐
La police a mis au jour un trafic d'armes. ☐

5. Ce petit cadeau est à votre attention. ☐
Ce petit cadeau est à votre intention. ☐

Êtes-vous un(e) grammairien(ne) *imminent(e)* ? Confessez-vous une certaine *inclinaison* pour l'orthographe ? A-t-on coutume de vous *agoniser* d'injures, si vous faites une faute ?

Ce qui est sûr, c'est qu'un certain nombre de mots, les **paronymes**, se ressemblent fort mais n'ont pas le même sens ; ils ne diffèrent que d'un son ou deux, mais on a la fâcheuse tendance à confondre ces faux jumeaux...

Prescription

À *l'attention* ou à *l'intention* ?

À *l'attention de* = s'applique au destinataire d'un envoi, d'une lettre : *Ce courrier est à l'attention du directeur.*

À l'intention de = pour quelqu'un, afin de lui plaire : *Elle organise une fête à mon intention.*

Coasser ou croasser ?

*La grenouille **coasse**.*

*Le corbeau **croasse**.*

Compréhensible ou compréhensif ?

Compréhensible = que l'on peut comprendre : *Ce texte sans ponctuation n'est guère **compréhensible**.*

Compréhensif = qui fait preuve de compréhension : *Le professeur se montre **compréhensif** avec les élèves en difficulté.*

Conjecture ou conjoncture ?

Conjecture = supposition, hypothèse : *Il se perd en **conjectures** sur les raisons de son échec.*

Conjoncture = situation née d'une conjonction de circonstances : *La **conjoncture** économique s'améliore.*

Éminent ou imminent ?

Éminent = insigne, remarquable : *Cet **éminent** penseur vient d'être élu à l'Académie française.*

Imminent = qui menace de se produire, qui va survenir : *L'orage est **imminent**.*

Enduire ou induire ?

Enduire = recouvrir une surface : *Il s'**enduit** le corps de crème solaire.*

Induire = encourager ; inférer, conclure : *Ses avertissements m'ont **induit** à la plus grande prudence. Toutes ces exceptions nous **induisent** en erreur ! Qu'**induisez**-vous de ces observations ?*

Éruption ou irruption ?

Éruption = jaillissement, apparition soudaine de quelque chose : *Le stress provoque chez lui des **éruptions** cutanées. L'**éruption** du Vésuve a enseveli Pompéi en 79.*

Irruption = entrée brusque : *Il a fait soudain **irruption** dans la maison.*

Habileté ou *habilité* ?

Habileté (nom) = savoir-faire : ***L'habileté** de ce musicien est étonnante.*

Habilité (participe passé) = qui a reçu une habilitation, qui est légalement capable d'exercer tel pouvoir : *Il est **habilité** à passer un contrat en mon nom.*

Inclinaison ou *inclination* ?

Inclinaison = fait d'être incliné : *La tour de Pise est célèbre pour son **inclinaison**.*

Inclination = penchant, propension, affection ; au sens propre, action d'incliner la tête ou le corps : *Son **inclination** au mensonge lui nuit ; Il a répondu par une **inclination** de la tête.*

Mettre à jour ou *mettre au jour* ?

Mettre à jour = actualiser : *Mettez **à jour** vos logiciels.*

Mettre au jour = révéler ce qui était caché : *La police a mis **au jour** un important trafic de drogue.*

Pénitencier ou *pénitentiaire* ?

Pénitencier (nom) = prison : *Ce détenu a rejoint le **pénitencier**.*

Pénitentiaire (adjectif) = relatif aux prisons, carcéral : *Le personnel **pénitentiaire** réclame plus de moyens.*

Perpétrer ou *perpétuer* ?

Perpétrer = commettre (un crime) : *Les milices ont **perpétré** de nombreux crimes.*

Perpétuer = faire durer : *Cet artisan **perpétue** un savoir-faire ancestral.*

Prescrire ou *proscrire* ?

Prescrire = ordonner : *Le médecin m'a **prescrit** une semaine de repos.*

Proscrire = interdire : *Fumer est **proscrit** dans les lieux publics.*

Prodige ou prodigue ?

Prodige (nom) = événement miraculeux, acte ou personne exception-nelle : *Mozart était un **prodige** de la musique.*

Prodigue (adjectif) = dépensier : *C'est le retour du fils **prodigue**.*

Rabattre ou rebattre ?

On **rabat** *le caquet de quelqu'un.*

On **rebat** *les oreilles de quelqu'un.*

Recouvrer ou recouvrir ?

Recouvrer = rentrer en possession de (quelque chose qu'on avait perdu) : *Cet amnésique a **recouvré** la mémoire. L'administration a **recouvré** les impôts.*

Recouvrir = couvrir complètement, masquer : *Les nénuphars **recouvrent** l'étang.*

Vénéneux ou venimeux ?

Vénéneux = qualifie les végétaux contenant du poison : *La ciguë est une plante **vénéneuse**.*

Venimeux = qualifie les animaux qui ont du venin et, au sens figuré, une personne ou une chose pleines de méchanceté : *Le crotale est **venimeux**. Vos propos **venimeux** ne m'atteignent pas.*

Vaccin BCG (Boostez vos Connaissances en Graphies !)

Abjurer ou adjurer ?

Abjurer = rejeter, renier : *Il a **abjuré** sa foi.*

Adjurer = supplier : *Je vous **adjure** de m'écouter.*

Acceptation ou acception ?

Acception = sens particulier d'un mot : *C'est un idiot, dans toute l'**acception** du terme !*

Acceptation = fait d'accepter, accord : *Je n'ai aucun doute sur l'**acceptation** de votre prêt.*

Agonir ou *agoniser* ?

Agonir = injurier, insulter : *Ils m'**agonissent** sans cesse d'injures.*

Agonir n'est plus utilisé que dans cette expression, même si, d'après le sens du verbe, elle constitue un pléonasme.

Agoniser = être à l'agonie, moribond : *Les mourants **agonisent** toute la nuit.*

Collision ou *collusion* ?

Collision = impact, heurt, accident : *Un astéroïde est entré en **collision** avec la Terre.*

Collusion = complicité, connivence : *Certains dénoncent les **collusions** entre politiques et hommes d'affaires.*

Gradation ou *graduation* ?

Gradation = progression par étapes successives, notamment en rhétorique : *« Va, cours, vole et nous venge » est une célèbre **gradation** que l'on doit à Corneille.*

Graduation = division en degrés équivalents : *La **graduation** de cet instrument est en centimètres.*

Méritant ou *méritoire* ?

Méritant = digne d'estime ; ne se dit que d'une personne : *C'est un élève **méritant**.*

Méritoire = digne d'estime ; ne se dit que d'actes : *Vos efforts sont **méritoires**.*

Somptueux ou *somptuaire* ?

Somptueux = magnifique, luxueux : *Ce diamant est **somptueux**.*

Somptuaire = relatif aux dépenses : *À Rome, la loi **somptuaire** renseignait sur les dépenses.*

L'expression courante « dépenses somptuaires » est donc un pléonasme !

Traitement

Choisissez la bonne réponse.

1. Son *inclinaison/inclination* à *perpétuer/perpétrer* les pires horreurs confine à la psychopathie !

2. Cet *éminent/imminent* professeur organise des conférences *à l'attention/à l'intention* de ses étudiants les plus *méritants/méritoires*.

3. Il va sans doute *recouvrer/recouvrir* une grosse somme d'argent et nous en *rabattre/rebattre* les oreilles.

4. Elles ont fait *éruption/irruption* chez nous et nous ont *agonis/agonisés* d'injures.

5. Les *conjectures/conjonctures* des archéologues se sont révélées exactes : ils ont *mis à jour/mis au jour* avec une grande *habileté/habilité* un temple grec dédié à Dionysos : quelle découverte enivrante !

Consultation

4

Soignez vos écorchures !

C'est peu de dire que l'orthographe française est l'une des plus difficiles au monde… Mais une fois que l'on s'est rassuré en ressassant ce mantra *ad libitum*, force est de constater que l'on n'est guère plus avancé et que l'on n'a pas vraiment progressé en orthographe !

L'un des problèmes les plus prégnants concerne l'écriture de certains sons (où met-on le *y* dans *labyrinthe* ?) ainsi que ces horribles consonnes, dont on ne sait jamais si elles sont simples ou doubles : *gaufre* ou *gauffre* ? *échalote* ou *échalotte* ? quelle plaie !

La consultation assidue – et les traitements adéquats – de ce qui suit pourra vous aider à soigner ces vilaines écorchures et à retrouver une orthographe saine et pleine de vigueur !

Les consonnes simples

Diagnostic

Cochez les bonnes réponses.

1. racolage ☐   raccolage ☐

2. gaufre ☐   gauffre ☐

3. millionième ☐   millionnième ☐

4. attraper ☐   attrapper ☐

5. échalote ☐   échalotte ☐

Le français nous offre un large éventail de doutes et d'hésitations quant aux consonnes... Alors, simples ou doubles ?

Pour les mots contenant un préfixe ou un suffixe piégeux, voir les feuilles 73 à 76.

Prescription

La consonne *c*

Parmi les mots courants, s'écrivent avec un seul *c* : *acabit, acacia, académie, acajou, acariâtre, acarien, acolyte, acoustique, âcre, acrimonie, acuité, acupuncture, brocoli, caracoler, éclectisme, ocre, oculaire, oculiste, osso buco, racoler, rococo, sacoche, stomacal.*

La consonne *f*

Parmi les mots courants, s'écrivent avec un seul *f* : *afin de, Africain, aficionado, agrafe, bâfrer, balafre, boursoufler, briefer, camoufler, échafaud, emmitoufler, époustouflant, érafler, esbroufe, gaufre, gifle, girafe, girofle, moufle, mouflet, mufle, pantoufle, parafe, persifler, professeur, rafale, rafiot, rafle, rafraîchir, rifle, sofa, soufre, trafic.*

La consonne *l*

Parmi les mots courants, s'écrivent avec un seul *l* : *accolade, affoler, annihiler, annulation, baladin, balistique, colonne, encolure, folâtre, galerie, galette, halogène, pilule, profiterole, prophylaxie, racoler.*

Certains homonymes sont distingués par le doublement de la consonne :

Un seul *l*	Deux *l*
balade « promenade »	*ballade* « poème »
gale « maladie »	*galle* « excroissance végétale » (*noix de galle*)
galon « ruban »	*gallon* « mesure anglo-saxonne de capacité »
gril « ustensile » (*être sur le gril*)	*grill* « restaurant »
molette « outil »	*mollette* « un peu molle »
palier « plate-forme d'un escalier »	*pallier* « atténuer »

La consonne *m*

Parmi les mots courants, s'écrivent avec un seul *m* : *bonhomie, comestible, comité, concomitant, consumer, homicide, mamelle, mamelon, prud'homie, prud'homal.*

La consonne *n*

Le *n* est l'une des consonnes le plus souvent doublées ; elle est donc source de nombreuses hésitations. Parmi les mots courants, s'écrivent avec un seul *n* : *ahaner, bonace* (calme plat*), bonasse* (bon et faible*), canevas, canicule, caniveau, colline, donation, s'enamourer, enivrer, s'enorgueillir, erroné, honorer, matrone, Méditerranée, millionième, nonobstant, paner, panonceau, persona non grata, Pyrénées, safrané, saumoné, saumoneau, saumonette, trottinette.*

Certains homonymes sont distingués par le doublement de la consonne :

Un seul *n*	Deux *n*
cane « femelle du canard »	*canne* « tige ; appui »
détoner « exploser »	*détonner* « ne pas être dans le ton, jurer »
rêne « bride »	*renne* « ruminant »

La consonne *p*

Parmi les mots courants, s'écrivent avec un seul p : *aparté, apéritif, apiculture, apollon, aporie, attraper, chape, chiper, chope, choper* (prendre, voler), *escalope, flopée, friper, jupe, laper, opale, opaque, opercule, opium, opulent, rescapé, taper, trapu.*

La consonne *r*

Parmi les mots courants, s'écrivent avec un seul r : *araignée, araser, arène, arête, aride, arithmétique, baraque, baratte, baril, barillet, bariolé, baroque, bigarade, caresse, carillon, carotte, chariot, corolle, corollaire, courir, ébouriffer, échauffourée, se gourer, harasser, intérêt, intéressant, irascible, iriser, ironie, mare* (flaque), *maronner, marotte, mourir, poireau, suranné.*

La consonne *s*

Le s entre deux voyelles se prononcent z ; mais dans certains cas, notamment après certains préfixes ou dans des composés d'origine grecque, il se prononce s.

Parmi les mots courants, s'écrivent avec un seul s : *abasourdi, bisexuel, cosinus, décasyllabe, homosexuel, monosyllabe, résipiscence, resucée, susurrer.*

La consonne *t*

Parmi les mots courants, s'écrivent avec un seul t : *allitération, arbalète, atavisme, atermoiement, atoll, ballotin, britannique, cacahuète, cahute, chatière, chaton, combatif, courbatu, égoutier, rate* (femelle du rat ; organe), *saynète.*

Traitement

Choisissez les bonnes graphies et tentez de compléter la grille.

ébouriffant/ébourrifant

trapu/trappu

racoler/raccoler

accolade/accollade

courir/courrir

affoler/affoller

carotte/carrote

rafraîchir/raffraîchir

Méditerranée/Méditerrannée

oculiste/occuliste

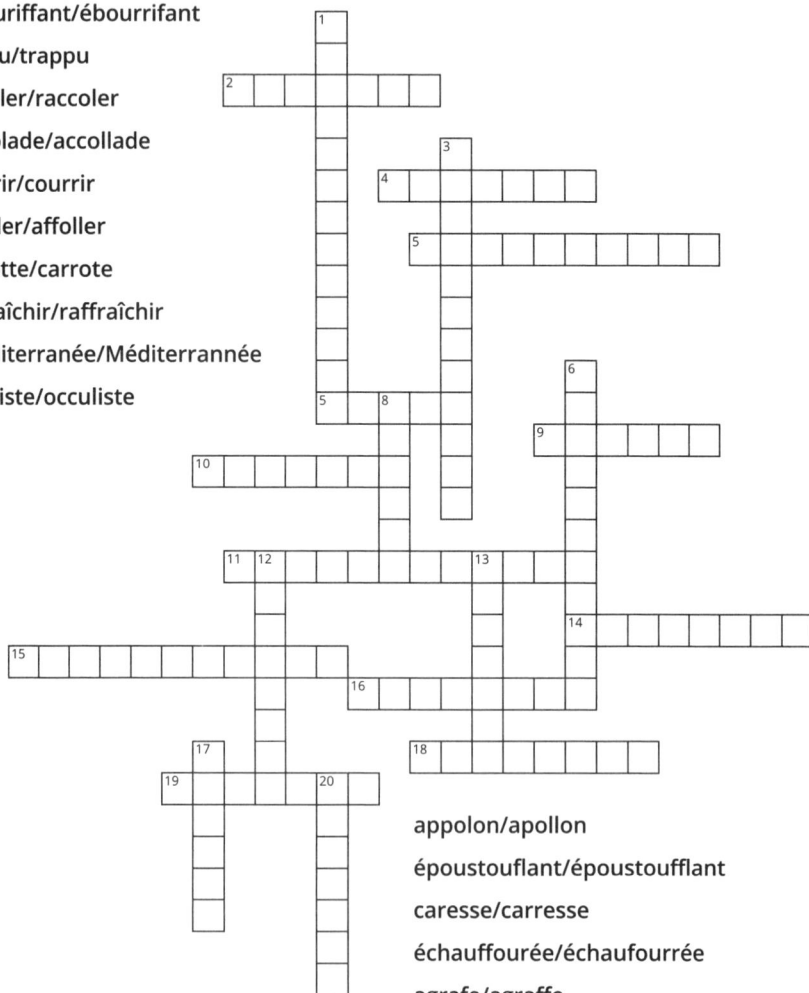

appolon/apollon

époustouflant/époustoufflant

caresse/carresse

échauffourée/échaufourrée

agrafe/agraffe

échalote/échalotte

surrané/suranné

caniveau/canniveau

profiterole/profiterolle

gaufre/gauffre

Les consonnes doubles

Diagnostic

Cochez les bonnes réponses.

1. échymose ☐ ecchymose ☐
2. quiz ☐ quizz ☐
3. grafitti ☐ graffiti ☐
4. girole ☐ girolle ☐
5. raccomoder ☐ raccommoder ☐

Voyons à présent les cas les plus fréquents (et retors !) où les consonnes sont doubles.

Prescription

La consonne *b*

Le *b* n'est doublé que dans quelques mots, essentiellement ceux de la famille d'*abbé* : *abbatial, abbaye, abbesse*. On le trouve aussi dans un petit nombre de mots empruntés ou plus rares : *gibbon, gibbosité, hobby, kabbale, kibboutz, rabbin, sabbatique.*

La consonne *c*

Parmi les mots courants, s'écrivent avec deux *c* : *baccalauréat, baccara* (jeu), *baccarat* (cristal), *buccal, carpaccio, coccyx, ecclésiastique, impeccable, occulter, peccadille, raccommoder, raccourcir, saccade, saccage, succion, succube, succursale, toccata.*

On peut y ajouter les quelques « redoutables » mots en –*cch*– : *bacchanale, bacchante, ecchymose, gnocchi, macchabée, saccharose.*

La consonne *d*

La séquence *-dd-* est rare en français : *addiction, adducteur, addition, reddition.*

Dans quelques mots empruntés, notamment à l'anglais : *bouddha, caddy, cheddar, haddock, paddock, pudding, yiddish.*

La consonne *f*

Les hésitations concernant le *f* sont monnaie courante et il sera sans doute nécessaire de vous y reprendre à plusieurs fois ! S'écrivent avec deux *f* : *baffe, baffle, biffer, bluff, bouffe, bouffi, briffer* (bâfrer), *buffle, chiffe, couffin, ébouriffer, échauffourée, s'empiffrer, s'esclaffer, étouffer, gaffe, gouffre, graffiti, griffe, insuffler, joufflu, mafflu, muffin, paraffine, piaffer, piffrer, pouffer, raffiner, raffut, siffler, souffrir, staff, taffetas, touffe, truffe.*

La consonne *g*

Le *g* est rarement doublé en français, essentiellement dans des emprunts (souvent techniques ou familiers) : *baggy, bugger, buggy, groggy, jogging, leggings, loggia, reggae, suggérer, toboggan.*

Pour le préfixe *ag (g)-*, voir feuille 73.

La consonne *l*

Outre les préfixe *al (l)-* et *col (l)-* qui posent souvent problème (voir feuille 87), un certain nombre de mots prennent un double *l* : *apollon, attelle, atoll, ayatollah, belliqueux, chlorophylle, colline, collyre, corallien, corolle, cristallin, cyrillique, distiller, ébullition, ellipse, fallacieux, gallinacé, girolle, hellène* (grec), *idylle, imbécillité, interpeller, lilliputien, malléable, malléole, mallette, métal-lique, mollasson, osciller, parallèle, polluer, pulluler, solliciter, tutelle, velléité.*

Les noms en *-èlement/-ellement sont* issus des verbes en *-eler* (voir feuille de soins 1).

-èlement	-ellement
cisèlement	Tous les autres : *amoncellement, étincellement, grommellement, musellement, nivellement, renouvellement, ruissellement...*
craquèlement	
démantèlement	
écartèlement	
harcèlement	
martèlement	

La consonne *m*

S'écrivent avec deux m : *ammoniac, assommer, bonhomme, commerce, comminatoire, commode, commotion, consommer, dilemme, dommage, flamme, flemme, grammaire, hammam, hommage, immense, incommensurable, innommable, mammaire, mammifère, mammographie, mammouth, pommade, prud'homme, sommet, sommité, summum.*

On n'omettra pas la soixantaine d'adverbe en *-amment/-emment*, issus des adjectifs en *-ant/-ent* correspondants : *abondamment, constamment, couramment, notamment, suffisamment* ; *apparemment, consciemment, évidemment, fréquemment, patiemment, récemment*, etc.

La consonne *n*

S'écrivent avec deux n : *annihiler, ânonner, britannique, cannabis, cannelle, cannibale, colonne, fauconneau, finnois, hanneton, haussmannien, inné, mannequin, marionnette, marronnier, millionnaire, panne, pérennité, professionnalisme, suranné, tanner, tintinnabuler, vanner.*

La consonne *p*

S'écrivent avec deux p : *achopper, agripper, cappuccino, clapper, clipper, développer, échapper, échoppe, enveloppe, flipper, frapper, grappe, grappiller, grippe, happer, japper, kidnapper, mappemonde, nappe, nippon, opprobre, réchapper, steppe, stopper, trappe, trappeur, uppercut, varappe, zapper, zipper.*

La consonne *r*

De nombreux mots s'écrivent avec deux r : *amarre, bagarre, barrique, beurre, bigarré, bizarre, bourrer, carrière, carriole, carrosse, carrousel, chamarré, charrette, charrue, concurrence, corrélation, corrida, corridor, je courrai (futur), je courrais (conditionnel), courrier, courroie, curriculum vitæ, débarras, débarrasser, embarras, embarrasser, ferroviaire, fourrure, garrigue, garrot, hémorragie, hémorroïde, horreur, horrifier, horripilant, interroger, leurre, marraine, se marrer, marron, marronnier, je mourrai(s) (futur, conditionnel), narrateur, nourrir, occurrence, parrain, je pourrai(s), récurrent, sarrasin, susurrer, terrifier, tintamarre, torréfier, torride, verrouiller.*

Quelques mots effroyables sont en *-rrh-* : *arrhes, cirrhose, diarrhée, logorrhée, tyrrhénien...*

La consonne *s*

Quelques mots à l'origine d'hésitations prennent deux *s* : *bissextil, dissyllabe, dissymétrie, dessaisir, dessaler, ressaisir, resserrer, transsexuel, transsibérien, transsubstantiation.*

La consonne *t*

S'écrivent avec deux *t* : *attelle, ballotter, ballottine, billetterie, blatte, chatte, coquetterie, s'égoutter, intermittent, littérature, ratte* (pomme de terre), *robinetterie, tabletterie, trottiner.*

Pour le suffixe *-ot (t)-*, rendez-vous feuille 75.

La consonne *z*

Même si c'est une consonne assez rare en français, on trouve le double *z* dans plusieurs emprunts, notamment à l'anglais et l'italien : *blizzard, buzz, grizzly, jacuzzi, jazz, lazzi, mezzanine, mezzé, mozzarella, paparazzi, piazza, pizza, puzzle, razzia.*

⚠ Un seul *z* à *quiz* !

💊 Traitement

Parmi les trente paires suivantes, trouvez et corrigez les mots erronés… quand il y en a !

1. cahutte/hutte
2. colline/collone
3. ballottin/ballottine
4. bissexuel/bissextil
5. concurrence/occurrence
6. harcellement/nivellement
7. buccal/stomaccal
8. ecclectique/ecclésiastique
9. mourrir/nourrir
10. gauffre/gouffre
11. baffe/giffle
12. ébouriffant/époustoufflant
13. corolle/girolle
14. pilule/pululer
15. distiller/osciller

16. consommer/consummer
17. mammifère/mammelle
18. cannelle/cannibale
19. maronner/maronnier
20. agripper/grappiller
21. débarrasser/embarrasser
22. horrifier/horripiler
23. chatte/ratte (femelle du rat)
24. buzz/quizz
25. concomittant/intermittent
26. développer/envelopper
27. friper/fraper
28. chope/échope
29. millionnième/millionnaire
30. raffraîchir/raffoler

Les consonnes finales muettes

Diagnostic

Cochez les bonnes réponses.

1. un cauchemar ☐   un cauchemard ☐

2. un abri   ☐   un abrit   ☐

3. un champ   ☐   un champs   ☐

4. un remord   ☐   un remords   ☐

5. un héro   ☐   un héros   ☐

Entre autres réjouissances qui font son charme et son piquant, notre orthographe présente de nombreuses consonnes finales muettes, qui peuvent être :

>> étymologiques (*sang* vient du latin *sanguis* ; *plomb* du latin *plumbum*) ;

>> diacritiques : elles servent alors à distinguer graphiquement des homonymes (*temps, tant, tan* ; *chant, champ...*).

Petit pansement pour gros bobo

Dans l'immense majorité des cas, l'existence de mots de la même famille vous aidera à retrouver le cas échéant une consonne finale muette : *sanguin > sang* ; *plombier > plomb* ; *accrocher > accroc.*

Il y a des « pièges » ! Certains dérivés pourraient vous induire en erreur : *bazarder* mais *bazar* ; *cauchemardesque* mais *cauchemar* ; *abriter* mais *abri* !

253

Prescription

Le *b* final

Le *b* final muet en fin de mot est exceptionnel ; parmi les mots courants, on ne trouve guère que *plomb* et ses dérivés *aplomb, surplomb.*

Le *c* final

On trouve le *c* final dans quelques mots : *accroc* (déchirure), *banc, blanc, broc, clerc, croc, escroc, estomac, flanc* (côté), *franc, jonc, marc, porc, tabac, tronc, il vainc.*

Le *d* final

Le *d* final est courant en français, notamment dans certains suffixes : *-and* (*friand, marchand*), *-ard* (*froussard, soixante-huitard*), *-aud* (*finaud, lourdaud*), *-ond* (*moribond, nauséabond*).

On le trouve en outre dans un certain nombre de mots, la plupart courants : *abord, accord, bâbord, blond, bond, bord, boulevard, cabillaud, chaud, contrepied, crapaud, dard, désaccord, (un) différend, échafaud, égard, épinard, fard* (maquillage), *fond, froid, gland, goéland, gond, grand, hasard, homard, laid, lard, lézard, lourd, marchepied, milliard, nid, nœud, nord, pied, plafond, profond, quand, rebond, rebord, record, réchaud, regard, renard, retard, rond, sabord, second, standard, tard, trépied, tribord.*

Le *f* final

On ne le trouve que dans quatre mots : *cerf, clef* (ou *clé*), *nerf, serf.*

Le *g* final

Parmi les mots courants, prennent un *g* muet : *blanc-seing, bourg, coing* (fruit), *étang, faubourg, hareng, joug, long, parpaing, poing, rang, shampo(o)ing, sang.*

Le *l* final

Le *l* final muet est assez rare en français, essentiellement dans des noms en *-il* (où il a tendance à être de plus en plus prononcé) : *coutil, cul, gril* (avec *l* muet ou non), *fournil, fusil, gentil, outil, persil, sourcil, terril* (avec *l* muet ou non).

Le *p* final

On le trouve dans quelques mots très courants : *beaucoup, camp, champ, coup, drap, galop, loup, sirop, sparadrap, sur-le-champ, trop.*

Le *s* final

Il est très fréquent en français... ne serait-ce que pour marquer le pluriel des noms et adjectifs !

Il apparaît notamment dans les participes passés : *absous, acquis, appris, clos, conquis, dissous, mis, pris, requis, sis, sursis.*

Il est présent dans les suffixes de gentilés -*ais* (*français*), -*ois* (*danois*). De même, dans les adjectifs formés sur le suffixe -*ois* : *courtois, narquois, sournois, villageois...*

Il est présent dans *cours* et ses dérivés : *concours, discours, intercours, parcours, recours, secours.*

De même, dans *vers* et ses dérivés : *avers, devers, divers, pervers, revers, travers, univers.*

On le trouve dans les noms masculins formés sur le suffixe -*is* : *abattis, cafouillis, châssis, cliquetis, coloris, coulis, croquis, fouillis, gâchis, hachis, logis, ramassis, taudis, tournis, treillis, vernis...*

On le trouve aussi dans quelques noms propres (de villes, notamment) devenus des noms communs (désignant des vins, des fromages...) : *beaujolais, coulommiers, époisses, judas, maroilles, pithiviers, sauternes...*

Il est présent dans des « petits mots » (adverbes, prépositions) : *ailleurs, alors, céans* (ici), *certes, dans, dedans, dehors, depuis, dès, désormais, dessous, dessus, hormis, hors, jamais, lors, mais, moins, néanmoins, ouais, parfois, pis, près, puis, sans, sous, toujours, très, vis-à-vis, volontiers* (mais, sans *s* : *malgré, parmi*) ; ainsi que les trois locutions *à croupetons, à tâtons, à reculons* (mais : *à califourchon*).

On le trouve encore dans de nombreux autres mots : *abcès, abscons, abus, amas, anchois, avis, bas, biais, bois, bras, brebis, bris, cabas, cadenas, cambouis, canevas, carquois, cas, chaos, colis, compas, concis, confus, congrès, cyprès, débarras, débris, décès, devis, diffus, dispos, dos, embarras, encens, engrais, épais, épars, excès, exprès, exquis, fatras, fois* (répétition), *fracas, frais, gens, glas, gras, grès, gris, gros, guet-apens, héros, intrus, jus, las, lilas, maquis, marais, marquis, matelas, mauvais, mois, mors, niais, obus, obtus, palais, panaris, paradis, parvis, pas, patois, pays, pers* (« yeux pers »), *pis, plâtras, plusieurs, pois, précis, procès, progrès, propos, pusrabais, radis, ras, rebours, reclus, refus, relais, remous, repas, repos, retors, rubis, salsifis, succès, suspens, talus, tamis, tapis, tas, tiers, torticolis, tracas, trépas, trois, velours, verglas...*

Le *t* final

Là encore, il s'agit d'une finale muette très courante (sans doute la plus fréquente)... ne serait-ce qu'en conjugaison (*il vient, ils prennent, dansant*), dans les adjectifs en *-ant* ou *-ent* (*fatigant, violent*) ou pour former les adverbes de manière (*gentiment, bruyamment, intelligemment*).

Il apparaît dans les participes passés : *conduit, confit, couvert, craint, cuit, détruit, dit, écrit, extrait, fait, frit, joint, maudit, mort, offert, oint, ouvert, peint, souffert* (et leurs composés).

Il est présent dans les suffixes diminutifs *-ot* (*îlot, petiot, vieillot...*) et *-et* (*simplet, fluet, livret...*).

Il apparaît aussi dans le suffixe *-at* (exprimant une fonction, un état, un groupe de personnes, un système ou une organisation, le résultat d'une action) : *amiralat, assistanat, rectorat, vedettariat, septennat, championnat, anonymat, artisanat, patronat, commissariat, syndicat...*

On le trouve dans un grand nombre de mots, dont voici les plus courants : *acabit, acquit* (« par acquit de conscience »), *adéquat, adret, affût, août* (avec *t* muet ou non), *appât, apprêt, artichaut, bât, bahut, béat, benêt, benoît, blet, cahot* (secousse), *cancrelat, contrit, coût* (prix), *décrépit* (usé, vieux), *défunt, dégât, écot* (quote-part), *égout, farfadet, fat* (prétentieux), *un foret* (pour forer), *une forêt, fût, gabarit, genet* (cheval), *genêt* (arbuste), *la gent* (nom), *goût, guet, héraut* (messager), *heurt, levraut, malfrat, mât, moût, nacarat, pinot* (cépage), *plant* (végétal), *ragoût, rebut, rot, sabbat, scélérat, séant* (qui convient), *subit* (soudain), *suppôt, tôt, tort, verrat, vivat.*

Le *x* final

On le trouve dans nombre d'adjectifs, formés sur le suffixe *-eux* : *chanceux, orgueilleux...*

On le trouve dans quelques mots : *bordeaux, chaux, choix, courroux, creux, croix, crucifix, deux, doux, époux, faix* (fardeau), *faux, flux, gueux, houx, jaloux, mieux, noix, paix, perdrix, poix, portefaix, preux, prix, queux* (« maître-queux »), *roux, saindoux, Sioux, taux, toux, vieux, voix.*

Le *z* final

Il apparaît dans quelques mots : *assez, chez, lez* (préposition dans certains noms de villes : *Marquette-lez-Lille*), *nez, raz* (« raz de marée »), *riz.*

Un petit nombre de mots sont victime d'erreurs persistantes ! Cela concerne notamment ces quelques noms qui prennent toujours un s au singulier : **aurochs, corps, cours** (et ses dérivés : *concours, recours, secours*), **fonds** (de commerce), **tréfonds,** *lacs* (piège), **entrelacs, legs, mets, entremets, poids, puits, remords, rets, temps, vers.**

À l'inverse, attention à **champ**, qui ne prend pas de s au singulier !

Vaccin BCG (Boostez vos Consonnes et Graphies !)

Doubles consonnes finales

Certains mots présentent deux consonnes finales muettes :

» -ch : *almanach* ;

» -cs : *entrelacs, lacs* ;

» -ct : *aspect, circonspect* (avec *ct* muet ou non), *distinct* (avec *ct* muet ou non), *exact* (avec *ct* muet ou non), *inexact, indistinct, instinct, irrespect, respect, succinct, succinctement, suspect* ;

» -ds : *fonds, poids, remords, tréfonds* ;

» -gs : *legs* (avec *g* muet ou prononcé) ;

» -gt : *doigt, vingt* ;

» -ls : *pouls* ;

» -ps : *corps, temps* (et leurs composés) ;

» -pt : *exempt* (avec *pt* muet ou non), *prompt* (avec *pt* muet ou non) ;

» -rs : *gars* ;

» -ts : *entremets, mets, puits, rets.*

Les finales trompeuses

Quelques mots ne prennent pas de consonne finale, malgré des dérivés pour le moins trompeurs :

» *abri/abriter* ;

- » *bazar/bazarder ;*
- » *bijou/bijoutier ;*
- » *caillou/caillouteux ;*
- » *cauchemar/cauchemarder ;*
- » *clou/clouté*
- » *Esquimau/Esquimaude ;*
- » *favori/favorite ;*
- » *flou/flouter ;*
- » *horizon/horizontal ;*
- » *rigolo/rigolote.*

D'autres contiennent une consonne finale différente de celle présente dans les dérivés :

- » *absous, dissous/absoute, dissoute ;*
- » *caoutchouc/caoutchouteux ;*
- » *chaos/chaotique ;*
- » *frais/fraîche ;*
- » *héros/héroïne ;*
- » *plafond/plafonner ;*
- » *relais/relayer ;*
- » *souris/souriceau ;*
- » *tabac/tabagie ;*
- » *tiers/tierce ;*
- » *verglas/verglacer ;*
- » *zinc* (prononcé « zing »)*/zingueur, dézinguer*

Traitement

Pour sortir du labyrinthe, choisissez les 10 formes correctes, en entrant par le haut.

↓	↓	↓	↓	↓
← Par acquit de conscience ↔	Un favori ↔	Un auroch ↔	Un plagia ↔	Un poid →
↕	↕	↕	↕	↕
← Mieu ↔	Un relais ↔	certes ↔	Du maroille ↔	Un entrelacs →
↕	↕	↕	↕	↕
← Un leg ↔	Une confiture de coins ↔	Un bazar ↔	malgrés ↔	Un entremets →
↕	↕	↕	↕	↕
← Un remord ↔	Un puit ↔	Un fonds de pension ↔	Parmi ↔	À tâtons →
↕	↕	↕	↕	↕

Comment se terminent les noms masculins et féminins ?

Diagnostic

Cochez les bonnes réponses.

1. un athé ☐   un athée ☐

2. une fourmi ☐   une fourmie ☐

3. la glu ☐   la glue ☐

4. l'habileté ☐   l'habiletée ☐

5. la porté ☐   la portée ☐

La terminaison des noms en français n'est guère difficile dans l'ensemble... Néanmoins, comme toujours, quelques petites particularités ou irrégularités viennent pimenter un peu tout ça !

Prescription

Noms masculins

Les noms masculins ont toutes les variétés de terminaisons possibles : *karma, lac, bond, serf, parpaing, essaim, drap, coq, slow, prix, riz...*

Certains suffixes imposent le masculin : *-age* (*feuillage*), *-isme* (*tourisme*)...

1. Quelques noms, issus du grec, ont une terminaison en *-ée* : *athée, apogée, caducée, camée, lycée, macchabée, mausolée, musée, pygmée, scarabée, trophée.*

2. Quelques noms se terminent par *-ie* : *foie, incendie, génie, parapluie, sosie.*

3. Un certain nombre de masculins prennent un *e* final : *arbre, beurre, cigare, haltère, ivoire, leurre, squelette...*

PIQÛRE DE RAPPEL

De nombreux noms masculins sont formés à partir de participes passés substantivés : *un demeuré, un employé, un salarié...* Pour les reconnaître, mettez-les au féminin : *une employée, une salariée...*

Ne les confondez pas avec les noms (peu nombreux) issus d'un infinitif : *un aller, un copier-coller, le coucher, le lever...*

Ne les mélangez pas non plus avec les noms de métier suffixés en *-(i)er* : *le boucher, le boulanger, le pâtissier, le quincaillier,* qui donnent au féminin *bouchère, boulangère...*

Noms féminins

L'immense majorité des noms féminins prend un *e* final : *femme, gentillesse, table...*

Certains suffixes imposent le féminin : *-ade* (*limonade*), *-aine* (*quarantaine*), *-ance* (*méfiance*), *-ence* (*existence*), *-tion* (*acceptation*), *-té* (*habileté*)...

1. Les noms féminins en *-ue* prennent un *e* final (*laitue*), sauf : *bru, glu, tribu, vertu.*

2. Les noms féminins en *-té* ou *-tié* ne prennent pas de *e* (*égalité, amitié*), sauf :

>> s'ils expriment un contenu : *brouettée, fourchetée, nuitée, pelletée* ;

>> s'ils sont issus d'un participe passé devenu nom : *butée, dictée, jetée, portée.*

3. Quelques noms féminins se terminent par *s* ou *x* : *brebis, fois, souris* ; *croix, noix, paix, perdrix, poix, toux, voix.*

4. Deux noms courants se terminent par *i* : *la foi* (croyance), *la fourmi.*

Traitement

Ajoutez les terminaisons qui conviennent, si nécessaire.

1. Dans le mausolé… de la tribu…, gisent une croi…, un camé… et les restes d'un macchabé…, dont le foi…, que mange une souri… avec voracité….

2. Une statu… de la Vertu… recollée à la glu… trône, tel un trophé… à la porté… symbolique, dans la cour du lycé….

3. La voi… du professeur ne perd rien de sa dignité… ni de sa cruauté… lorsqu'il annonce, dans une tou… glaireuse : « Dicté… ! »

4. Bientôt, l'entomophagie sera à son apogé… : tous ceux qui se régalent d'une perdri… farcie ou d'une moitié… de brebi… devront se contenter d'une assietté… de fourmi… s ou de scarabé… s !

5. Cet athé… rejette toute foi… et profère en toute liberté… des pelleté… s de blasphèmes : de quoi choquer toute piété… qui aurait cru s'y fier !

Les familles irrégulières

Diagnostic

Cochez les bonnes réponses.

1. boursoufler ❑ boursouffler ❑

2. chariot ❑ charriot ❑

3. bonhomie ❑ bonhommie ❑

4. imbécilité ❑ imbécillité ❑

5. balloter ❑ ballotter ❑

Qui n'a jamais eu de problèmes avec ses frères et ses sœurs, voire avec ses parents ? Eh bien, les mots sont comme nous : certaines familles s'avèrent décidément dysfonctionnelles...

Prescription

Problèmes dus au *f*

Avec *f*	Avec *ff*
boursoufler, boursouflage, boursouflement, boursouflure	*souffle, souffler, soufflerie, soufflet ; essouffler, essoufflement ; insuffler...*
persifler, persiflage, persifleur	*siffler, sifflement, sifflet, siffleur...*

Problèmes dus au *l*

Avec *l*	Avec *ll*
balistique	*balle*
imbécile, imbécilement	*imbécillité*

Problèmes dus au *m*

Avec *m*	Avec *mm*
bonhomie	bonhomme
prud'homie, prud'homal	prud'homme
homicide, hominidés	homme, gentilhomme
mamelle, mamelon, mamelu	mammaire, mammifère, mammographie

Problèmes dus au *n*

Avec *n*	Avec *nn*
assoner, assonance, assonant ; consonance, consonant, consonantique ; dissoner, dissonance, dissonant ; résonance, réson (n) ant, résonateur	sonner, sonnerie, sonnette, sonneur ; consonne ; résonner ; malsonnant ; réson (n) ant
avionique	avionneur
bonace, bonasse, bonifier	bonne, débonnaire, abonnir
cantonade, cantonais, cantonal	cantonnement, cantonner, cantonnier
donateur, donation	donner, pardonner, s'adonner
honorer, déshonorer, honoraire, honorifique	honneur, déshonneur
millionième	millionnaire
monétaire, monétique, monétiser	monnaie, monnayable, monnayer
panonceau	panneau
patronage, patronal, patronat, impatroniser	patronner, patronne, patronnesse
rationaliser, rationaliste, rationalité, irrationalité, irrationaliste	rationnel, irrationnel
rubané	enrubanné
traditionnel	traditionalisme, traditionalisme
Wallonie, wallonisme	wallonne

Problèmes dus au *r*

Avec *r*	Avec *rr*
baril, barillet	barrique, barricade
bariolage, bariolé, bariolure	barre
bigarade, bigaradier	bigarré, bigarreau, bigarrure

Avec r	Avec rr
charrette, charrier, charrue ; carrosse, carrosserie, carriole...	chariot, chariotage

Problèmes dus au *t*

Avec t	Avec tt
ballotin	ballottage, ballotter, ballottine
battre, abattre, battue, combattre...	bataille, courbatu, courbature, combatif, combativité
hutte	cahute

Les rectifications de 1990 proposent de régulariser un certain nombre de ces familles, en alignant la graphie sur celle du mot de base : *boursoufler*, *persiffler*, *imbécilité*, *charriot*, *combattif*, *cahutte*...

Les dictionnaires récents font désormais la part belle à ces « rectifications » et les intègrent de plus en plus. Néanmoins, nous présentons ici l'orthographe classique, car ces modifications ne sont pas acceptées par tous...

Traitement

Dans les familles suivantes, cherchez l'intrus et donnez-lui une bonne correction !

1. ballotter – ballottement – ballottin – ballottine.

2. combattre – combattant – combattif – rebattre.

3. charrier – charriot – carrosse – carriole.

4. rationnel – irrationnel – rationner – rationnalité.

5. patronat – patronage – patronesse – patronal.

6. prud'homme – gentilhomme – bonhomme – bonhommie.

7. essoufflement – insuffler – boursoufflure – soufflet.

8. honorer – honorifique – déshoneur – déshonorer.

9. consonne – résonner – consonnance – sonnette.

10. cantonade – cantonner – cantonnement – cantonnier.

Les préfixes à consonne simple

🌡️ Diagnostic

Cochez les bonnes réponses.

1. émettre ☐   émmettre ☐

2. agraver ☐   aggraver ☐

3. agripper ☐   aggriper ☐

4. abattre ☐   abbattre ☐

5. apocalypse ☐   appocalypse ☐

Les préfixes sont ces petits morceaux que l'on ajoute devant le radical du mot pour en changer le sens (*visible/invisible ; normal/anormal...*). Mais selon leur origine et l'époque à laquelle le mot préfixé a été formé, ils ont tendance à se montrer capricieux quant à leur orthographe...

Prescription

Certains préfixes servent à former des mots dont la consonne sera *plutôt* simple... Mais, comme toujours, il y a évidemment des exceptions !

Le préfixe latin *ad-*

Le préfixe latin *ad-* s'est assimilé à la consonne suivante, provoquant souvent l'apparition de consonnes doubles... mais pas toujours, tant s'en faut !

Préfixe	Consonne simple	Exceptions : consonne double
ab-	*abattre, abonner, aboutir...*	aucune
ad-	*adopter, adorer, adorer...*	*addition, addiction, adducteur*
ag-	*agrandir, agresser, agripper...*	*agglomérer, agglutiner, aggraver*
am-	*amaigrir, amener, amerrir, amollir, amortir...*	aucune

Les préfixes grecs *a-*, *ana-*, *apo-*

Ces préfixes s'ajoutent directement au radical et créent donc des termes dont la consonne est toujours simple, même si le radical commence par un *s* : *amoral, anormal, apolitique, asocial, asexué, asymétrie* ; *anachronisme, anagramme, analyse* ; *apocalypse, apogée, apostrophe...*

Le préfixe latin *e-*

Issu du latin *ex*, ce préfixe ne s'assimile pas à la consonne suivante (sauf *f* et *s*) ; la consonne reste donc simple : *s'ébattre, éduquer, égorger, élever, émettre, épurer, éradiquer, étirer...*

Traitement

Choisissez la bonne graphie et résolvez la grille de mots croisés.

abattre/abbattre

adition/addition

adresse/addresse

aducteur/adducteur

aglutination/agglutination

agrandir/aggrandir

agravation/aggravation

agrégation/aggrégation

agressif/aggressif

agripper/aggriper

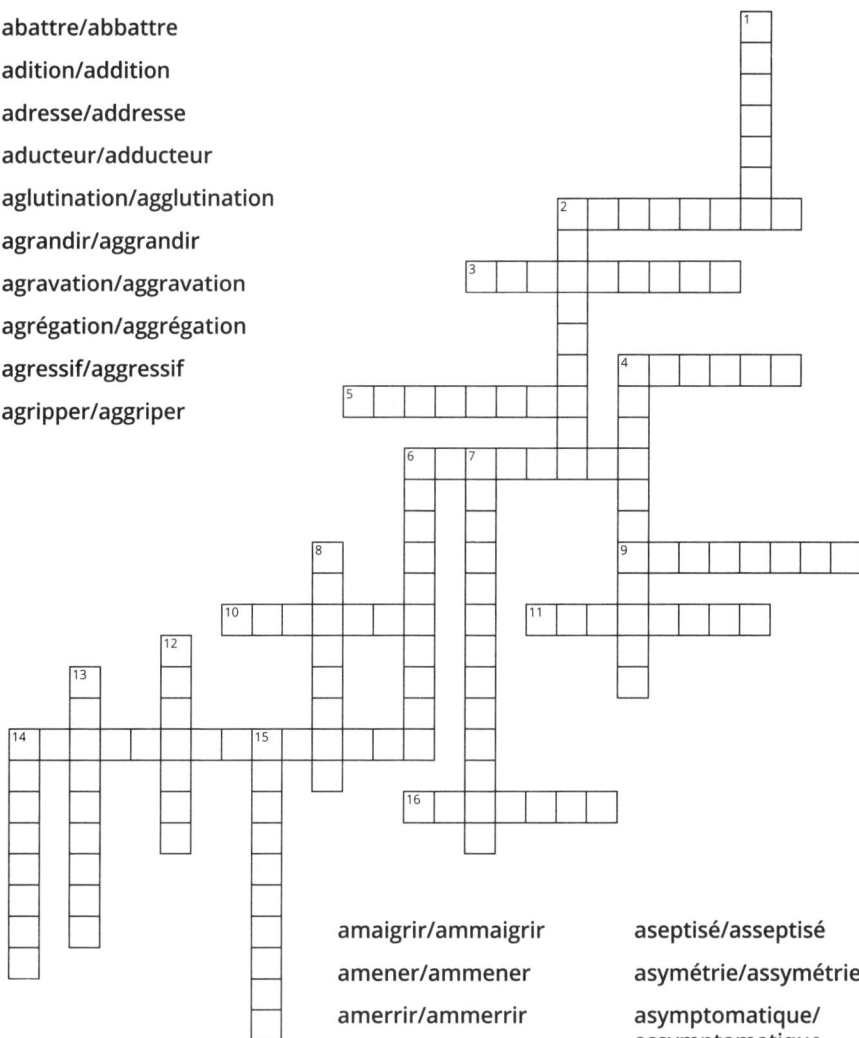

amaigrir/ammaigrir

amener/ammener

amerrir/ammerrir

amollir/ammollir

apologie/appologie

apostrophe/appostrophe

aseptisé/asseptisé

asymétrie/assymétrie

asymptomatique/assymptomatique

éradiquer/erradiquer

Les préfixes à consonne double

Diagnostic

Cochez les bonnes réponses.

1. alourdir ❑ allourdir ❑
2. acompte ❑ accompte ❑
3. resaisir ❑ ressaisir ❑
4. colimateur ❑ collimateur ❑
5. anoblir ❑ annoblir ❑

Les préfixes qui doublent généralement la consonne, suite à l'assimilation de celle-ci, sont assez nombreux. Mais ils ont, eux aussi – il n'y a pas de raison ! –, leur lot d'irrégularités...

Prescription

Le préfixe latin *ad-*

Devant la majorité des consonnes, le préfixe *ad-* s'assimile en donnant une consonne double :

Préfixe	Consonne double	Exceptions : consonne simple
ac-	*accéder, accorder, acculer...*	*acompte, s'acoquiner*
af-	*affaire, affiner, affoler...*	aucune
al-	*allaiter, allécher, alléguer, alléger, allonger...*	*alanguir, aligner, aliter, alourdir*

Préfixe	Consonne double	Exceptions : consonne simple
an-	*annihiler, annoncer, annoter, annuler...*	*anéantir, anoblir*
ap-	*appareil, apparenter, appeler, appesantir, apporter, apprendre...*	*apaiser, apercevoir, apeurer, apitoyer, aplanir, aplatir, apurer*
ar-	*arranger, arrêter, arriver...*	*araser*
as-	*assainir, assaisonner, assécher, assurer...*	aucune
at-	*attardé, attendre, attendrir, atterrir...*	*atermoyer*

Le préfixe latin *con-*

Il s'assimile en :

> » *col-* devant *l* : *collaborer, collation, collimateur, collision...* ;

> » *com-* devant *m* : *commande, commettre, commutateur...* ;

> » *cor-* devant *r* : *correction, correspondre, corrosion...*

Dans les mots les plus récents cependant, il prend la forme *co-* et la consonne reste simple : *colocation, coréalisateur, coresponsable...*

Le préfixe latin *des-*

Ce préfixe pose quelques problèmes quand il se trouve devant un radical commençant par *s* :

Avec *-s-*	Avec *-ss-*
désacraliser, désaper, désensibiliser, désocialiser, désolidariser	les autres : *dessabler, dessaisir, dessaler, dessoûler, dessécher, desserrer, desservir, dessouder...*

Le préfixe latin *e-*

Il ne donne une consonne double que :

> » devant *f* : *effaroucher, effeuiller, effiler...* Exception : *éfaufiler* ;

> » devant *s* : *esseulé, essouffler, essuyer...*

Le préfixe français *en-*

Le *n* est évidemment double lorsque le radical commence par un *n* : *enneiger, ennoblir, ennuyer...* Ailleurs, le *n* reste simple : *enamourer, enivrer, enhardir...*

Le préfixe latin *in-*

Le préfixe *in-* s'assimile en :

>> *il-* devant *l* : *illimité, illisible, illuminé...* ;

>> *im-* devant *m* : *immature, immortel, immuable...* ;

>> *ir-* devant *r* : *irrationnel, irréel, irresponsable...*

Devant un radical commençant par *n*, la consonne sera évidemment double : *inné, innerver, innocent, innommable...*

Ailleurs, la consonne restera logiquement simple : *inavouable, inefficace, inonder, inutile...*

Le préfixe latin *ob-*

Ce préfixe s'assimile en :

>> *oc-* devant *c* : *occasion, occident, occuper...* ;

>> *of-* devant *f* : *office, offrir, offusquer...* ;

>> *op-* devant *p* : *opposer, oppresser, opprimer...*

Ailleurs, il est demeuré tel quel (*obliger, obscène*) ou s'est simplifié en *o-* (*omettre*).

Le préfixe français *re-*

Ce préfixe est sans doute le plus productif, y compris dans la langue familière ; il n'en pose pas moins quelques soucis quand il se trouve devant un radical commençant par *s* :

Avec -s-	Avec -ss-
resaler, resalir, resituer, resocialisation, res(s)urgir	les autres : *ressaigner, ressaisir, ressembler, resservir, ressortir, res(s)urgir, ressusciter...*

Le préfixe latin *sub-*

Le préfixe *sub-* devient :

» *suc*- devant *c* : *succéder, succomber, succube...* ;

» *suf*- devant *f* : *suffisant, suffixe, suffrage...* ;

» *sug*- devant *g* : *suggérer* ;

» *sup*- devant *p* : *supplément, supposer, supprimer...*

Le préfixe grec *syn*-

Le préfixe *syn*- devient *syl*- devant un *l* : *syllabe, syllogisme*.

Ailleurs, il reste *syn*-/*sym*- (*synchroniser, sympathie*) ou se simplifie en *sy*- (*symétrie*).

PIQÛRE DE RAPPEL

Soyez particulièrement attentif aux « couples maudits » :

- *alléger/alourdir* ;
- *amener/emmener* ;
- *amoral/immoral* ;
- *amerrir/atterrir* ;
- *anoblir/ennoblir* ;
- *apesanteur/appesantir* ;
- *asymétrie/dissymétrie* ;
- *commettre/omettre* ;
- *effiler/éfaufiler* ;
- *énerver/innerver* ;
- *éruption/irruption* ;
- *inoculer/innocuité* ;
- *préfixe/suffixe*.

Traitement

Doublez la consonne quand c'est nécessaire.

1. Je sup...ose que cet ac...ompte va ap...auvrir mes finances, ac...roître mon découvert et ap...eurer, voire af...oler mon banquier !

2. Cessons d'at...ermoyer : afin d'ap...lanir nos difficultés, nous devons col...aborer sans nous ap...esantir ni nous ap...itoyer sur nos différends à la moindre oc...asion.

3. L'ap...areil n'a pu at...errir et nous avons dû at...endre : les pistes étaient toutes in...ondées.

4. Il a an...ulé ses rendez-vous : la grippe a an...éanti ses forces et il est al...ité pour une période il...imitée.

5. C'est in...énarrable : j'ai ap...erçu l'électricien se faire al...onger et des...ouder !

6. Cette suc...ursale de fast-foods américains a sup...lanté notre bistro habituel, ac...ulé à la faillite.

7. Vos an...otations ap...ellent un ac...ord unanime : elles ont ap...aisé nos craintes, car elles cor...espondent à nos exigences.

8. Son at...itude in...ommable et im...orale l'a des...ervi : ils se sont tous op...osés à lui et dés...olidarisés de ce comportement ir...esponsable et in...acceptable.

9. Cet im...ortel s'est en...amouré d'une im...ense poétesse af...riolante et s'est en...ivré de ses mots in...oubliables, auxquels il a suc...ombé im...anquablement.

10. Depuis que je lui ai in...oculé, en toute in...ocuité, le virus de l'orthographe, il n'om...et plus ses suf...ixes et ne com...et plus de fautes !

Les suffixes à consonne simple

Diagnostic

Cochez les bonnes réponses.

1. rubaner ☐   rubanner ☐

2. marqueterie ☐   marquetterie ☐

3. corole ☐   corolle ☐

4. pâlote ☐   pâlotte ☐

5. culote ☐   culotte ☐

Le suffixe est un élément qui s'ajoute à droite du radical, occasionnant parfois – souvent ! – de terribles dilemmes orthographiques ! Voici les principales sources d'erreurs.

Prescription

-aner ou *-anner* ?

Les verbes en *-aner* prennent en général un *n* : *ahaner, cancaner, caner* (fuir ; mourir), *chicaner, planer, profaner, ricaner, rubaner, safraner...*

canner (une chaise), *dépanner, enrubanner, scanner, tanner, vanner.*

Il y a une bizarrerie : *rubaner/enrubanner.*

-eterie ou -etterie ?

La majorité des noms s'écrit avec un seul t : *bonneterie, briqueterie, gobeleterie, marqueterie, papeterie, parqueterie...*

billetterie, coquetterie, lunetterie, robinetterie, tabletterie.

On écrit au choix *déchèterie/déchetterie.*

-ole ou -olle ?

La plupart des noms s'écrivent avec un seul l : *bricole, casserole, chignole, console...*

Il y a quelques exceptions, notamment des termes didactiques (*bouterolle, pointerolle...*).

Barcarolle, corolle, girolle.

On peut écrire avec un ou deux l : *grol(l)e, guibol(l)e, mariol(le).*

-ote ou -otte ?

La majorité des mots se finissant par *-ote* s'écrit avec un seul t, notamment la plupart des féminins des adjectifs en *-ot* (cf. feuille 28) : *bote* (féminin de *bot*), *cote* (mesure), *belote, bergamote, bigote, camelote, compote, coyote, despote, échalote, falote, fiérote, gargote, huguenote, idiote, jugeote, litote, manchote, matelote, paillote, papillote, patriote, pelote, petiote, pleurote, poivrote, popote, redingote, tremblote...*

bellotte, botte (chaussure), *bougeotte, bouillotte, boulotte, cagnotte, calotte, carotte, cotte* (de mailles), *crotte, culotte, flotte, gibelotte, goulotte, griotte, grotte, hotte, jeunotte, linotte, marotte, mascotte, menotte, motte, pâlotte, quenotte, roulotte, sotte, vieillotte.*

-oter ou -otter ?

Le suffixe *-ot(t)er* est à l'origine de nombreuses hésitations... La majorité des verbes (environ 80) ne prend qu'un t : *cahoter, capoter, chipoter, clapoter, dorloter, ligoter, mégoter, picoter, sangloter, suçoter, tapoter, tricoter, zozoter...*

ballotter, botter, boulotter, boycotter, calotter, carotter, crotter, culotter, dansotter, flotter, frisotter, frotter, garrotter, grelotter, mangeotter, marmotter, menotter, trotter.

Les dictionnaires récents tolèrent de plus en plus, pour certaines exceptions, la graphie simple (*dansoter, frisoter, garroter, mangeoter*).

Traitement

Cochez les phrases correctes et corrigez les autres.

❑ Voulez-vous les pleurotes ou les giroles ?

❑ Sa robe était toute rubannée et enrubanée de dentelles.

❑ Il mangeotte sa gibelotte aux échalotes.

❑ Elle boulotte des carrotes en papillottes.

❑ Cette jeunote pleine de coquetterie dansotte en fredonnant une barcarole.

❑ Il grelotte et tremblote de froid dans sa redingote.

❑ Une sotte falote sans jugeotte fait des remarques idiotes.

❑ Tu préfères canner des chaises ou faire de la marqueterie et de la tableterie ?

❑ Cette bigote vieillotte a la bougeotte et marmotte en sanglotant.

❑ Cette Parigote fiérote qui a la cotte n'est pas manchote, et c'est une litote !

Les suffixes à consonne double

🌡 Diagnostic

Cochez les bonnes réponses.

1. cantonade ❏   cantonnade ❏
2. traditionaliste ❏   traditionnaliste ❏
3. patronat ❏   patronnat ❏
4. s'époumoner ❏   s'époumonner ❏
5. feuilletoniste ❏   feuilletonniste ❏

Un certain nombre de suffixes ont l'habitude de présenter une consonne double… Mais ça ne les dérange guère d'y déroger quelquefois !

✒ Prescription

-nnade ou *-nade* ?

Les noms en *-nnade* prennent deux *n* : *bastonnade, canonnade, chiffonnade, citronnade, colonnade, fanfaronnade, pantalonnade…*

Cantonade, caronade, cassonade, limonade, oignonade.

-nal ou *-nnal* ? *-nel* ou *-nnel* ?

Les noms en *-on* suffixés en *-al* prennent en général deux *n* : *confessionnal, fonctionnalité, professionnalisme, proportionnalité, sensationnalisme…*

283

Les mots dérivés formés sur *canton, congrégation, méridio-, nation, patron, ratio-, région, septentrion, tradition*, ne prennent qu'un *n* : *cantonal, congrégationalisme, méridional, nationalité, patronal, rationalisme, régionalisation, septentrional, traditionaliste*.

Tous les termes formés sur le suffixe *-onnel* s'écrivent avec deux *n* sans exceptions : *professionnel, rationnel* ; soyez donc vigilant aux oppositions : *rationnel/rationaliste* ; *traditionnel/traditionaliste*.

-nnat ou -nat ?

Les noms suffixés en *-nnat* prennent en général deux *n* : *championnat, paysannat, pensionnat*…

assistanat, diaconat, patronat.

-onner ou -oner ?

La plupart des verbes doublent le *n* : *ânonner, détonner, étonner, marmonner, raisonner, résonner*…

assoner, dissoner, s'époumoner, ramoner, téléphoner.

Ne confondez pas *détoner* (exploser) et *détonner* (ne pas être dans le ton, jurer).

-onnier ou -onier ?

Les noms terminés par *-on* prennent deux *n* : *bâtonnier, canonnier, cantonnier, cordonnier, champignonnière, cotonnier, fauconnier, plafonnier, prisonnier, saisonnier*…

aumônier, brugnonier, oignonière, thonier, timonier.

-onnisme, -onniste ou -onisme, -oniste ?

Ce suffixe très productif prend en général deux *n* : *abstentionnisme, abolitionniste, illusionnisme, perfectionniste, protectionnisme, ségrégationniste*…

Un certain nombre d'exceptions rendent la situation plus compliquée :

>> *anachronisme, antagonisme, canyonisme, daltonisme, hédonisme, hégémonisme, japonisme, laconisme, platonisme, sionisme, unionisme, wallonisme* ;

>> les noms d'instrumentistes et quelques autres : *accordéoniste, bassoniste, feuilletoniste, ironiste, tromboniste, violoniste*.

Traitement

Dans certains couples, il y a des infidèles... Débusquez-les et corrigez-les !

1. limonade – citronade.
2. cassonade – cantonade.
3. paysannat – patronnat.
4. traditionaliste – rationaliste.
5. dissonner – résonner.
6. champignonnière – oignonnière.
7. prisonnier – cantonnier.
8. sensationnalisme – professionnalisme.
9. violoniste – bassoniste.
10. protectionnisme – laconnisme.

Les suffixes problématiques

Diagnostic

Cochez les bonnes réponses.

1. un traficant ☐   un trafiquant ☐

2. exigeant ☐   exigent ☐

3. praticable ☐   pratiquable ☐

4. voirie ☐   voierie ☐

5. connection ☐   connexion ☐

Quelques suffixes se montrent retors et ne se laissent pas amadouer si facilement !

Prescription

-ance/-ant ou *-ence/-ent* ?

Les nombreux adjectifs en *-ant* sont issus :

>> de verbes : *fatigant* < *fatiguer* ; *méchant* < ancien français *mescheoir* ; *bruyant* < *bruire* ;

>> d'adjectifs latins : *élégant* < *elegans* ; *constant* < *constans*.

Quand il existe, le nom dérivé est en *-ance* : *subsistant* > *subsistance* ; *élégant* > *élégance*.

exigeant > *exigence* ; *existant* > *existence* ; *résidant/résident* > *résidence*.

Les adjectifs en -*ent* sont issus d'adjectifs (ou participes présents) latins : *violent* < *violentus* ; *excellent* < *excellens*.

Le nom dérivé est toujours en -*ence* : *violence, excellence*.

PIQÛRE DE RAPPEL

Les adjectifs en -*gent*/-*geant* et les noms dérivés sont sources de nombreuses confusions ! La règle générale voudrait que le participe présent fût en -*geant* (*diver-geant*), l'adjectif verbal en -*gent* (*divergent*) et le nom dérivé en -*gence* (*divergence*)... Mais ce n'est pas toujours le cas !

Participe présent	Adjectif verbal	Nom dérivé
exigeant	*exigeant*	*exigence*
négligeant	*négligent*	*négligence*
obligeant	*obligeant*	*obligeance*

-*cable* ou -*quable* ?

On écrit -*cable* presque tous les adjectifs : *communicable, éducable, explicable, irrévocable, praticable...*

Pour les retenir : ils sont tous (sauf *praticable*) formés sur des noms en -*tion*.

Les autres s'écrivent -*quable* : *cliquable, attaquable, critiquable, immanquable, remarquable*.

On écrit au choix : *bancable/banquable.*

-*cage* ou -*quage* ?

On écrit -*cage* pour la grande majorité des noms : *blocage, décorticage, masticage, pacage* (pâturage), *parcage, placage* (revêtement)...

astiquage, braquage, briquage, calquage, claquage, craquage, encaustiquage, laquage, marquage, matraquage piquage (action de piquer), *remorquage, détroquage.*

Vous pouvez écrire au choix : *démarcage/démarquage, plasticage/plastiquage, placage/plaquage* (rugby), *trucage/truquage.*

-*cant* ou -*quant* ?

On écrit les adjectifs et noms -*cant* : *communicant, fabricant, prédicant, provocant...*

Là encore, ces dérivés sont formés sur des noms en -cation.

En -quant : *délinquant, pratiquant, trafiquant.*

-ction ou -xion ?

La grande majorité des noms en -ction s'écrit -ct- : *action, déduction, interdiction, rédaction...*

S'écrivent -xion : *annexion, connexion, déconnexion, interconnexion ; flexion, génuflexion, inflexion, irréflexion, réflexion ; fluxion ; crucifixion ; complexion ; convexion.*

-ement ou -ment ?

Les noms issus de verbes du 1er groupe en -ayer, -oyer, -ier, -ouer, -uer, prennent toujours un e muet : *bégaiement, paiement ; aboiement, vouvoiement ; rassasiement, repliement ; dévouement, enrouement ; dénuement, éternuement...*

Les noms formés sur des verbes du 2e ou du 3e groupe s'écrivent sans e muet : *braiment, assortiment, bâtiment, blanchiment, régiment, sentiment ;* s'y ajoutent : *boniment, rudiment.*

-erie ou -rie ?

Les noms féminins en -erie prennent un e muet quand ils sont dérivés de verbes du 1er groupe : *paierie* (bureau du payeur), *corroierie, hongroierie* + *soierie.*

Les autres s'écrivent sans e muet : *librairie, mairie, métairie, pairie* (dignité de pair), *prairie, plaidoirie, voirie.*

-escence ou -essence ?

Tous les noms suffixés en -escence s'écrivent avec -sc- : *adolescence, convalescence, effervescence, obsolescence, recrudescence...*

essence et *quintessence* n'ont rien à voir avec ce suffixe.

-gable ou -guable ?

Les adjectifs en -gable ne prennent pas de u : *infatigable, irrigable, navigable...*

Distinguable.

-il ou -ile ?

Les adjectifs en *-ile* prennent pour la plupart un *e*, même au masculin : *agile, débile, docile, facile, fertile, fragile, futile, habile, infantile, hostile, juvénile, sénile, servile, stérile, tactile, utile...*

Bissextil, civil, incivil, puéril, subtil, vil, viril, volatil.

-illier

Un certain nombre de noms en *-illier* prennent un *i* qu'on n'entend pas forcément ; ils désignent notamment des arbres ou des métiers et sont souvent des termes techniques ou obsolètes ; les plus courants : *groseillier, joaillier, mancenillier, médaillier, sapotillier, quincaillier, serpillière, vanillier.*

-oir ou -oire ?

Les noms féminins prennent très logiquement un *e* final : *armoire, baignoire, échappatoire, écumoire, histoire, mémoire, nageoire, passoire...*

Pour les noms masculins, c'est un peu plus compliqué... La majorité d'entre eux s'écrit *-oir* : *bavoir, boudoir, butoir, couloir, dortoir, lavoir, manoir, miroir, parloir, rasoir, tiroir, urinoir...*

Quelques-uns prennent un *e* final : *auditoire, conservatoire, exutoire, réfectoire, grimoire, interrogatoire, laboratoire, moratoire, observatoire, prétoire, promontoire, purgatoire, répertoire, réquisitoire, suppositoire, territoire.*

-tiel ou -ciel ?

Les adjectifs et quelques noms en *-ant/-ent* forment leur dérivé en *-tiel* : *assurantiel, confidentiel, démentiel, événementiel, existentiel, pestilentiel, potentiel, substantiel...*

Mots formés sur des noms en *-ance/-ence* : *circonstanciel, révérenciel, tendanciel.*

Au contraire, les adjectifs en *-iciel* prennent tous un *c* : *artificiel, cicatriciel, officiel...*

Interstitiel.

-tieux ou *-cieux* ?

La majorité des adjectifs prend un *c* : *astucieux, officieux, spacieux, vicieux…*

Quelques adjectifs s'écrivent avec un *t* : *ambitieux, captieux, contentieux, facétieux, factieux, infectieux, minutieux, prétentieux, séditieux, superstitieux.*

Reportez-vous au nom correspondant (quand il y en a un) : *astuce > astucieux* ; *minutie > minutieux.*

-tion ou *-ssion* ?

Les très nombreux noms en *-tion* s'écrivent avec un *t* : *émotion, libération, position, parution…*

On écrit *-ssion* :

» *discussion, percussion, répercussion* ;

» mission et ses dérivés : *admission, commission, compromission, démission, émission, omission, permission, soumission, transmission* ;

» *fission* ;

» *scission* ;

» cession et ses dérivés : *accession, concession, intercession, procession, récession, sécession, succession* ;

» les noms formés sur la racine *-gression* : *agression, digression, progression, régression, transgression* ;

» pression et ses dérivés : *compression, dépression, expression, impression, oppression, suppression* ;

» *session, obsession, possession, dépossession* ;

» *passion, compassion.*

Traitement

Trouvez l'intrus de chaque série et corrigez-le.

1. parution – percution – allocution – solution – constitution.

2. adjectifs masculins : puérile – sénile – juvénile – fragile – tactile.

3. braiement – bégaiement – paiement – défraiement – égaiement.

4. Noms ou adjectifs : provocant – fabricant – praticant – communicant – urticant.

5. dégénérescence – obsolescence – recrudescence – quintescence – phosphorescence.

6. substantiel – potentiel – circonstantiel – résidentiel – confidentiel.

7. existance – subsistance – constance – distance – persistance.

8. navigable – distingable – infatigable – conjugable – largable.

9. Adjectifs : indulgent – négligent – émergent – obligent.

10. urinoir – rasoir – dortoir – exutoir – miroir.

Le son [k]

Diagnostic

Cochez les bonnes réponses.

1. accueil ☐   acceuil ☐

2. aquitter ☐   acquitter ☐

3. steak ☐   steack ☐

4. stakanoviste ☐   stakhanoviste ☐

5. jaquette ☐   jacquette ☐

Le son [k] offre en français pas moins de onze graphies différentes !

Certaines sont bien connues :

>> *c* : **c**orde ;

>> *cc* : a**cc**oster ;

>> *qu* : con**qu**ête.

D'autres sont courantes, mais pas toujours faciles à orthographier :

>> *cqu* : a**cqu**érir ;

>> *ch* : te**ch**nologie ;

>> *k* : **k**iwi.

Quelques-unes sont exceptionnelles et apparaissent dans des emprunts : *q* (*qat*), *kh* (*khôl*), *ck* (*romsteck*), *kk* (*trekking*), *cch* (*ecchymose*) et même *qh* (*fiqh*) !

Prescription

La graphie *cqu*

On la trouve dans quelques mots courants : *acquérir, acquiescer, acquitter, grecque, jacquard, jacquerie, jacquet, socque, socquette.*

La graphie *ch*

Elle est présente dans de nombreux mots formés sur des racines grecques : *archaïque, chaos, charisme, chlore, chlorophylle, choléra, chœur, chorale, chorégraphique, chrétien, chromatique, chrysanthème, écho, orchestre, orchidée, psychologie, schizophrène, synchroniser, technologie...*

On la trouve aussi dans d'autres mots, notamment certains emprunts : *aurochs, chianti, fuchsia, krach, lichen, machiavélique, varech...*

La graphie *ck*

Cette graphie se retrouve dans de nombreux mots empruntés, essentiellement à l'anglais : *bifteck, black, blockhaus, bock, check-up, cocker, cockpit, cocktail, come-back, crack* (champion ; drogue)*, cricket* (sport)*, derrick, dock, dreadlocks, flash-back, gimmick, hacker, haddock, hockey, jackpot, jockey, joystick, nickel, nubuck, pack, packaging, paddock, pick-up, knock-out, kopeck, pickles, pickpocket, quick, rack, racket, rock, snack, stick, stock, teckel, ticket...*

La graphie *k*

Le *k* est présent dans plus de sept cents mots français, la plupart empruntés à des langues aussi diverses que l'anglais, l'arabe, l'allemand, le japonais ou le grec. Parmi les plus courants : *ankyloser, anorak, apparatchik, bakchich, basket, bikini, break, bunker, cake, corn-flakes, diktat, fakir, folklore, joker, kaki, kaléidoscope, kamikaze, karaté, karma, kayak, ketchup, képi, kérosène, kidnapper, kilo, kinésithérapeute, kiosque, kir, kiwi, klaxon, kleenex, koala, kyrielle, kyste, look, marketing, moka, moleskine, paprika, parka, parking, patchwork, poker, punk, remake, saké, skate, sketch, ski, steak, sudoku, tank, ukulélé, viking, vodka, whisky, wiki...*

Dans quelques rares mots, le *k* est double : *drakkar, trekking.*

Vaccin BCG (Boostez vos Connaissances en Graphies !)

La graphie *q*

En français le *q* est toujours suivi d'un *u*... ou presque ! Dans *cinq, coq* et dans quelques emprunts, le *q* reste tout seul : *burqa, qat, qatari, qibla, qi gong* (prononcez « tchi cong »).

La graphie *kh*

La séquence *kh* apparaît dans quelques mots empruntés, souvent rares ou techniques : *gymkhana, kazakh, khâgne, khan, khmer, khôl, kolkhoze, sikh, stakhanoviste...*

Traitement

Cochez les phrases bien écrites et corrigez les autres.

❑ Ce psychologue archaïque a offert des orchidées et des crysanthèmes fuschia à sa patiente skizophrène.

❑ Préférez-vous un steack de haddock, du romsteck au ketchup ou un cake au paprika ?

❑ Ce trekking m'a permis de faire un break.

❑ Ce coktail de saké et whisky à la clorophylle est nickel !

❑ Au poker, se sert-on du joker ?

❑ Ces cracks de l'économie n'ont pas vu venir le krac de 2008 et le raket des banques !

❑ Les hackers, moyennant un bakchich de quelques kopecks, se sont aquittés de leur mission.

❑ Malgré leurs anoracks et leurs parkas, ils sont ankylosés par le froid.

❑ Ce vieux schnock m'a attrapé par le colbak.

❑ Une bacchante a été kidnappée par un dieu machiavélique qui souhaite faire son come-back.

Le son [s]

Diagnostic

Cochez les bonnes réponses.

1. abcisse ❏ abscisse ❏

2. absence ❏ abscence ❏

3. ici ❏ içi ❏

4. dicernement ❏ discernement ❏

5. vicissitudes ❏ vissicitudes ❏

Pour qui sont ces serpents qui sifflent sur vos langues ? Le son [s] offre lui aussi quelques graphies pour le moins… piquantes ! Il n'existe pas moins de sept façons de l'écrire : s (*sol*) ; ss (*ressaisir*) ; c (*lacet*) ; ç (*garçon*) ; sc (*science*) ; t (*libération*) ; x (dans *six, dix*).

Prescription

c ou ç ?

Le *c* cédille permet de garder le son [s] et ne se trouve que devant *a, o, u* : *glaçage, glaçon, glaçure.*

Devant *e, i, y*, nul besoin de cédille : *lance, ici, cynisme.*

Soyez donc attentif aux verbes en –*cer* : *je lance, nous lancions/je lançais, nous lançons.*

La graphie *sc*

Un certain nombre de mots contiennent la graphie sc, héritée d'étymons latins, parfois grecs : *abscisse, acquiescer, ascenseur, ascète, concupiscent, conscience, desceller, descendre, discerner, discipline, escient, faisceau fascicule, fasciner, s'immiscer, imputrescible, irascible, lascif, obscène, osciller, piscine, plébiscite, prescience, sceau, scélérat, sceller* (fermer à l'aide d'un sceau), *scénario, scène, sceptique* (qui doute), *sceptre, scie, science, scinder, scintiller, scission, transcender, viscère.*

N'oubliez pas non plus la quarantaine de noms (et les adjectifs correspondants) formés à l'aide du suffixe *-escent* : *adolescence, effervescence, évanescence, phosphorescence...*

PIQÛRE DE RAPPEL

Quelques malheureux mots sont parfois écorchés ! Soyez donc vigilant à l'orthographe de : *absence, ascenseur, nécessaire, quintessence, souriceau, vaciller, verglacer, vermisseau, vicissitudes.*

![pilule] **Traitement**

Pour sortir du labyrinthe, choisissez les 10 formes correctes successives, en entrant par le haut.

← luminessence ↔ ascèse ↔ ascension ↔ iracible ↔ nécessaire →

← scinder ↔ abscence ↔ par-çi par-là ↔ sélérat ↔ osciller →

← s'immiscer ↔ déceller ↔ sintiller ↔ septre ↔ plébiscite →

← concupiscent ↔ verglacé ↔ vaciller ↔ vicissitudes ↔ quintessence →

Quand faut-il mettre un *h* ?

Diagnostic

Cochez les bonnes réponses.

1. hypoténuse ❑   hypothénuse ❑

2. étymologie ❑   éthymologie ❑

3. exortation ❑   exhortation ❑

4. exorbitant ❑   exhorbitant ❑

5. rédibitoire ❑   rédhibitoire ❑

Le *h* est une consonne discrète, voire sournoise : muet ou aspiré, il sait se faire oublier ! Mais vous, vous ne devrez surtout pas l'omettre, sous peine d'être achevé... à coups de *h* !

Prescription

h muet ou aspiré ?

À l'initiale, on trouve le *h* dans plus de mille mots. Il peut être muet ou aspiré : muet, il est seulement une lettre non prononcée (héritée du latin ou du grec) ; il autorise alors la liaison (*des‿hommes*) et l'élision (*l'homme*).

Quand il est aspiré (hérité de mots germaniques, le plus souvent), il n'est toujours pas prononcé, mais il interdit la liaison (*des/haricots*) et l'élision (*le haricot*).

Il conviendra donc de distinguer le *h* muet du *h* aspiré, afin de savoir si vous devez faire la liaison et l'élision, ou non. Certains mots avec *h* aspiré sont à l'origine de liaisons et d'élisions fautives : *je halète, le hamburger, le handicapé, le haricot, il est/hautement improbable, à tout/hasard, le hérisson, le héros* (mais *l'héroïne*), il *est/honteux, c'est/hors de question, je hurle*.

h à l'intérieur des mots

Le *h* peut se trouver à l'intérieur des mots, souvent entre voyelles : *ahaner, ahuri, annihiler, bahut, brouhaha, cacahuète, cahier, cahot, chahut, cohue, cohérent, compréhension, ébahir, envahir, nihilisme, souhait, tohu-bohu, trahir, véhément…*

Il apparaît aussi à côté de consonnes, dans des emprunts aux langues étrangères : *bouddha, fuchsia, menhir, ohm, whisky, yacht…*

Il peut enfin se trouver à l'intérieur d'un mot par le jeu des préfixes ou de la composition :

>> *habiller > déshabiller, rhabiller* ;

>> *habiter > cohabiter, inhabité* ;

>> radical latin *hal-* : *exhaler, inhaler* ;

>> *hériter > déshériter* ;

>> radical latin *hér-/hés-* > *adhérer/adhésion, cohérent/cohésion, inhérent* ;

>> *heur > bonheur, malheur* ;

>> radical latin *hib-* > *inhiber, exhibition, prohiber, rédhibitoire* ;

>> *homme > bonhomme, gentilhomme, prud'homme* ;

>> *honnête > malhonnête, déshonnête* ;

>> *honte > éhonté* ;

>> *horreur > abhorrer* ;

>> *hors > dehors* ;

>> *humain > inhumain, déshumaniser* ;

>> radical latin *hum- : inhumer, exhumer, posthume, transhumance* ;

>> *hydrater > déshydrater, réhydratation* ; etc.

Il sera donc profitable de réfléchir à la formation du mot (quel est le radical, quel est le préfixe ?), avant de l'écrire !

PIQÛRE DE RAPPEL

Certains mots font commettre des erreurs, soit qu'on oublie le *h,* soit qu'on en ajoute un à mauvais escient, soit enfin qu'on le place au mauvais endroit !

Avec *h*		Sans *h*	
dahlia	*inhaler*	*agate* (pierre)	*hypoténuse*
exhaler	*inhérent*	*azimut*	*liturgie*
exhaustif	*léthargie*	*étique* (maigre)	*Neandertal*
exhiber	*posthume*	*étymologie*	*yaourt*
exhorter	*rédhibitoire*	*exalter*	
exhumer	*silhouette*	*exorbitant*	
fuchsia	*stéthoscope*	*exubérant*	

t ou *th* ?

Une pléthore de mots (à commencer par... *pléthore* !) s'écrivent avec la séquence *th* : la plupart sont issus de racines grecques (voir feuille 82) : *anthrop* (homme), *myth* (récit), *ortho* (droit), *path* (sentiment, maladie), *therm* (chaleur), *thérap* (soin), etc.

Parmi les mots les plus courants comprenant *th* : *absinthe, anthracite, asthme, athlète, authentique, cathédrale, catholique, enthousiasme, épithète, éthique* (morale), *éthylique, euthanasie, isthme, labyrinthe, léthargie, marathon, mathématique, menthe, méthane, méthode, plinthe* (saillie), *python, rythme, théâtre, thème, théorie, thon, thorax...*

D'autres mots sont empruntés : *aneth, gothique, luth, mammouth, thé, thriller, zénith...*

Vaccin BCG (Boostez vos Connaissances en Graphies !)

r ou rh ?

La séquence *rh* se trouve dans quelques mots, souvent d'origine grecque : *chlorhydrique, cirrhose, diarrhée, logorrhée, myrrhe, rhésus, rhétorique, rhinite, rhododendron, rhodanien, rhum, rhumatisme, rhume, tyrrhénien...*

ch ou sch ?

Quelques mots, souvent empruntés, contiennent la graphie *sch* (prononcée « ch », parfois « sk » dans certains termes issus du grec) : *kirsch, nietzschéen, putsch, schéma, schisme, schizophrène, schnaps, schuss...*

La graphie gh

Elle apparaît dans quelques emprunts : *afghan, bobsleigh, ghetto, maghrébin, spaghetti...*

Traitement

Cochez les phrases bien écrites et corrigez les autres.

❑ L'homme de Neandertal chassait-il le mammouth tous azimuths ?

❑ Les exhaltantes œuvres postumes de cet auteur m'enthousiasment, mais elles coûtent un prix exhorbitant !

❑ Dalhias, chrysantèmes et rhododendrons exhalaient des parfums douceâtres.

❑ Tous les médecins savent-ils l'étymologie de *stéthoscope* ?

❑ Son psychothérapeute ne le trouve pas assez exhubérant et l'exhorte à ne plus inhiber ses sentiments.

❑ Connais-tu bien ton théorème de Pythagore et ton carré de l'hypoténuse ?

- ❑ Sa logorrhée réthorique mériterait qu'on lui fasse boire de l'acide chlorydrique !

- ❑ J'aborre cette létargie inérente à sa personne : c'est rédibitoire !

- ❑ Rhum, kirsch, schnaps... Attention à l'éthylisme et à la cirrhose !

- ❑ Le surhomme nietzschéen s'oppose-t-il à l'étique ?

Quand faut-il mettre un *y* ?

Diagnostic

Cochez les bonnes réponses.

1. psychanaliste ☐   psychanalyste ☐

2. misogyne ☐   mysogyne ☐

3. sibyllin ☐   sybillin ☐

4. schizophrène ☐   schyzophrène ☐

5. diptyque ☐   dyptique ☐

Le son [i] offre deux graphies possibles en français : *i* et *y*. Le premier est évidemment (et de loin) le plus fréquent. Néanmoins, de nombreux mots contiennent un *y* : il s'agit pour la plupart de termes forgés sur des racines grecques ou d'emprunts à l'anglais.

Prescription

Mots contenant un *y*

Ils sont des milliers ! Souvent, ils proviennent de racines grecques : *crypt-* (caché), *cyber-* (pilote), *dys-* (difficulté), *gyn-* (femme), *hydr-* (eau), *hyper-* (au-dessus), *hypo-* (en dessous), *poly-* (nombreux), *psych-* (âme), *syn-* (avec), etc. (voir feuille 82).

Parmi les mots courants, notez : *abysse, acolyte, amygdale, apocalypse, baryton, borborygme, coccyx, cycle, cygne, cyprès, ecchymose, égyptien, embryon, enzyme, éthylique, étymologie, eucalyptus, gymnastique, gyrophare, Hippolyte, hyène, hymne, hypnose, hystérie, kyrielle, kyste, lacrymal, larynx, lycée, lynx, lyrisme, martyr, mygale, myope, myriade, myrtille, mystère, odyssée, olympique, oxygène, papyrus, paralyser, paroxysme, presbyte, psychanalyse, pylône, pyramide, python, un satyre* (divinité champêtre ; obsédé sexuel), *système, thym, tympan, tyran…*

Parmi les emprunts, la plupart à l'anglais : *boycott, copyright, geyser, gymkhana, pyjama, rallye…*

En fin de mot : *baggy, body, chantilly, cosy, cow-boy, country, dandy, fair-play, ferry, gay, grizzly, groggy, hobby, hockey, jersey, jockey, jury, lady, lobby, nursery, penalty, poney, rugby, sexy, smiley…*

Vaccin BCG (Boostez vos Connaissances en Graphies !)

Mots sans *y*

Quelques mots sont victimes d'erreurs persistantes… Pourtant nul besoin d'aller les compliquer d'un y : *algorithme, antinomie, arithmétique, cirrhose, hippodrome, logarithme, miasme, misanthrope, misogyne, philosophie, saphir, une satire* (critique), *schizophrène, sphinx…*

I et *y*… Dans quel ordre ?

Les doutes les plus prégnants concernent les mots alternant le *i* et le *y*…

S'écrivent *i + y* : *amphitryon, bicyclette, callipyge, dionysiaque, diptyque, dissymétrie, dithyrambe, idylle, Libye, misogyne, sibyllin, Sisyphe, triptyque, vinyle.*

S'écrivent *y + i* : *amaryllis, antonymie, asphyxie, cylindre, cynique, cystite, hybride, hygiène, labyrinthe, myosotis, panégyrique, syphilis, Syrie, Walkyrie.*

Les redoutables

Accrochez-vous à votre stylo (avec un y !) pour orthographier les monstres suivants : *acétylsalicylique, chrysobéryl, ithyphallique, tomber de Charybde en Scylla, strychnine, syzygie.*

Traitement

I ou *y* ? Faites le bon choix !

1. Sur ce pol…pt…que, admirez un sat…re et S…s…phe harcelant des n…mphes call…p…ges.

2. En Ég...pte, en S...r...e ou en L...b...e, partout le même mart...re : le c...cle de la violence conduit l'homme au bord de l'apocal...pt...que ab...sse ! De quoi devenir m...santhrope !

3. Mon ps...chanal...ste est lui-même h...stér...que et sch...zophrène : une vraie ant...nom...e !

4. H...ppol...te vit une parfaite ...d...lle avec une l...céenne sex... rencontrée dans un c...bercafé.

5. Ce ph...losophe sat...r...ste et c...n...que a eu droit à tous les panég...r...ques et les d...th...rambes possibles.

6. Lors de son od...ssée, Ulysse est vraiment allé de Char...bde en Sc...lla !

7. Une k...rielle d'ecch...moses et une fracture du cocc...x : cet acrobate et ses acol...tes en ont plein le dos !

8. Dans Paris, à b...c...clette, on fait de la g...mnastique, mais on asph...xie !

9. Les m...opes, les presb...tes et les h...permétropes doivent ménager leurs montures !

10. Tel Œdipe, avez-vous résolu, les lab...r...nthiques et s...b...llines énigmes du Sph...nx ? Pourtant, ça crève les yeux !

Les racines grecques

Diagnostic

Cochez les bonnes réponses.

1. acronyme ☐ accronyme ☐

2. ornitorhynque ☐ ornithorynque ☐

3. dislexique ☐ dyslexique ☐

4. hippopotame ☐ hypopotame ☐

5. miopathie ☐ myopathie ☐

Le lexique français est issu à plus de 80 % du latin ; mais, dès la Renaissance et surtout à partir du XIXe siècle, avec l'essor des sciences, de la médecine et de la technique, des milliers de mots ont été formés sur des racines grecques... dont l'orthographe n'est pas des plus aisées !

Prescription

Connaître quelques racines grecques, c'est vous permettre de mieux décomposer les mots, d'en reconnaître les éléments et donc, *in fine*, de mieux les écrire ! Parmi les centaines d'éléments employés pour créer de nouveaux mots, voici ceux qui occasionnent le plus d'erreurs (notamment à cause du *h* et du *y*) :

Racine	Sens	Exemples
acro-	haut	*acropole, acrostiche*
all(o)-	autre	*allergie, allogène*
amphi-	des deux côtés	*amphithéâtre*
-anth(o)-	fleur	*chrysanthème, anthologie*

Racine	Sens	Exemples
anthropo-, -anthrop(i)e	être humain	anthropologie, misanthrope
arch(éo)-	ancien	archéologie, archaïsme
céphalo-, -céphal(i)e	tête	céphalopode, hydrocéphalie
chir(o)-	main	chirurgien, chiromancie
chlor-	vert	chlore, chlorophylle
chromato-, chromo-, -chrom(i)e	couleur	polychrome, chromosome
chrono-, -chrone	temps	chronologie, synchrone
cinéma(to)-, kiné-	mouvement	cinématographe, kinésithérapie
cryo-	froid	cryogénique
crypto-	caché	cryptologie
cyber-	pilote	cybernétique
cyclo-, -cycle	cercle	cyclope, hémicycle
cyno-	chien	cynophile
cyto-, -cyte	cellule	cytoplasme, leucocyte
dactylo-, -dactyle	doigt	dactylographie, ptérodactyle
dynam(o)-	force	dynamomètre
dys-	difficulté	dyslexie, dyspepsie
-glotte, -gloss(i)e	langue	polyglotte, glossolalie
glyc(o)-, gluc-	doux, sucré	glycémie, glucide
-gramme	lettre	calligramme, kilogramme
grapho-, -graph(i)e	écriture	graphologie, chorégraphie
gynéco-, -gyne	femme	gynécologie, misogyne
hélio-	soleil	héliothérapie
hém(at)o-, -émie	sang	hématocrite, hémorragie
hémi-	demi	hémisphère
hétéro-	autre	hétérogène
hiéro-	sacré	hiéroglyphe
hipp(o)-	cheval	hippopotame
hom(é)o-	semblable	homéopathie, homosexuel
hydr(o)-	eau	hydrogène, chlorhydrique
hyper-	au-dessus	hyperbole
hypo-	sous	hypothèse
-iatr(i)e	médecin	hippiatre, pédiatrie
litho-, -lithe	pierre	mégalithe

Racine	Sens	Exemples
-lyse	dissolution	électrolyse
mis(o)-	qui déteste	misogyne, misanthrope
mono-	seul	monolithe
morpho-, -morphe	forme	morphologie, zoomorphe
myo-	muscle	myocarde
mytho-	récit	mythomanie
-onym(i)e	nom	patronyme
ophtalmo-	œil	ophtalmologie
ornitho-	oiseau	ornithorynque
ortho-	droit	orthographe
ot(o)-	oreille	otite
oxy-	aigu, acide	oxygène
patho-, -path(i)e	maladie	pathologie, psychopathie
phago-, -phag(i)e	manger	anthropophage
phil(o)-, -phil(i)e	qui aime	philosophie, francophile
phono-, -phon(i)e	son, voix	phonographe, anglophone
-phob(i)e	crainte	xénophobie
-phore	qui porte	doryphore
photo-	lumière	photographie
physio-	nature	physionomie
poly-	nombreux	polygone
psych(o)-	esprit, âme	psychanalyse
pyro-	feu	pyromane
-rrhée	couler	logorrhée
rhino-	nez	rhinoplastie
syn-	ensemble	synchroniser, symphonie, syllabe
tachy-	rapide	tachycardie
techno-, -technie, -technique	art, science	technologie, pyrotechnie
thé(o)-,	dieu	polythéisme, théocratie
-thérapie	traitement	hydrothérapie
thermo-, -therm(i)e	chaleur	thermomètre, géothermie
typo-, -typ(i)e	caractère	typographie, archétype
xylo-	bois	xylophone

Traitement

**Trouverez-vous les mots se cachant derrière ces charades...
et saurez-vous les orthographier ?**

1. Mon 1er dure 12 mois. Mon 2e est excessif. Mon 3e
    est un fleuve italien. Mon 4e vaut 3,14. Mon 5e est un
    bois. Mon tout est une insulte du capitaine Haddock :
    ....

2. Mon 1er vote. Mon 2e est utile au père Noël. Mon 3e se
    promène sans but. Mon 4e est aux pommes. Mon tout
    soigne avec des rayons : ....

3. Mon 1er est une pile. Mon 2e est une lettre grecque.
    Mon 3e, c'est placer. Mon tout compte les tours :
    ....

4. Mon 1er ferme. Mon 2e entraîne un renvoi. Mon 3e peut
    être de fer ou à plomb. Mon tout nous met au vert :
    ....

5. Mon 1er est ainsi. Mon 2e est partagé. Mon 3e est sous
    la croûte. Mon tout alterne euphorie et mélancolie :
    ....

Ces mots qu'on déforme

Diagnostic

Cochez les bonnes réponses.

1. Il est fruste. ❏   Il est frustre. ❏

2. ect. ❏   etc. ❏

3. antédiluvien ❏   antidiluvien ❏

4. orthodentiste ❏   orthodontiste ❏

5. rémunération ❏   rénumération ❏

Il y a les mots que l'on orthographie mal et il y a – pis encore ? – ceux que l'on meurtrit et mutile dans leur forme sonore même, en déplaçant un de leurs membres, voire en les en amputant ! Petit tour d'horizon de ces « gueules cassées » du lexique et de la conjugaison...

Prescription

Les mots mal prononcés

Mots	Ne dites pas...	Dites plutôt...
abasourdi	« abassourdi »	« abazourdi »
carrousel	« carroussel »	« carouzel »
commissariat, secrétariat	« commissairiat » « secrétairiat »	« commissariat » « secrétariat »
coût	« coûte »	« cou »
damné	« damné »	« dané »
dégingandé	« déguingandé »	« déjingandé »

Mots	Ne dites pas...	Dites plutôt...
dompter	« dompter »	« donter »
Œdipe	« eudipe »	« édipe »
etc., et cætera, et cetera	« èk sétéra »	« èt sétéra »
gageure	« gajeure »	« gajure »
(la) gent	« gente »	« gens »
journalisme, communisme	« journalizme », « communizme »	« journalissme », « communissme »
krach	« crache »	« crac »
mentor	« mantor »	« mintor »
(les) mœurs	« meurse »	« meur »
opprobre	« opprobe »	« opprobre »
(les) os	« osse »	« ô »
sculpter	« sculpter »	« sculter »
taon	« ton »	« tant »
tranquille	« tranquiye » (comme fille)	« tranquile » (comme file)
zinc	« zink »	« zing »

Les mots écorchés

Ne dites pas...	Dites plutôt...
aréoport	aéroport
antidiluvien	antédiluvien
un astérix	un astérisque
comme même	quand même
Son comportement dénote	Son comportement détonne
dilemne	dilemme
infractus	infarctus
maline	maligne
mémotechnique	mnémotechnique
omnibuler, omnubiler	obnubiler
orthodentiste	orthodontiste
rénumérer	rémunérer

Les conjugaisons aussi !

Ne dites pas...	Dites plutôt...
Assis-toi !	Assieds-toi !
Elle bouera Il faut qu'elle boue	Elle bouillira Il faut qu'elle bouille
Ils croivent	Ils croient
Donne-moi-z'en !	Donne-m'en !
Parle-moi pas !	Ne me parle pas !
Je vous serais gré	Je vous saurais gré
Ils voyent	Ils voient

Vaccin BCG (Boostez vos Connaissances en Graphies !)

Ne dites pas...	Dites plutôt...
arborigène	aborigène
aéropage	aréopage (du dieu Arès)
carapaçonner	caparaçonner
disgression	digression
filigramme	filigrane
Il est frustre	Il est fruste
périgrination	pérégrination
rassénérer	rasséréner

Traitement

Cochez les phrases correctes et corrigez les autres.

❏ Cet adolescent est omnibulé par ses bagues et a une dent contre son orthodontiste.

❏ Dis-moi quand même pas que tu la trouves très maline !

❏ Assis-toi là et calme-toi, si tu ne veux pas risquer l'infractus !

❏ Ses réactions dénotent des manières un peu frustes.

- Cet aéropage de technocrates jette l'opprobe sur les petites gens.

- Ils ne voyent pas plus loin que le bout de leur nez et croivent pourtant avoir du flair !

- « Rendez-vous à l'aréoport de Nice ! Et je vous serais gré d'être à l'heure ! » lança Sarah.

- Si tu connais des trucs mémotechniques, dis-m'en quelques-uns.

- Avoir une profession qu'on aime mais peu payée, ou un emploi qui déplaît mais bien rénuméré ? Cruel dilemne !

- Plonges-y pas les spaghettis tout de suite ! Attends que l'eau boue !

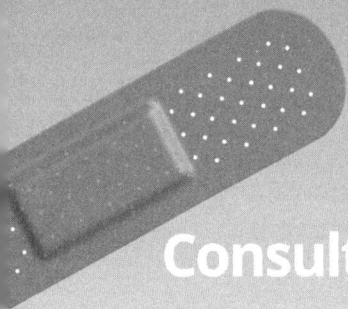

Consultation

5

Prévenez les signes de maladies !

Ce sont de tout petits signes... mais ô combien symptomatiques de notre langue : ils en soulignent à la fois la longue histoire et à la fois mettent en lumière ses irrégularités, ses bizarreries, ses excentricités... Alors, qu'il soit aigu, grave ou circonflexe, ne perdez pas votre accent !

Les accents aigu et grave

Diagnostic

Cochez les bonnes réponses.

1. je furéte ❑   je furète ❑

2. exception ❑   éxception ❑

3. terrestre ❑   terrèstre ❑

4. rebellion ❑   rébellion ❑

5. extrêmité ❑   extrémité ❑

Les accents aigu et grave sont les plus fréquents en français... mais leur usage fut dès leur création assez chaotique ! Et si l'orthographe contemporaine a largement toiletté tout cela, il demeure encore de jolies bizarreries passées entre les mailles du filet des siècles...

Prescription

L'accent aigu

L'accent aigu se place sur le *e* pour marquer un [e] fermé : *clé, éléphant, intéressant...*

(On le trouve parfois sur d'autres voyelles, dans des noms propres étrangers : *Salvador Dalí, Reykjavík, Málaga, Joan Miró...*)

L'accent grave

L'accent grave se place sur le *e* pour marquer un [ɛ] ouvert : *je harcèle, père, scène...*

On le trouve aussi sur le *a* et le *u* pour distinguer les homonymes grammaticaux : *a* (avoir)/*à* (préposition) ; *là* (adverbe)/*la* (article) ; *ou* (conjonction de coordination)/*où* (adverbe, pronom relatif) ; *ça* (pronom démonstratif)/*çà* (adverbe).

Il est présent aussi sur le *a* dans les mots : *déjà, holà, voilà*.

Le *è* se trouve :

>> à l'intérieur d'un mot, souvent devant une syllabe contenant un *e* muet : *père, lèvre, sévèrement...* ;

>> en finale, devant un *s* non pluriel : *après, dès, excès, exprès, très...*

Pas d'accent !

On ne met pas d'accent (ni aigu, ni grave) :

>> devant une consonne finale (sauf *s*) ou un groupe de consonnes finales : *biceps, clef, correct, effet, nez, quel...* ;

>> devant une consonne double, un *x* ou un groupe de consonnes : *essence, excellent, ferroviaire ; exercice, lexique ; adolescence, esprit, fertile, grecque, restaurant...*

Bizarreries

L'introduction des accents dans notre langue fut quelque peu anarchique et notre orthographe, très conservatrice, a gardé des traces de ce chaos originel... et original !

Du grave à l'aigu

Quelques termes font figure de bizarreries (en cours de « régularisation » dans les dictionnaires actuels), car ils ne portent pas forcément le même accent que d'autres mots de la même famille : *crème/crémerie ; règlement/réglementaire, réglementation, réglementaire ; sèche/sécher, sécheresse...*

Ajout de l'accent aigu

Certains mots préfixés se voient parés d'un accent aigu qui ne figure pas dans le mot de base : *rebelle/rébellion ; reclus/réclusion ; remède/irrémédiable ; reproche/irréprochable ; reverser/réversion ; tenace/ténacité...*

Vaccin BCG (Boostez vos Connaissances en Graphies !)

Certains mots sont parfois soumis à une valse des accents... qui donne le tournis ! Ne vous trompez donc pas sur les termes suivants :

Avec accent aigu	Sans accent
cam**é**scope, d**é**stabiliser, d**é**stocker, d**é**stresser, d**é**structurer, extr**é**mité, lis**é**ré, p**é**réquation, s**é**créter, tél**é**spectateur, t**é**nacité, v**é**nerie...	c**e**dex, c**é**leri, di**e**sel, f**é**erique, g**e**nèse, précoc**e**ment, pr**e**science, tél**e**scope, vil**e**nie
	Latinismes : **a** fortiori, **a** posteriori, **a** priori, **e**go, cr**e**do, plac**e**bo, r**e**quiem, v**e**to...
	Parmi les noms propres : Georges Cl**e**menceau, Detroit, Guatemala, Kenya, Nigeria, Georges Perec, la Saint-Barthél**e**my, V**e**nezuela

Certains verbes hésitent : *assener/asséner* ; *gangrener/gangréner* ; *receler/recéler* ; *refréner/réfréner* ; *repartir/répartir* (« répliquer »)...

Traitement

Dans les couples suivants, ajoutez les bons accents... quand c'est nécessaire !

1. camescope – telescope.

2. destruction – destructurer.

3. a priori – a posteriori.

4. tenace – tenacite.

5. esperer – esperance.

6. respect – respectueusement.

7. reglement – reglementaire.

8. sechement – secheresse.

9. experience – expertise.

10. Georges Clemenceau – Georges Perec.

L'accent circonflexe

Diagnostic

Cochez les bonnes réponses.

1. Il a payé son du. ❑   Il a payé son dû. ❑

2. un psychiatre ❑   un psychiâtre ❑

3. assidument ❑   assidûment ❑

4. être à jeun ❑   être à jeûn ❑

5. un péché mignon ❑   un pêché mignon ❑

Cet élégant chapeau coiffant les *a, e, i, o, u* d'environ 2 000 mots est un attribut emblématique du français, qui cristallise toutes les luttes orthographiques : signe récent (il ne fut entériné qu'en 1740 par l'Académie française), il est porteur, à la fois de l'histoire millénaire de notre langue – il renvoie à son origine latine –, et à la fois de ses aléas innombrables...

Prescription

Emplois grammaticaux

L'accent circonflexe apparaît :

>> à la 3e personne du singulier des verbes en *-aître, -oître*, du verbe *clore* et du verbe *plaire* et ses composés : *il paraît, il naît, il accroît, il clôt, il plaît* ;

>> aux 1re et 2e personnes du pluriel du passé simple : *nous soignâmes, nous guérîmes, nous lûmes* ; *vous parlâtes, vous dîtes, vous mourûtes* ;

>> à la 3e personne du singulier du subjonctif imparfait : *qu'il soignât, qu'il guérît, qu'il fût, qu'il mît*. Il permet alors de le distinguer du passé simple ;

>> au participe passé masculin singulier de cinq verbes : *crû, dû, mû, recrû, redû.*

Emplois lexicaux

L'accent circonflexe se trouve :

>> sur l'*a* du suffixe péjoratif *-âtre* : *bellâtre, blanchâtre, douceâtre, verdâtre...* ;

>> dans des mots qui ont perdu une lettre, la plupart du temps un *s* : *âpre* (aspérité), *bête* (bestial), *hôpital* (hospitalité)... ;

>> sur des voyelles dont l'accent circonflexe a pu jadis marquer l'allongement ou la fermeture : *âge, drôle, hêtre...* ;

>> sur quelques adverbes en *-ûment* : *assidûment, continûment, crûment, dûment, goulûment, incongrûment, indûment, nûment.*

Circonflexe et homonymie

L'accent circonflexe permet aussi de distinguer des homonymes :

Avec accent circonflexe	Sans accent circonflexe
âcre (piquant)	*une acre* (unité de mesure agraire)
une boîte (récipient)	*il boite* (il claudique)
une châsse (reliquaire)	*une chasse* (poursuite)
un côlon (intestin)	*un colon* (pionnier)
une côte (relief)	*une cote* (mesure ; cotation en Bourse)
le faîte (sommet)	*faite* (participe de *faire*)
une forêt (bois)	*un foret* (outil)
une gêne (malaise)	*un gène* (en génétique)
hâler (brunir)	*haler* (tirer)
un jeûne (privation de nourriture)	*un jeune*
un mât (sur un bateau)	*mat* (bronzé ; échec et mat)
un mâtin (chien)	*un matin* (partie de la journée)
mâture (ensemble des mâts)	*mature* (mûr)
mûr (mature)	*un mur* (paroi)
le nôtre, le vôtre (pronom possessif)	*notre, votre* (déterminant possessif)
pâle (blanc)	*une pale* (d'une hélice)
pêcher (du poisson)	*pécher* (commettre un péché)

Avec accent circonflexe	Sans accent circonflexe
un prêteur (personne qui prête)	*un préteur* (magistrat romain)
un rôt (rôti)	*un rot* (renvoi)
sûr (certain)	*sur* (au-dessus ; aigre)
une tâche (travail)	*une tache* (salissure)

Vaccin BCG (Boostez Circonflexe et Graphies !)

Pas d'accent !

Quelques mots ont tendance à se voir indûment coiffer d'un chapeau : *bateau, bramer, boiter, chalet, chapitre, chèvre, cime, cyclone, faner, flèche, égout, goitre, havre, racler, syndrome...*

Perdez l'accent !

Certains mots de la même famille portent un accent circonflexe, d'autres non ; ces derniers sont en général dérivés au moyen d'un suffixe, qui fait perdre le circonflexe :

Avec accent circonflexe	Sans accent circonflexe
âcre, âcreté	*acrimonie, acrimonieux*
arôme	*aromate, aromatiser*
binôme, polynôme	*binomial, polynomial*
câble	*encablure*
cône	*conifère, conique*
côte	*coteau*
crâne, crâner, crâneur	*craniologie*
diplôme	*diplomate, diplomatique*
drôle	*drolatique*
enjôler	*cajoler*
fantôme	*fantomatique*
fût, affûter, raffûter	*futaie, futaille, raffut* + *futé* (qui n'est pas réellement de la même famille)
grâce, disgrâce	*gracier, gracieux, disgracieux, gracile*

Avec accent circonflexe	Sans accent circonflexe
infâme	*infamie, infamant, malfamé, diffamation*
jeûne	*à jeun, déjeuner*
pôle	*polaire*
râteau, râteler, râtelier	*ratisser*
sûr, sûreté	*assurer, assurance*
tâter, tâtonner	*tatillon*
trône, détrôner	*introniser*

Changez d'accent !

Certaines familles changent d'accent selon les mots : *bête/bétail* ; *crêpe, crêpage/crépir, crépon, crépu* ; *extrême/extrémité* ; *mêler/mélange* ; *suprême/suprématie* ; *tempête/tempétueux*...

La réforme de 1990 autorise la suppression du circonflexe sur le *i* et le *o* (*ile, bruler*), sauf quand il permet de distinguer des homonymes (*sur/sûr*).

Traitement

1. Ajoutez un accent circonflexe quand c'est nécessaire.

1. Ce pédiatre bellatre a la cote et plait encore, malgré son age.
2. Pour réaliser dument ses taches, il se montre tatillon à l'extreme.
3. Il est surement assez futé pour nous cajoler de mots doux et drolatiques.
4. Ce craneur enjoleur a atteint la cime, le faite, le degré supreme de l'infamie !
5. Jeunez-vous au déjeuner comme au diner ?

2. Pour chaque mot, trouvez un terme dérivé faisant apparaître le *s* qui a disparu.

1. croûte >..
2. maître >..
3. août >..
4. mâle >..
5. île >..

Le tréma

Diagnostic

Cochez les bonnes réponses.

1.	goéland ❑		goëland ❑	
2.	aigüe ❑		aiguë ❑	
3.	moelle ❑		moëlle ❑	
4.	pléiade ❑		pléïade ❑	
5.	canoé ❑		canoë ❑	

Ces deux petits points concernent plus de mille mots ; ils se placent sur une voyelle et indiquent qu'il faut la prononcer séparément de la voyelle précédente. Mais le tréma ne se trouve pas toujours – tant s'en faut ! – là où on l'attendrait...

Prescription

Le tréma se trouve essentiellement sur le *e* et le *i*.

Principaux mots avec *ë* : *canoë, Israël, Noël.*

Principaux mots avec *ï* : *aïe, aïeul, archaïque, baïonnette, caïd, caïman, Caïn, cocaïne, coïncidence, égoïste, faïence, haïr, héroïne, haïr* (passé simple : *je haïs*), *Haïti, inouï, Koweït, laïc, laïus, maïs, naïf,* le suffixe *–oïde* (*astéroïde, bizarroïde, hémorroïde...*), *ouïe, païen, paranoïa, prosaïque, skaï, stoïque, tabloïd, Thaïlande, Zaïre.*

329

-guë ou -güe ?

Le tréma se trouve toujours sur la seconde voyelle ; le féminin des adjectifs en –gu (et quelques mots plus rares) doit donc porter le tréma sur le e final, et non sur le u : aiguë, ambiguë, contiguë, exiguë ; ciguë.

Quant aux noms dérivés en gu-, ils prennent un ï : ambiguïté, contiguïté, exiguïté (mais acuité).

PIQÛRE DE RAPPEL

Vous serez sans doute incité à placer un tréma sur certains mots assez tentants.... Gardez-vous-en ! En effet, ceux-ci présentent à la place une voyelle toute nue ou un accent. Parmi ces mots : coefficient, gageure, goéland, je hais, moelle, poème, poète, poêle, séquoia, troène...

Quelques noms propres piégeux : Groenland, Daniel Defoe, Gutenberg, Nuremberg, Edgar Poe, Saigon, Ushuaia.

On ne met jamais de tréma non plus sur la séquence -ei- : absentéisme, homogénéité, pléiade, polythéiste, Pompéi, séisme...

D'autre part, certains dérivés de mots à tréma par suffixation perdent ce tréma au profit d'un accent : canoë > canoéiste, Israël > Israélien...

Vaccin BCG (Boostez vos Connaissances en Graphies !)

a, o, u : mise aux points !

Le tréma se trouve aussi sur des voyelles plus inattendues, dans des mots empruntés :

>> sur le a : bäckeofe, Länder (pluriel de Land) ;

>> sur le o : angström, maelström, röntgen, rösti ;

>> sur le u : capharnaüm, Ésaü, Emmaüs, Saül ;

>> et même sur le y, dans quelques noms propres : Aÿ, L'Haÿ-les-Roses, Pierre Louÿs.

Traitement

Choisissez la bonne réponse.

1. Ce *poète/poëte* exprime ses sentiments non sans *ambiguité/ ambiguïté.*

2. Par *Poséidon/Poséïdon* et *Héphaistos/Héphaïstos*, était-il nécessaire de condamner Socrate à boire la *cigüe/ciguë* ?

3. Ce *canoëiste/canoéiste paranoiaque/paranoïaque* vous mène en bateau !

4. Faire cuire un *goéland/goëland* à la *poêle/poële*, c'est une *gageure/gageüre* pour le moins *bizarroide/bizarroïde* !

5. Cette *héroine/héroïne naive/naïve* entretient une relation *ambigüe/ambiguë* avec un *cocainomane/cocaïnomane égoiste/ égoïste* droit issu d'une nouvelle d'Edgar *Poe/Poë* !

TRAIT TRÈS EN FORME !

Le trait d'union

Diagnostic

Cochez les bonnes réponses.

1. Donne-le leur. ❑   Donne-le-leur. ❑

2. Je suis quasi convaincu. ❑   Je suis quasi-convaincu. ❑

3. le martyre de   le martyre de
   sainte Blandine ❑   Sainte-Blandine ❑

4. deux cent vingt et un ❑   deux-cent-vingt-et-un ❑

5. quatre vingt dix huit ❑   quatre-vingt-dix-huit ❑

Ce petit signe, en apparence si dérisoire, a donné des sueurs froides à plus d'un ! En effet, si ses emplois grammaticaux sont clairement fixés, ses apparitions dans le lexique – essentiellement dans les noms composés – sont joyeusement anarchiques !

Prescription

Emplois grammaticaux

Le trait d'union intervient :

» Entre le verbe et le pronom personnel sujet inversé : *puis-je, est-ce, serait-ce, soigné-je*. Le *t* « euphonique » se voit cerné par les traits d'union : *y a-t-il, va-t-on, danse-t-elle, vainc-t-il* ?

» Entre le verbe à l'impératif et le pronom personnel et/ou les pronoms *y, en* : *parle-moi, appelons-le, écris-leur, vas-y, prends-en*. Avec plusieurs pronoms : *parle-lui-en, donnez-m'en, dites-le-nous, asseyons-nous-y...*

» Entre *même* et le pronom personnel : *moi-même, elle-même, eux-mêmes, soi-même...*

> » entre le nom (ou pronom) et les particules (*ci* et *là*) : *ce livre-ci, cette règle-là, ces gens-là, celle-ci, ceux-là*... Mais si l'on ajoute un complément du nom, le trait d'union disparaît : *cette règle de grammaire là.*

Le trait d'union dans les nombres

Avant que la réforme de l'orthographe ne vînt engendrer des monstres graphiques en généralisant le trait d'union, la règle était simple, belle et bonne ! En effet, on n'utilise le trait d'union qu'à deux conditions :

> » les deux numéraux doivent être inférieurs à cent ;

> » ils ne doivent pas déjà comporter la marque d'unité *et* : *trente-trois, quatre-vingt-dix-sept/deux cent dix, quatre mille six cent quinze, soixante et un...*

Le trait d'union dans les noms composés

Emploi le plus fameux du trait d'union, les noms composés n'obéissent à aucune règle fixe : certains sont soudés (*gendarme, pissenlit, portefeuille, vinaigre*), d'autres simplement disjoints (*court métrage, hôtel de ville, pomme de terre* ou... *trait d'union* !), les autres enfin s'écrivent avec un trait d'union (*coffre-fort, porte-avions, sauve-qui-peut, sot-l'y-laisse*)... Mais rien ne justifie – sinon l'usage, pour le moins capricieux – que *coffre-fort* ou *faux-semblant* prennent un trait d'union, quand *château fort* ou *faux pas* en sont privés !

Et même si les dictionnaires récents tendent à régulariser cette situation en soudant de plus en plus de mots, force est de constater qu'il n'existe aucune règle logique qui détermine l'emploi du trait d'union...

Vaccin BCG (Boostez vos Connaissances en Graphies !)

Dedans, dessous...

Les locutions composées de *deçà, delà, dedans, dehors, dessus, dessous, devant, derrière* et des prépositions *au* et *par* prennent un trait d'union : *au-delà, au-dedans, au-dehors, au-dessus, par-dessous, au-devant, par-derrière, par-delà.*

Pas de trait d'union en revanche après les prépositions *en, de, du* : *en deçà, en dedans, en dessus, en dessous, de devant, du dessus.*

Contre et *entre*

Aucune situation plus chaotique que celle des composés sur *entre* et *contre* ! Chaque mot gagne à être vérifié dans les dictionnaires (qui ne sont pas toujours d'accord entre eux !)... Néanmoins, les choses semblent peu à peu se régulariser : de plus en plus de mots sont en effet soudés, de sorte que les deux orthographes sont souvent tolérées (*contre-choc/ contrechoc ; entre-temps/entretemps*). Néanmoins, retenez parmi les plus courants :

Avec trait d'union		Soudé	
Contre-	Entre-	Contre	Entr(e)
contre-attaque	entre-deux-guerres	contrebalancer	entracte
contre-courant		contrebande	s'entraider
contre-emploi	entre-soi	en contrebas	entrebâiller
contre-indication		contrebasse	entrechoquer
contre-jour		contrecarrer	entrecuisse
à contre-poil		à contrecœur	entrefilet
contre-pouvoir		contrecoup	entrejambe
contre-visite...		contredire	entrelacer
		contrefaçon	entremêler
		contrepartie	entreposer
		contrepoids	entrevoir...
		contresens	
		contretemps...	

Quasi

Le trait d'union ne s'emploie qu'entre *quasi* et un nom : *la quasi-totalité, un quasi-délit.*

Ailleurs, on ne met pas de trait d'union : *il est quasi mort de soif, quasi personne.*

Saint

Le trait d'union (et la majuscule) relie *Saint* au nom, lorsque l'ensemble désigne une fête (*la Saint-Valentin*), une institution (*l'école Sainte-Marie, l'église Saint-Antoine*). En revanche, si l'on parle du personnage, pas de trait d'union (ni de majuscule) : *saint Valentin, saint Antoine...*

Adverbes et prépositions

On trouve le trait d'union dans quelques locutions : *peut-être, sur-le-champ, avant-hier, après-demain, avant-guerre, après-guerre, à tire-d'aile, à vau-l'eau, vis-à-vis, à brûle-pourpoint...*

Mais pour la plupart, on ne met pas de trait d'union : *en face de, afin de, en dépit de, à qui mieux mieux, tout à coup, tout à fait, docteur ès lettres...*

PIQÛRE DE RAPPEL

Certaines locutions figées prennent un trait d'union, d'autres non...

Avec trait d'union	Sans trait d'union
de-ci de-là	*par là*
par-ci par-là	*de là*
jusque-là	*d'ici là*
là-bas, là-haut	*çà et là*
là-dedans	*deçà delà*
là-dessous, là-dessus	
ci-après, ci-contre, ci-dessous, ci-dessus, ci-devant, ci-gît, ci-joint	
ici-bas	

Traitement

Ajoutez des traits d'union à bon escient.

1. La quasi totalité de ces amoureux là seront ils encore ensemble pour la Saint Valentin ?

2. Jusque là, les résultats quasi parfaits de nos trois cent cinquante cinq élèves sont tout à fait au delà de nos espérances !

3. Ils n'ont peut être pas pu assister eux mêmes au cours d'avant hier, donc résume le leur sur le champ.

4. Si vous allez par là, vous courez au devant de difficultés quasi certaines.

5. Y a t il encore un contre temps ou va t on enfin entre voir le bout du tunnel ?

Les majuscules

Diagnostic

Cochez les bonnes réponses.

1. L'allemand est une langue difficile. ❑
   L'Allemand est une langue difficile. ❑

2. les coutumes françaises ❑
   les coutumes Françaises ❑

3. l'Europe de l'est ❑
   l'Europe de l'Est ❑

4. la Mer rouge ❑
   la mer Rouge ❑

5. un ovni ❑
   un OVNI ❑

Les majuscules (ou capitales) nous font tous souffrir... et nous le leur rendons bien, tant notre usage se révèle aléatoire, tantôt inexistant, tantôt omniprésent... Et si parfois les règles qui les régissent ne sont pas des plus limpides, il existe néanmoins quelques remèdes de base pour soigner sa majusculophobie ou sa majusculomanie !

Prescription

Après une ponctuation forte

La majuscule est obligatoire en début de phrase, après une ponctuation forte : point, point d'exclamation, point d'interrogation, points de suspension, ainsi que les deux-points lorsqu'ils introduisent des paroles exprimées directement.

Par tradition, on met aussi une majuscule au début de chaque vers d'un poème (ou d'une pièce de théâtre en vers), quelle que soit la ponctuation :

« **T**out reposait dans Ur et dans Jérimadeth ;

Les astres émaillaient le ciel profond et sombre ;

Le croissant fin et clair parmi ces fleurs de l'ombre

Brillait à l'occident, et Ruth se demandait, [...] »

(Victor Hugo, « Booz endormi »)

Dans les noms propres

Les noms commencent par une majuscule quand ils sont dits « propres » ; ils désignent alors :

>> des personnes, des familles, des pays, des régions, des villes : *Gonzague, Napoléon, Émile Zola, les Tudors, l'Allemagne, les Hauts-de-France*....

>> les points cardinaux, quand ils se réfèrent à une région précise ou à leur population : *le département du Nord, l'Europe de l'Est* ; mais : *il voyage vers le nord, l'est des États-Unis*...

>> des institutions, des fêtes, des événements historiques notables : *l'Assemblée nationale, l'Organisation des nations unies, la Bourse, le ministère des Finances, la Révolution française, Mai 68, le 11-Septembre* (2001), *l'Ascension, le jour de l'An, l'Église* (institution ecclésiastique), *l'État* (institution étatique ; pays)...

Vaccin BCG (Boostez vos Capitales et Graphies !)

Certains emplois plus subtils nécessiteront toute votre vigilance.

Majuscule

On utilise la majuscule :

>> dans les surnoms historiques : *l'Incorruptible* (Robespierre), *le Roi-Soleil* (Louis XIV), *le Tigre* (Clemenceau), *le Grand Timonier* (Mao Zedong), etc. ;

>> dans les noms des étoiles, des planètes, des constellations, uniquement dans le lexique des astronomes : *la Terre, le Soleil, la Grande*

Ourse ; de même pour les signes du zodiaque : *Je suis Bélier, elle est Poissons* ;

» dans les noms d'habitants (« gentilés ») : *les Français, une Parisienne...* ;

» dans les noms de divinités, du Dieu des monothéismes (et ses diverses désignations), d'entités abstraites personnifiées : *Apollon, Isis, Mithra, les Parques, Thor, Dieu, Allah, l'Éternel, le Tout-Puissant, le Liberté, la Fortune...* ;

» pour l'adjectif *Saint*, lorsqu'il s'emploie dans un nom d'institution, de lieu, de fête : *la Sainte-Catherine, la cathédrale Saint-Pierre, l'école Saint-Paul...* ;

» pour les termes de civilité dans les formules de politesse épistolaires : *Veuillez agréer, Madame, l'expression...* ;

» dans les titres honorifiques : *Monsieur le Président, Miss France, Son Altesse...* ;

» dans les sigles et les acronymes : *la SNCF, l'ONU, une BD, un DVD...*

PIQÛRE DE RAPPEL

Lorsque le terme de civilité *monsieur* est suivi du patronyme, il s'abrège en *M.* (et non *Mr*, abréviation de l'anglais *Mister*) ; au pluriel : *MM.*

Madame et *mademoiselle* s'abrègent en *Mme* et *Mlle*.

Minuscule

On garde la minuscule :

» après une ponctuation forte, quand celle-ci ne termine pas la phrase : *Il est hélas* ! *le moins euh... sérieux* ;

» dans les adjectifs des gentilés et les noms de langues : *la cuisine française, il parle bien l'allemand* ;

» dans les noms propres devenus noms communs (antonomases) : *un apollon, la poubelle, le roquefort...* ;

» dans les termes géographiques génériques (*cap, fleuve, golfe, île, mer, océan, mont*) suivi d'un adjectif, qui prend la majuscule : *le fleuve Jaune, la mer Méditerranée, l'océan Atlantique, le mont Blanc* (qui désigne le sommet ; à distinguer du massif montagneux : *le Mont-Blanc*)... ;

>> à l'adjectif *saint* lorsqu'il désigne la personne : **s**ainte Catherine, **s**aint Paul... ;

>> dans les noms de jours, de mois, quand ils expriment simplement la date : *le 4 janvier, tous les lundis, la semaine des quatre jeudis...* ;

>> dans les termes de civilités, lorsqu'ils sont suivis du patronyme : *les vacances de **m**onsieur Julaud.*

>> dans certains acronymes bien entérinés par l'usage : *laser, ovni, radar, sida, sopalin...*

Traitement

1. Cochez les phrases bien écrites et corrigez les autres.

❑ Beaucoup de français ne font confiance ni à l'état ni à l'église, ni parfois même à la république française.

❑ Paul voyagea vers le sud et s'installa en plein Midi provençal, non loin de la montagne Sainte-Victoire.

❑ Nous nous reverrons, Monsieur, à la semaine des quatre Jeudis ou aux calendes Grecques, si Dieu le veut !

❑ Lors de la Révolution française, sous la terreur, Robespierre, l'incorruptible, institua le culte de l'être suprême.

❑ Praia est la capitale de l'État du Cap-Vert, île située non loin du cap Vert sur les côtes sénégalaises.

2. Selon que vous mettrez la majuscule à certains mots, chaque phrase aura deux sens différents : saurez-vous les retrouver ?

1. Il a enfin trouvé l'adresse du trésor.

2. Qui n'aime pas les couleurs du jeune poussin ?

3. J'adore le mont blanc quand il est bien glacé.

4. Elle adore tout le monde.

5. Abandonner notre ancien régime a débouché sur une inévitable renaissance.

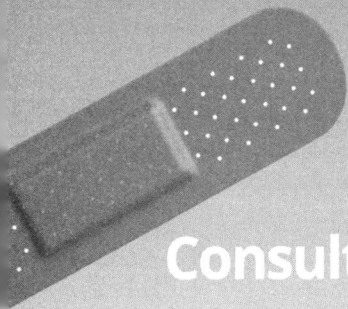

Consultation 6

Soignez votre syntaxe !

« Il n'y a pas que l'orthographe dans la vie ! » vous récrierez-vous vertueusement. Et certes, une fois maîtrisées les principales difficultés d'orthographe grammaticale et lexicale, il demeure les problèmes de syntaxe : prendre soin de vos phrases sera aussi important – si ce n'est plus – que de bien écrire vos mots !

La phrase interrogative

Diagnostic

Cochez les bonnes réponses.

1. Y a-t-il du monde ? ❏
   Y a-t'il du monde ? ❏

2. Je ne sais pas où est-ce qu'on va. ❏
   Je ne sais pas où on va. ❏

3. Je me demande quelle décision il a prise. ❏
   Je me demande quelle décision a-t-il prise. ❏

4. Ne me dites pas qu'est-ce que c'est. ❏
   Ne me dites pas ce que c'est. ❏

5. Répond-il à tes messages ? ❏
   Répond-t-il à tes messages ? ❏

Poser une question : rien de plus banal et quotidien ! Et pourtant, la phrase interrogative recèle bien des subtilités, notamment quand on passe de l'interrogation directe à l'indirecte...

Prescription

La phrase interrogative directe

Elle consiste à poser une question directement, sans l'entremise d'un verbe et en la terminant par un point d'interrogation : *Qui êtes-vous ? Tu viens ? Comment va-t-il ? Est-ce que tu es d'accord ?*

On peut construire une interrogation directe de trois façons, selon le niveau de langue :

L'interrogation soutenue

Dans un niveau de langue soutenu, l'interrogation a une spécificité :

» Lorsque le sujet est un pronom, il est inversé (ou postposé) : *Tu viens > Viens-**tu** ?*

» Lorsque le sujet est un nom (ou un groupe nominal), il se voit repris par le pronom correspondant postposé : *Nos amis viennent > Nos amis viennent-**ils** ? Tes parents et toi serez là > Tes parents et toi serez-**vous** là ?*

PIQÛRE DE RAPPEL : VOUS PRENDREZ BIEN UN PEU DE *T* ?

Ce que l'on nomme *t* euphonique désigne cette petite lettre que l'on glisse entre le verbe et le sujet postposé afin d'éviter un hiatus disgracieux : *Comment va-**t**-il ?*

Il est inutile si le verbe se termine par un *t* ou un *d* (dont la liaison suffit à créer le son [t]) : *Soigne-**t**-elle ? Va-**t**-on ? Mangea-**t**-il ? Convainc-**t**-il ?* vs *Est-il ? Dut-elle ? Prend-on ? Répond-il ?*

L'interrogation courante

Elle se construit traditionnellement avec la locution *est-ce que* : *Tu viens > **Est-ce que** tu viens ? Comment **est-ce que** tu t'appelles ? Pourquoi **est-ce** qu'il n'est pas là ?*

L'interrogation familière

Elle garde exactement le même ordre que la phrase affirmative. La seule différence est :

» à l'écrit, le point d'interrogation : *Tu viens. > Tu viens ?*

» à l'oral, l'intonation ascendante.

La phrase interrogative indirecte

L'interrogation indirecte consiste à poser une question en l'introduisant par un verbe de parole (*demander, savoir...*) : *Quand viendra-t-il ? > Je me demande quand il viendra.*

La phrase étant affirmative, nul besoin d'un point d'interrogation.

Interrogation totale

Si l'on peut répondre par *oui/si* ou *non* à la question, on dit que l'interrogation est totale. Dans ce cas, l'interrogation indirecte s'introduit à l'aide de la conjonction *si* sans inversion du sujet : *Serez-vous là ? > Je me demande **si vous serez là**.*

Interrogation partielle

Si la réponse à l'interrogation ne peut-être *oui/si* ou *non*, on dit que l'interrogation est partielle. Dans ce cas, l'interrogation indirecte reprend le mot interrogatif (*quand, où, combien...*) sans inversion du sujet : *Pourquoi est-il parti ? > Je ne sais pas **pourquoi il est parti**.*

Si le mot interrogatif est *que/quoi*, on le remplace par *ce que* : *Que fait-il ? Qu'est-ce qu'il fait ? Il fait quoi ? > Je me demande **ce qu'il fait**.*

PIQÛRE DE RAPPEL

Une erreur très courante consiste à faire un joyeux mélange d'interrogation directe et indirecte : * *Je me demande est-ce qu'il viendra ?* * *Je ne sais pas qu'est-ce qu'il fait ?* * *Je ne sais pas pourquoi fait-il cela* sont des phrases incorrectes, car elles introduisent des caractéristiques de l'interrogation directe (emploi de *est-ce que*, inversion du sujet) dans une interrogation indirecte. Il faudra donc dire : *Je me demande s'il viendra, Je ne sais pas ce qu'il fait, Je ne sais pas pourquoi il fait cela.*

D'autre part soyez attentif à ne pas confondre le *t* euphonique avec le pronom de la 2e personne élidé *t'* : *va-t-il ?* vs *va-t'en* (= tu t'en vas) ; *y a-t-il ?* (et non *y a-t'il*).

Traitement

Transformez les interrogations directes suivantes en interrogations indirectes.

1. Que demande le peuple ?

> J'aimerais savoir..
....

2. Combien de fautes as-tu faites ?

> Je ne sais pas..
....

3. Qu'est-ce qui ne va pas ?

> Je me demande bien...
....

4. Quelle heure est-il ?

> Peux-tu me dire... ?

5. Suis-je né trop tôt ou trop tard ? (Verlaine)

> J'ignore..

Les solécismes les plus fréquents

Diagnostic

Cochez les bonnes réponses.

1. À Paris, je me déplace à vélo. ☐
   À Paris, je me déplace en vélo. ☐

2. On a guère le temps pour cela. ☐
   On n'a guère le temps pour cela. ☐

3. C'est le plus beau livre que j'aie jamais lu. ☐
   C'est le plus beau livre que je n'aie jamais lu. ☐

4. Il s'accapare toujours la première place. ☐
   Il accapare toujours la première place. ☐

5. C'est bien de lui dont je parle. ☐
   C'est bien de lui que je parle. ☐

Le solécisme est une erreur de syntaxe consistant à utiliser une construction existante, mais incorrecte en l'occurrence. Petit aperçu des principales tournures fautives, parfois surprenantes...

Prescription

Construction des verbes

Un certain nombre de verbes se voient souvent construits de façon erronée :

> » Les verbes **accaparer** et **empirer** n'existent pas à la forme pronominale ; on doit dire : *Il accapare le pouvoir, La situation a empiré.*

349

» **Débuter** est intransitif, c'est-à-dire qu'il ne peut recevoir de COD :
on ne devra donc pas dire : *Ils ont débuté la réunion sans moi* ;
mais : *Ils ont entamé/commencé la réunion sans moi* ou *La réunion a
débuté sans moi.*

» Le verbe **enjoindre** se construit avec la préposition *à* (+ la personne
à qui on donne l'ordre), comme son quasi-synonyme *ordonner :
Nous avons enjoint à tous nos collaborateurs de ne rien dire.*

» Le verbe **pallier** (« atténuer ») est un verbe transitif direct et ne se
construit donc pas avec la préposition *à* : *Il pallie son manque de
confiance par des fanfaronnades.*

» Le verbe **se rappeler** est transitif direct (il se construit avec un COD
et ne peut donc régir la préposition *de*) : *Je me rappelle ma jeunesse,
tu te la rappelles, rappelle-toi-la !*

Dont

L'erreur de plus en plus courante consiste à utiliser en même temps la
préposition *de* et le pronom relatif *dont* : ** C'est de notre avenir dont je parle.*

Or le pronom *dont* contient déjà la préposition *de* ; nul besoin, donc,
d'employer les deux simultanément, dans une redondance fautive ! On
dira donc, au choix : *C'est de notre avenir que je parle* ou *C'est notre avenir
dont je parle.*

Vaccin BCG (Boostez Constructions et Grammaire !)

Emploi des prépositions

Ne vous trompez pas dans vos prépositions :

» On emploie la préposition *à* pour les moyens de transport courants
sur lesquels on prend place : *à vélo, à moto, à cheval, à skis.* On
réserve *en* pour les véhicules *dans* lesquels on s'installe : *en voiture,
en train, en avion, en bateau.*

» On utilise la préposition *à* devant les noms de villes, y compris *Arles,
Avignon* (malgré l'hiatus) : *Je vais à Arles, à Avignon.* (On utilisait la
préposition *en* lorsque ces villes étaient des États, ce qui n'est plus
le cas.)

» On dit *Je reviens d'ici **à** deux heures* : la préposition *à* est nécessaire à
la correction de cette tournure.

>> Ne confondez pas *rien moins que* et *rien de moins que* :

- *rien moins* que signifie « nullement » : *Il n'est rien moins qu'intelligent* (= Il est stupide) ;

- *rien de moins* que signifie « tout à fait » : *Il n'est rien de moins qu'intelligent* (= il est très intelligent).

La négation

L'expression de la négation est un phénomène complexe en français, car elle est presque toujours constituée de deux « morceaux » : *ne* + un adverbe (*pas, jamais, personne, plus...*).

Concentrez-vous sur les éléments suivants :

>> Dans une langue correcte, le second adverbe ne doit pas être omis : *Il est **pas** là* relève du langage familier ; mieux vaut dire et écrire : *Il **n'est pas** là.*

>> Prenez garde de ne pas oublier le *n'* en le confondant avec une liaison : *On **n'est pas** triste, en **n'**ayant **aucun** remords.*

Pas de négation

En revanche, deux erreurs fréquentes utilisent la négation à mauvais escient :

>> La conjonction *sans que* contient déjà la négation ; lui adjoindre un *ne* est donc superflu : *Il est parti sans qu'on le voie* (et non **sans qu'on ne le voie*).

>> Dans la tournure *que j'aie jamais vu/entendu...*, l'adverbe *jamais* conserve sa valeur positive originelle (*jamais* = un jour) ; la négation *ne* y est donc fautive et l'on doit dire en toute correction : *C'est le meilleur film que j'aie jamais vu* (= que j'aie pu voir un jour).

Traitement

Cochez les phrases correctes et corrigez les autres.

❑ Il est doux de se croire malheureux, lorsqu'on est que vide et ennuyé. (Musset)

❑ Peu de jours ont passé sans qu'on ne le voie revenir.

❑ Ce thriller est le livre le plus haletant que j'aie jamais lu.

- ❑ J'écrivis à mes amis, les enjoignant de ne pas oublier notre rendez-vous en Avignon.

- ❑ Elle se rappelait de tous les détails, tous les petits faits, toutes les figures rencontrées là-bas. (Maupassant)

- ❑ Ce geek n'est rien moins qu'un génie des technologies numériques.

- ❑ D'ici quelques mois, le gouvernement espère pallier au chômage de masse.

- ❑ En n'allant dans Paris qu'en vélo, il a débuté sa conversion écocitoyenne.

- ❑ C'est de nos efforts communs pour aller de l'avant dont je veux parler aujourd'hui.

- ❑ Le café est un breuvage qui fait dormir quand on en prend pas. (Allais)

Corrigés

Feuille de soins 1

Diagnostic

1. j'emploie – 2. tu manges – 3. nous appelons – 4. elles paient/elles payent – 5. ils nettoient.

Traitement

1. ☑ Ésope reste ici et se repose.

Tu **emploies** des mots trop compliqués, obsolètes et surannés pour moi !

Les amoureux épuisés se délassent, puis **s'enlacent**.

☐ Si tu n'éternues jamais, comment veux-tu que tes souhaits se réalisent ?

Quand le crépuscule rougeoie, c'est l'heure où les gentilshommes **festoient**.

Eugénie et moi **déménageons** la semaine prochaine dans un bon appart.

Les plombiers se **chargent** souvent de gros cumulus.

☐ En peinture, Frida Kahlo touche sa bille !

Je **crie**, tu vocifères... Nous ne communiquons pas !

☐ Face aux mensonges des suspects, le détective sagace s'agace.

2. a) agréée (participe passé) – b) aboyent (forme incorrecte) – c) trou (nom) – d) confit (verbe *confire*) – e) appellez (forme incorrecte).

Feuille de soins 2

Diagnostic

1. je guéris – 2. tu grandis – 3. je hais – 4. il atterrit – 5. nous blanchissons.

Traitement

1. Son espoir en l'être humain **grandit** chaque jour, quel grand naïf !

2. Grâce à ce livre, nous nous **prémunissons** contre toute faute d'orthographe !

3. J'**atterris** à New York dans une heure.

4. Cet athlète **hait** les haies.

5. Quand le soleil paraît, je **rougis** à sa vue.

6. Elle **s'investit** énormément dans son travail.

7. Si tu **noircis** la situation, comment veux-tu être blanchi ?

8. Chanter du rock ? J'en **jaunis** à l'idée !

9. Le boulanger **pétrit** sans cesse des miches.

10. Attention, je deviens désagréable et je **m'aigris** quand je **grossis**.

Feuille de soins 3

Diagnostic

1. il fend – 2. j'inclus – 3. tu sors – 4. il peint – 5. il résout.

Traitement

1.

☐ Si tu ne t'y mets pas un peu, ce travail va encore nous prendre des heures !

Cet eczémateux ne **peint** que des croûtes.

Si mon tonton **tond** ton tonton, ton tonton sera tondu.

Si le président **dissout** l'Assemblée, il sera un puissant dissolvant.

Je n'**exclus** pas de m'habiller en jaune fluo.

☐ Ami, entends-tu le vol noir des corbeaux sur la plaine ?

Je vous **écris** cette lettre pour postuler à un emploi de grammairien.

☑ Nous **résolvons** ces équations en deux secondes !

Rassurez-vous, les enfants, vous ne **craignez** rien avec moi ! s'exclama Gilles de Rais.

☑ On ne voit bien qu'avec des lunettes, l'essentiel est invisible pour les yeux.

2.

Ils courent – Ils extraient – Tu rejoins – Je bous – Elle conquiert – Il inclut – Je reprends – Tu abats – On répond – Je promets.

Feuille de soins 4

Diagnostic

1. tu es – 2. il a – 3. je veux – 4. vous dites – 5. tu vas.

Traitement

1.

HORIZONTALEMENT

1. j'ai – 5. j'assieds – 8. tu es – 9. vous contredisez – 11. tu vas – 12. ils ont – 13. vous dites – 16. je vaux – 17. ils sont.

VERTICALEMENT

1. vous asseyez – 2. vous faites – 3. on est – 4. tu veux – 6. vous satisfaites – 7. elle vaut – 9. on convainc – 10. tu as – 14. nous sommes – 15. je peux – 16. elles vont.

2.

1. Il **vaut** mieux tenir que courir.

2. Tu **es** bien sûr de toi.

3. « Qui dort dîne » **veut** dire à l'origine que celui qui passe la nuit dans un hôtel doit y dîner.

4. Si tu n'y **vas** pas, j'**ai** bien envie de prendre ta place.

5. Quand vous mourez de faim, il y **a** toujours un ami pour vous offrir à boire.

6. Il **est** certain que je tiens à toi, même si tu ne **veux** pas l'entendre.

7. Moi qui **ai** toujours raison, tu **peux** bien me croire !

8. Comment **vas**-tu aujourd'hui ?

9. Franchement, ta proposition ne me convient ni ne me **convainc**.

10. Il **s'assoit** et nous ne **faisons** aucun commentaire.

Feuille de soins 5

Diagnostic

1. je travaillais – 2. nous étudiions – 3. vous croyiez – 4. tu étais – 5. ils avaient

Traitement

Ce siècle avait deux ans ! Rome **remplaçait** Sparte, / Déjà Napoléon **perçait** sous Bonaparte (...)

Que **faisiez**-vous hier ? Vous **travailliez** ? Eh bien, reposez-vous maintenant !

☑ Vous croyiez sans doute bien faire, mais vous aviez tort.

Et si nous nous **lancions** dans l'origami ? Ça ne ferait pas un pli !

Vous **bouilliez** de colère, tellement vous étiez soupe au lait !

Ils **pouvaient** bien essayer de m'en empêcher !

☑ Je téléchargeais des films... en toute légalité !

À l'époque, nous **riions** de bon cœur à ses pitreries.

☑ Lorsque vous peigniez vos danseuses, Edgar, j'étais en admiration.

Je **songeais** que Philis des enfers revenue, / Belle comme elle **était** à la clarté du jour, / Voulait que son fantôme encore fît l'amour (...)

Feuille de soins 6

Diagnostic

1. je prendrai – 2. tu éternueras – 3. elle courra – 4. je conclurai – 5. il sera en forme.

Traitement

1. « Je **prendrai** moi-même les mesures qui s'imposent », pense le couturier.

2. Qui vivra **verra**...

3. Le sixième commandement ordonne : « Tu ne **tueras** point. »

4. On en **conclura** que la solution était des plus simples.

5. Tu **plongeras** les pâtes dans la casserole quand l'eau **bouillira**.

6. Elle **créera** elle-même sa start-up.

7. Nos deux cœurs **seront** deux vastes flambeaux [...]

8. Je **saurai** bien lui répondre quelque chose qui lui *clouera* le bec !

9. Je n'**emploierai** plus de tels mots devant lui.

10. Tout ce qu'ils vous **feront** se **paiera/payera** tôt ou tard.

Feuille de soins 7

Diagnostic

1. je travaillai – 2. tu pris – 3. il mordit – 4. nous fîmes – 5. il fut.

Traitement

1.

je voyageai – vous atterrîtes – il perdit – ils naquirent – vous parvîntes – nous vécûmes – je vainquis – vous pûtes – je prétendis – tu te tus.

2.

a) puèrent – b) surent – c) priâmes – d) durent – e) fiai.

Feuille de soins 8

Diagnostic

1. j'ai pris – 2. tu avais descendu/tu étais descendu – 3. elle aura été – 4. il eut eu – 5. tu es parti.

Traitement

1. Longtemps je **me suis couché** de bonne heure.

2. À peine **eut**-il **franchi** le seuil, qu'un cri retentit.

3. Je n'**aurai** pas **achevé** ce travail avant la semaine prochaine.

4. J'**ai pensé** un instant qu'ils **avaient compris** ce que je **m'étais employé(e)** à leur expliquer pendant deux heures.

5. Elles **eurent bu** leur coupe de champagne en quelques secondes.

6. Nous aurons le destin que nous **aurons mérité**.

7. En quelques mois, MM. Dubois et Duchêne **étaient devenus** des menuisiers renommés.

8. La tempête **a béni** mes éveils maritimes.

9. Ils ne **sont** toujours pas **arrivés** ? Ils **se seront** encore **trompés** d'horaire !

10. Lorsqu'on nous **eut mis** au pas, nous **eûmes** tôt **fait** de marcher plusieurs kilomètres.

Feuille de soins 9

Diagnostic

1. que je croie – 2. que nous travaillions – 3. que vous soyez – 4. que tu voies – 5. que vous fuyiez.

Traitement

1.

HORIZONTALEMENT :

2. oubliiez – 4. aies – 9. convainquions – 11. puissent – 14. veuilles – 16. souriions

VERTICALEMENT

1. munissions – 3. bâillions – 5. sachions – 6. meures – 7. fassent – 8. ait – 10. j'aie – 12. ennuyiez – 13. valiez – 15. soyons – 17. sois.

2.

1. nous soyons resté(e)s – 2. elles aient appris – 3. tu aies su – 4. vous soyez parti(e)(s) – 5. j'aie cru – 6. il soit allé – 7. nous ayons acquis – 8. elle ait été – 9. je me sois souvenu(e) – 10. tu sois tombé(e).

Feuille de soins 10

Diagnostic

1. que je misse – 2. qu'il puât – 3. qu'on dît – 4. que nous fissions – 5. qu'il fût devenu.

Traitement

1.

Perdissiez – vînt – soutinssent – contredisse – naquissions – noircît – entrevissent – élusses – vécussions – pussent.

2.

Ah ! Fallait-il que je vous **visse**

Fallait-il que vous me **plussiez**

Qu'ingénument je vous le **disse**

Qu'avec orgueil vous **vous tussiez**

Fallait-il que je vous **aimasse**

Que vous me **désespérassiez**

Et qu'enfin je **m'opiniâtrasse**

Et que je vous **idolâtrasse**

Pour que vous m'**assassinassiez** !

Feuille de soins 11

Diagnostic

1. Je viendrai après qu'il sera parti. – 2. Qu'il ait peur est humain. – 3. Je ne crois pas qu'il ait compris. – 4. Je cherche un homme qui soit fidèle/Je cherche un homme qui est fidèle. – 5. Il est fort probable qu'il réussira.

Traitement

1. Je ne crois pas que l'être humain **ait** quelque inclination véritable pour son prochain.

2. Elle recherche la perle rare : un petit ami qui **est/soit** bijoutier.

3. Elle m'a appelé seulement cinq minutes après que je **suis** parti.

4. Bien avant que je n'**aie** mon permis, je savais déjà conduire.

5. Quoi qu'on **ait** pu dire de lui, c'est bien en deçà de la vérité.

6. C'est la seule fille que j'**aie** jamais réussi à draguer !

7. Je ne doute pas un instant que vous n'**ayez** de bonnes raisons pour agir ainsi.

8. Ce film est très intéressant, encore qu'il **faille** reconnaître qu'il a certains défauts.

9. Nous ne l'inviterons pas à cette soirée, de crainte qu'il ne **vienne** la gâcher.

10. Il n'est aucun homme qui ne **puisse** maîtriser la grammaire française !

Feuille de soins 12

Diagnostic

1. Il faut que nous le surveillions. – 2. Qu'il s'enfuie est humain. – 3. Je pense qu'il acquiert des compétences. – 4. Il vient après que j'ai fini. – 5. J'aimerais un ami qui me croie.

Traitement

1. Son siège de député, on sait que le ministre **s'assoit** dessus !

2. Qu'on en n'en **conclue** pas qu'il ait toujours raison.

3. Il n'est pas nécessaire que l'on se **voie** pour régler ce problème.

4. Je regrette que tu ne me **croies** pas.

5. Il est probable que vous **parodiez** cet auteur, mais il s'en faut de peu que vous ne le **plagiiez**.

6. Si tu veux que je **concoure** pour le marathon, il faut bien que je **coure** un peu !

7. Le subjonctif est le seul mode que j'**aie** jamais aimé !

8. Si malin que j'**aie** été, il a réussi à me duper.

9. Que veux-tu qu'elle fasse ? Qu'elle **meure** pour toi ?

10. Je serais étonné qu'un fumeur **rie** de ses blagues.

Feuille de soins 13

Diagnostic

1. Que vouliez-vous qu'il **fît** ? – 2. Fut-il content de ses résultats ? – 3. J'espérais ne fût-ce qu'un baiser. – 4. Nous partîmes après qu'il eut fini. – 5. Bien qu'il eût fait beau, je n'étais pas sorti.

Traitement

1. J'ignorais que la grammaire française **s'avérât** si difficile !

2. Que demandais-je ? Simplement que l'on m'**aimât** !

3. Après qu'elle m'**eut abandonné**, je cultivai ma solitude avec complaisance.

4. Quoiqu'il **appréciât** les impressionnistes, il ne pouvait voir Monnet en peinture.

5. Ce travail **fut**-il futile ou utile ?

6. Je me serais bien reposé, ne **fût**-ce que quelques minutes.

7. Nul ne doutait que la grosse Bertha ne **fût** canon.

8. Maints philosophes soutinrent que, de tout temps, l'homme **fut** un loup pour l'homme.

9. Lorsqu'il **eut fini** ses pellicules, ce cinéaste prit rendez-vous chez son coiffeur.

10. Bien que ce pizzaïolo **adorât** l'opéra italien, on exigeait de lui qu'il **criât** sans cesse : « Mozart est là ! »

Feuille de soins 14

Diagnostic

1. j'aurais – 2. tu courrais – 3. nous éternuerions – 4. je vous saurais gré – 5. vous iriez.

Traitement

HORIZONTALEMENT

2. tu diluerais – 6. j'exclurais – 7. vous acquerriez – 9. on parcourrait – 12. tu mourrais – 15. elle irait – 17. nous pourrions – 18. nous serions – 20. nous saurions.

VERTICALEMENT

1. ils émouvraient – 3. on verrait – 4. nous délierions – 5. je ferais – 8. vous bouilliriez – 10. nous aurions – 11. tu voudrais – 13. vous renverriez – 14. nous atterririons – 16. je convaincrais – 19. ils nettoieraient.

Feuille de soins 15

Diagnostic

1. J'avais bien dit que je deviendrais un crack en orthographe ! – 2. Je vous saurais gré de bien vouloir me répondre. – 3. J'espère que j'aurai gain de cause dans cette affaire.

Traitement

1. Il savait bien qu'un jour je **viendrais** réclamer mon dû.

2. J'**aurai** sans doute fini quand vous reviendrez.

3. Si je broyais moins du noir, je **verrais** sans doute la vie en rose.

4. Je ne **pourrai** vous revoir avant mon départ pour New York.

5. Si le temps le permet, je me **garderai** quelques heures de bonheur...

6. « **Pourrais**-je avoir une baguette à l'ancienne ? » demanda le sorcier.

7. Même avec la meilleure volonté, je ne **saurais** vous rendre un tel service.

8. Il y aurait sans doute, pensais-je, des difficultés que je **devrais** résoudre.

9. Si j'étais riche, je **pisserais** tout le temps.

10. Je **sortirai** du camp, mais quel que soit mon sort,

J'**aurai** montré, du moins, comme un vieillard en sort.

Feuille de soins 16

Diagnostic

1. j'aurais demandé – 2. nous serions partis – 3. tu eusses accepté – 4. vous eussiez été – 5. ils se fussent souvenus.

Traitement

1. tu eusses été – 2. il fût parti – 3. je serais allé(e) – 4. ils fussent restés – 5. vous auriez pu – 6. tu serais devenu(e) – 7. nous eussions parlé – 8. elle eût fait – 9. il aurait dit – 10. elles auraient dormi.

Feuille de soins 17

Diagnostic

1. Va te laver ! – 2. Soigne-toi ! – 3. Sache tes leçons ! – 4. Aie tes affaires ! – 5. Donne-le-moi !

Traitement

1. Ne **remets** pas à demain ce que tu peux faire après-demain.

2. **Cueille** le jour.

3. Si tu aimes le cinéma, **vas**-y plus souvent !

4. **Prends** quelques jours sur une île déserte et **va** y chercher sérénité et méditation.

5. **Sache** te comporter en société.

6. **Aie** donc un peu de fierté !

7. N'**abandonne** pas tes ambitions et **accroche-t'**y !

8. Tes soucis personnels, **parle**-lui-en le moins possible !

9. **Aime**-moi, **chéris**-moi, **épouse**-moi et **sois** toujours fidèle !

10. **Va**, **cours**, **vole** et nous **venge** !

Feuille de soins 18

Diagnostic

1. On espère qu'il est venu vous voir. – 2. Attends qu'il ait fini. – 3. Admettons que tu aies raison. – 4. Il est probable qu'il est parti. – 5. Que j'aie tout bon serait normal.

Traitement

Il faut que tu **aies** ton bac cette année.

Quoi qu'il **ait** fait, il avait sûrement de bonnes raisons.

☑ Je ne dis pas que ma voiture est forcément plus rapide que la tienne.

J'espère que son médecin **est** meilleur que le mien.

Aie donc un peu de courage !

☑ N'est-il pas naturel que le maître-coq récompensé ait crié cocorico ?

☑ Que tu aies raison en l'occurrence, tout le monde en convient.

Elle n'est guère étonnée que tu **aies** de l'affection pour elle.

Ne crois pas que ma patience n'**ait** pas de limites !

Moi, que j'**aie** une erreur à cet exercice ? Impensable ! Impossible !

Feuille de soins 19

Diagnostic

1. Forgeant tel Vulcain, ils devinrent forgerons. – 2. Ces exercices fatigants m'ont épuisé. 3. Tu t'es montré convaincant –

4. Adhérant à mes idées, tu dois m'obéir. – 5. Ils s'avèrent très exigeants.

Traitement

1. **Prenant** des vessies pour des lanternes, ces benêts ne sont pas des lumières !

2. Les élèves **somnolant** en classe, le professeur décide d'étudier « Le Dormeur du val ».

3. Elle vient d'empocher des honoraires **équivalant** à six mois de salaire.

4. L'air **suffocant** de cette pièce m'oppresse.

5. **Zigzaguant** parmi la foule, nous nous frayons un chemin jusqu'à une table libre.

6. Les mots « prescription » et « proscription », ne **différant** que d'une lettre, sont des paronymes.

7. Tu t'es montré assez **négligent** dans ton travail, même si j'avais été plutôt **exigeant**.

8. Ce n'est pas en **négligeant** les opinions d'autrui que l'on a forcément raison.

9. Le jour **précédant** leur mariage, les futurs époux n'étaient pas à la noce !

10. Depuis les augmentations de salaire, le personnel **navigant** est au septième ciel !

Feuille de soins 20

Diagnostic

1. j'ai grandi – 2. elle a fait – 3. il avait fui – 4. vous avez dissous – 5. il a cru/il a crû.

Traitement

adjoint – eu – battu – clos – conclu – cru – déduit – dû – dissous – dormi – ému – été – fallu – fui – instruit – lu – mort – né – nui – ouvert – paru – peint – plu – pu – promis – redit – repris – repu – soustrait – ri – su – sis – suffi – tu – tendu – valu – vu

4 lettres : FAIT

Feuille de soins 21

Diagnostic

1. Je vais déménager. – 2. Moi, me tromper ? – 3. Elle est allée marcher. – 4. Ils ont été acceptés. – 5. Elles sont là pour progresser.

Traitement

Dans les allées désolées, les azalées ont **poussé** dès que le printemps est **arrivé**.

Tout ce qu'elle a à **donner** pour être **acceptée**, c'est un papier qu'elle a fait **tamponner**.

☑ Ils n'ont cessé de travailler, sans même s'arrêter pour s'octroyer une pause bien méritée.

Elle adore **manger** au restaurant et être invitée par des sigisbées bien éduqués.

Je viens de lui **demander** de m'épouser : elle n'a pas refusé, mais n'a pas voulu non plus accepter.

☑ Elle a aimé étudier le latin et a toujours considéré que cette langue lui a beaucoup apporté.

J'ai commencé par me **demander** si j'avais bien fait de me comporter ainsi.

Il va sans doute être **muté** en Angleterre et s'installer à Londres, même s'il préférerait ne pas payer un loyer trop élevé.

Une fois la première frayeur **passée**, il s'est habitué à cette façon de parler.

J'ai pu **voyager** dans le monde enchanté de la grammaire et j'en ai **rapporté** des règles alambiquées !

Feuille de soins 22

Diagnostic

1. Il souhaite vous consulter. – 2. Il sait que vous comptez sur lui. – 3. Vous mépriser est indigne de lui. – 4. Je ne peux vous ignorer. – 5. J'ignore si vous aimez les sushis.

Traitement

1. Je souhaiterais vous **parler** quelques minutes.

2. Vous **énerver** contre lui ne servira à rien.

3. Il ne sait pas si vous l'**estimez** suffisamment capable pour ce travail.

4. **Allez**, dépêchez-vous un peu ou vous **allez** être en retard.

5. Je voudrais vous **féliciter** d'avoir réagi si vite.

6. Vous **persuader** de ma bonne foi est le cadet de mes soucis.

7. Comment vous **persuader** que c'est la bonne solution ?

8. Vous **appelez** toujours à des heures impossibles !

9. Je penserai à vous **appeler** la prochaine fois.

10. Si vous **aimez** passionnément, on ne peut que vous **aimer** en retour.

Feuille de soins 23

Diagnostic

3. Il fut félicité pour ses succès. – 4. Elle avait été vue la veille. – 5. Il est aimé de tous.

Traitement

1. On a inventé la morphine pour permettre aux médecins de dormir tranquilles.

2. Le progrès technique est comme une hache qui aurait été mise dans les mains d'un psychopathe.

3. Mon cœur est blessé d'une langueur monotone par les sanglots longs des violons de l'automne.

4. Notre chambre serait décorée par des meubles luisants, polis par les ans.

5. Le ciel profond et sombre était émaillé par les astres.

6. La pensée m'en eût été d'abord inspirée par l'amour.

7. Quand la porte eut été refermée par le domestique, il saisit vivement la main de la jeune femme, qu'il baisa avec tendresse.

8. Vous serez rendu blanc ou noir par les jugements de cour.

9. La solution de ce problème affolant fut cherchée par chacun.

10. Quand on ne travaillera plus les lendemains des jours de repos, on aura vaincu la fatigue.

Feuille de soins 24

Diagnostic

1. Homme et femme devraient être égaux. – 2. Soudain arrivent le froid et la neige. – 3. C'est toi qui as raison. – 4. La plupart ont réussi leur bac. – Elle les porte.

Traitement

Ces gens-là, je ne les **aime** pas et je ne vous **parlerai** pas d'eux.

☑ Quelque 54 % des électeurs ont voté non au référendum et un tiers s'est abstenu.

Un bruit de pas se fait entendre : **entrent** alors un officier et deux soldats qui **empoignent** le prisonnier.

☑ Tout le groupe des invités manifestait une joie tapageuse et la plupart semblaient ivres.

Plus d'un candidat **a** été **reçu** à ce concours.

Une fois que **furent résolues** les questions d'organisation, ne **demeuraient** que les problèmes de date.

Frère humain qui après moi **vivras**, aie pitié de moi qui ne suis plus que poussière.

La stupeur qu'**avaient** provoquée leurs réactions ne se **dissipa** qu'au bout de plusieurs longues minutes et plus d'un se **sentit choqué**.

N'est-ce pas moi qui **dois** accomplir ce travail ?

Alors que silence et méditation m'auraient été nécessaires pour mener à bien les tâches que m'avait confiées mon chef, dans la torpeur de l'après-midi **retentirent** soudain – sans qu'aucun des êtres présents semblât s'étonner de ces remuements qui devaient durer plusieurs heures – les cris d'une centaine d'enfants qui s'égaillaient dans les rues.

Feuille de soins 25

Diagnostic

1. des nez – 2. des coraux – 3. des cailloux – 4. des piédestaux – 5. des yeux/des œils.

Traitement

Des cérémonials – Des genoux – Des coraux – Des feux – Des boyaux – Des euros – Des sushis – Des almanachs – Des ultimatums – Des chacals.

Feuille de soins 26

Diagnostic

1. des rouges-gorges – 2. des années-lumière – 3. des haut-parleurs – 4. des porte-avions – 5. des guets-apens.

Traitement

1. pot-au-feu – quatre-quarts – croque-monsieur – milk-shakes – fast-foods.

2. lave-linges – des essuie-glaces – semi-remorques – deux-roues – porte-bagages – stations-service – vide-greniers

3. années-lumière – chausse-trapes – guets-apens

4. petits-bourgeois – tête-à-tête – non-dits – sous-entendus – ouï-dire

5. quatre-quatre – pare-chocs – grand(s)-mères – ronds-points – lieux-dits – kilomètres-heure – tête-à-queue

6. aides-soignants – gardes-malades – garde-manger – forêts-noires – ouest-allemands

7. best-sellers – anglo-saxons – loups-garous – culs-de-jatte – bas-fonds – centres-villes – chefs-d'œuvre

8. boute-en-train – pince-sans-rire – gagne-petit

9. sauf-conduits – blancs-seings – couvre-feux – allers-retours

10. bijoutiers-joailliers – plombiers-zingueurs – assurances-vie

Feuille de soins 27

Diagnostic

1. un haltère – 2. une écritoire – 3. une anagramme – 4. un pétale – 5. une épithète.

Traitement

1.

```
E D I R E M E H P E
A U E E G O P A A E
E U Q R O C E R T C
R E U S C R N C E I
O T I A I E A A G T
G E N N D R T P O S
A T O O T U E H L I
R N X N E G S T E M
E E E O V U L E S R
U R T I C A I R E A
```

Noms masculins : aphte – apogée – armistice – astérisque – augure – éloge – en-tête – entracte – équinoxe – exode – ovule – pénates.

Noms féminins : aérogare – éphéméride – ocre – orque – urticaire.

Mot mystère : arcane (masculin).

2.

1. merci – 2. pendule – 3. foudre – 4. poêle – 5. solde – 6. livre – 7. somme – 8. mémoire – 9. cartouche – 10. crêpe.

Feuille de soins 28

Diagnostic

1. maligne – 2. partisane – 3. replète – 4. manchote – 5. pâlotte.

Traitement

1.

1. une chatte pâlotte – 2. une partisane discrète – 3. une préfète replète – 4. une héroïne maligne – 5. une patronne ambiguë – 6. une déesse chasseresse – 7. une paysanne grecque – 8. une bru bellotte – 9. une Esquimaude manchote – une Andalouse sévillane.

2.

rat > rate – laie > sanglier – lice > chien (de chasse) – poule > coq – louve > loup – brebis > bélier, mouton – lièvre > hase – canard > cane – génisse > veau – chevreuil > chevrette.

Feuille de soins 29

Diagnostic

de gentils garçons – 2. les feus rois – 3. des blues postnatals – 4. des robes chics – 5. des visites éclair.

Traitement

Les **grands** esprits ont toujours rencontré une opposition farouche des esprits **médiocres**.

☑ Les ciels boréals sont les plus bleus et les plus purs.

Ces bobos écolos et chics ne se nourrissent que de produits bios et de yaourts **nature**.

Lors d'hivers glaciaux, des serfs aux cheveux **filasse** faisaient la queue devant les fours **banaux**.

☑ Je trouve les pulls jacquard plus smart que les manteaux raglan.

Nos **nouveaux** voisins nous ont habitués à des visites-surprises et **éclair**.

☑ Je préfère les moules marinière aux agneaux pascaux !

Dans ces villes fantômes, les appartements **témoins** attendent les trop rares visites d'acheteurs collet monté.

Ces meubles **vintage** sont **nickel**.

☑ Les alibis des suspects étaient béton et pas bidon !

Feuille de soins 30

Diagnostic

1. quatre roues – 2. quatre-vingts euros – 3. quatre-vingt-dix pages – 4. deux cent huit ans – 5. les années quatre-vingt.

Traitement

1. Ce repas nous a coûté **deux cent quatre-vingts** euros.

2. L'armistice fut signé le huit mai **mille neuf cent quarante-cinq**.

3. Cet athlète mesure un mètre **quatre-vingt-quinze** et pèse **soixante-quatorze** kilos.

4. Je suis arrivé à la page **sept cent** de mon roman.

5. L'Asie compte plus de **quatre milliards trois cent quatre-vingt-treize millions deux cent quatre-vingt-seize mille** habitants.

6. La peste noire ravagea l'Europe dans les années **treize cent**.

7. Cette revue tire à **deux cent quatre-vingt mille** exemplaires.

8. Ce businessman a gagné des **mille** et des **cents**.

9. Et un homard thermidor pour la table **deux cent** !

10. Que sera devenue notre planète en **deux mille cinq cent** ?

Feuille de soins 31

Diagnostic

1. des chaussettes orange – 2. des fleurs mauves – 3. des jeans bleu marine – 4. des nuages gris-noir – 5. des chemises jaune et rouge/des chemises jaunes et rouges.

Traitement

1. Ne sont-ils pas élégants, avec leurs pantalons **marron** et leurs cravates **beiges** sur des chemises **orange** ?

2. Les eaux **bleu-vert** polluées de la Méditerranée me ravissent presque autant que les flots **turquoise** du Pacifique.

3. Les treillis **kaki** donnent une allure plus martiale que les tee-shirts **vert pomme** ou **jaune fluo** !

4. Sur les étals se mêlaient les tissus **beiges**, les soies **grèges**, les étoffes bicolores **gris et blanc**.

5. De petites fleurs **mauves** ont éclos parmi les roses **fuchsia** et les phalaenopsis **nacarat**.

6. Des chevaux **fauves** galopaient dans les champs **jaune pâle** sous des cieux **gris-noir.**

7. Leurs visages étaient **vermeils** de colère et **incarnats** de colère.

8. Leurs cache-cols **moutarde** leur montent au nez.

9. Leurs cheveux **châtain foncé** ou **auburn** sont au poil !

10. Avec leurs joues **pourpres**, leurs fronts **vermillon** et leurs oreilles **écarlates**, les touristes en connaissent un rayon sur les coups de soleil !

Feuille de soins 32

Diagnostic

1. des gens bien – 2. des portières arrière – 3. des cheveux coupés court – 4. Ils sont bons derniers – 5. le plus d'amis possible.

Traitement

Nous sommes **fin** prêts pour la cérémonie.

☑　Tous ces produits menacés par l'obsolescence programmée nous coûtent très cher !

☑　Soyez sages, ô mes douleurs, et tenez-vous plus tranquilles !

Ils avaient des rêves de grandeur **plein** la tête, mais ont fini bons derniers.

☑ Cette voiture est vendue 15 000 euros net.

Ils ont beau être des gens **bien**, ils parlent un peu trop fort.

Les nouveaux mariés sont **ensemble** depuis cinq ans.

Les manifestants ont passé plusieurs nuits **debout** et ont crié le plus de slogans **possible**.

☑ Sous la pluie battante, les essuie-glaces avant dansent un étrange ballet.

Les jumeaux **nouveau-nés** ont eu droit à des berceaux flambant neufs.

Feuille de soins 33

Diagnostic

1. des idées pertinentes − 2. Agacée par les élèves qui bavardent sans cesse dans son dos, la professeure se met à crier. − 3. D'importants questions et sujets sont à l'ordre du jour.

Traitement

1. **Vides** et **clairs** ainsi que des miroirs sans tain,/Ses yeux ne vivent pas dans son masque d'argile./Ils luisent **bleus** parmi le fard et les onguents.

2. **Perdue** parmi ces gens qui la bousculent, **étourdie**, **désemparée**, elle reste là.

3. Quelques **modestes** changements plus ou moins **annexes** doivent intervenir bientôt, **imposés** par la directrice **nommée** récemment.

4. Les frères et sœur bien **connus** d'Antigone formaient avec elle une **vraie** famille des plus **dysfonctionnelles** !

5. Deux figures **allégoriques**, deux femmes **riantes**, la gorge **nue** et **renversée**, déroulaient l'enseigne : *Au Bonheur des Dames*.

6. Entre les deux allées **latérales** est un carré d'artichauts **flanqué** d'arbres **fruitiers**

en quenouille, et **bordé** d'oseille, de laitue ou de persil. Sous le couvert de tilleuls est plantée une table **ronde peinte** en vert, et **entourée** de sièges.

7. Ces businessmen **millionnaires** ont quitté la tête de leurs entreprises **multinationales**, **gratifiés** de parachutes **dorés** pour le moins **indécents**.

8. Nous marchions sans parler, dans l'**humide** gazon,/Dans la bruyère **épaisse** et dans les **hautes** brandes,/Lorsque, sous des sapins **pareils** à ceux des Landes,/Nous avons aperçu les **grands** ongles **marqués**/Par les loups **voyageurs** que nous avions traqués.

9. Malgré ces **plates** horreurs, si vous le compariez à la salle à manger, qui lui est **contiguë**, vous trouveriez ce salon élégant [...]. Cette salle, entièrement **boisée**, fut jadis peinte en une couleur **indistincte** aujourd'hui.

10. Il est des plus **probable** que, **accros** au tabac, ces sorciers **incurables** préfèrent les cigarettes sans philtre !

Feuille de soins 34

Diagnostic

1. Ils sont stupides. − 2. Il considère sa voiture comme fichue. − 3. Le président les a estimés nécessaires. − 4. Sa sœur a l'air futé/Sa sœur a l'air futée. − 5. Tes vacances ont l'air géniales.

Traitement

Ils ont paru un instant **dubitatifs** avant de s'avouer finalement **convaincus**.

☑ Ils sont demeurés sourds à nos souhaits, qui leur ont semblé sans doute trop exigeants.

La vendeuse de frigos a été **glaciale** avec nous.

☑ Nous les tenons peut-être pour plus malins qu'ils ne sont.

Rimbaud et Apollinaire sont morts plutôt **jeunes**.

Ma mère a trouvé trop **frivoles** à son goût mes différents petits amis.

Insistants, pour le moins, étaient les regards qu'il lançait à la dérobée.

Nous avons estimé **nécessaires** au bien-être de tous ces quelques jours de vacances au soleil.

Ces desserts ont l'air franchement **appétissants**.

Je les tiens tous pour **responsables** de la situation actuelle.

Feuille de soins 35

Diagnostic

1. Quels adresse et nom avez-vous donnés ? – 2. aucuns frais supplémentaires – 3. Leur modestie les honore. – 4. Elles courent, tels des guépards. – 5. les langues telles que l'allemand et l'anglais.

Traitement

1. Ce krach n'avait été annoncé par **aucunes** prémices.

2. **Chaque** mois, il assiste **aux** rencontres littéraires organisées par son libraire.

3. Les goélands s'envolèrent, **telles** des virgules ponctuant le ciel.

4. À **maintes** reprises, j'ai souligné **certaines** fautes que vous aviez commises.

5. Il nous considère souvent avec **quelque** jalousie.

6. Ces enfants éprouvent **quelques** difficultés à obéir à **leurs** parents.

7. **Quelle** rancunière elle fait : elle ne laisse passer **aucunes** représailles.

8. J'ignore toujours **quelles** couleurs ils ont choisies pour **leurs** chambres.

9. Elle me lance des œillades **chaque** fois que je la rencontre.

10. Héraclès se prit la tête avec de nombreux monstres, **tels** que l'hydre de Lerne.

Feuille de soins 36

Diagnostic

1. une demi-journée – 2. deux années et demie – 3. Eux-mêmes ont accepté. – 4. Quelque cinquante invités sont présents. – 5. Il est nu-tête.

Traitement

1. **Quelque** deux cents journalistes étaient présents à la conférence de presse, qui a duré deux heures et **demie**.

2. J'ai dû prendre une **demi-journée** pour me remettre de mes vacances.

3. **Quelque** journalistes sont venus participer à ces événements **mêmes** qu'ils ont dénoncés.

4. **Quelque** proches qu'ils aient été, ils ne se sont pas revus pendant **quelque** dix ans.

5. Tout l'été, égaux à **eux-mêmes**, ils se baladent **nu-tête** et **nu-pieds** pendant deux mois et **demi**.

6. Ceux-là **mêmes** qui formulent **quelques** critiques ne profèrent que des **demi-vérités**.

7. **Quelque** novatrices que soient vos propositions, elles n'ont pas été retenues.

8. Ses collègues, ses amis, ses parents **même** l'ont laissé tomber.

9. **Quelques** livres qu'il ait lus, il est toujours aussi inculte.

10. **Même** les bons élèves ont pris la tangente, quand il a fallu dessiner **quelque** trente **demi-cercles** !

Feuille de soins 37

Diagnostic

1. tous les garçons et les filles – 2. Tout ce que je vois, c'est du bleu. – 3. la France tout

entière – 4. Elle se montre tout honnête. – 5. Elle est toute harassée.

Traitement

Tout ce que je demande, c'est d'avoir **tous** vos talents en grammaire !

☑ En tout cas, elle sait tout ce qu'elle doit à tous ses amis.

Tout enthousiasmée, elle s'agite à toute heure et vibrionne en tous sens.

En **tout** cas, tous ceux qui étaient là étaient satisfaits en tout point de nos services.

Tout horrifiée et **tout** hébétée, elle observe de tous côtés et sursaute à tout propos.

☑ Tous les jours, il fait tout ce qu'il peut pour aider son prochain.

☑ Toute amoureuse croit avoir rencontré son prince charmant.

Tout amoureuse qu'elle est, elle ne croit pas au prince charmant.

☑ Tout nouveau chèque doit être rempli en toutes lettres.

Toute handicapée par sa lombalgie, elle en a plein le dos !

Feuille de soins 38

Diagnostic

1. Les sportifs épuisés se reposent. – 2. Placés avant le nom, les adjectifs s'accordent. – 3. Ces enfants, je les trouve réservés. – 4. Ci-joint mon CV et ma lettre de motivation. – 5. Passé les premiers jours, il s'est amusé.

Traitement

1. Il travaille toute la semaine, les soirées **y comprises**.

2. **Réitérées** sans arrêt, ces remarques ont rendu les garçons plus **énervés** que jamais.

3. Ces travaux sans cesse **refaits** nous ont fait perdre de précieuses heures, **utilisées** à mauvais escient.

4. Souvent **sollicités**, ils sont toujours joignables, **excepté** les mois d'été.

5. **Finies** les vacances et la belle vie !

6. Veuillez me renvoyer les fichiers **ci-joints** dûment **remplis**.

7. **Passé** les deux premiers jours, elles ont paru **douées** pour apprendre le surf.

8. **Ci-inclus** les photos **demandées**.

9. Sa sœur **exceptée**, toute la famille était là, **réunie** au grand complet.

10. Elle tient pour **acquises** – y **compris** celles **supposées** ne pas être encore validées – vos interventions **prévues** à cette conférence.

Feuille de soins 39

Diagnostic

1. Elle est partie tôt. – 2. Nous étions convenus d'un rendez-vous. – 3. Ils auront été retardés. – 4. Elles étaient arrivées en avance. – 5. Elle avoua, après avoir été interrogée.

Traitement

☑ Nous étions partis cinq cents et, par un prompt renfort, étions arrivés cinq mille en arrivant au port.

Ils sont nés, ont un peu vécu, puis sont morts : voilà la destinée qui nous est à tous **échue** !

Une estrade de brocart d'or, adossée au mur, et dans laquelle était **pratiquée** une entrée particulière au moyen d'une fenêtre du couloir de la chambre dorée, avait été **élevée** pour les envoyés flamands [...]

S'ils en étaient **demeurés** là, nous n'aurions pas été **contraint(e)s** de sévir.

☑ Les antalgiques qui lui ont été prescrits ne sont pas parvenus à calmer sa douleur.

Ils sont entrés chez nous sans y avoir été **invités**.

Avons-nous vraiment été **secouées** par cette nouvelle ou serions-nous **devenues** des femmes insensibles ?

☑ Après qu'elle eut été huée, ce fut la ruée, et elle fut tuée.

D'où sont **sortis** tous ces bouquets ? Ils auront été **offerts** par la fine fleur des romantiques !

Les Troyens n'étaient pas très à cheval sur les maux qui avaient été **prédits** par Cassandre.

Feuille de soins 40

Diagnostic

1. Ils ont semblé me sourire. – 2. Elles ont suffi à mon bonheur. – 3. Si tu avais vu la tête qu'il a faite ! – 4. Je ne sais plus combien de livre j'ai lus. – 5. Je vous ai parlé gentiment.

Traitement

1. On ignore combien de petites amies il a **eues** avant de se marier avec celle dont il a depuis **divorcé**.

2. Les derniers choix qu'il a **faits** ne nous ont pas **paru** des plus judicieux.

3. Chers amis, je ne vous ai pas **écrit** ni **contactés** depuis quelque temps, car on m'a **confié**, en tant que nouvelle responsable, des tâches importantes qui m'ont **accaparée**.

4. Les paroles qu'il a **prononcées** ne nous ont pas franchement **plu**.

5. Avez-vous **aimé** les nouvelles qu'a **écrites** Maupassant ? Je ne les ai pas toutes **lues**, pour ma part.

6. Ils ont **abusé** des libertés qu'on leur avait **permises**.

7. Combien d'empires l'homme a **construits** ! Que de destructions il a aussi **causées** !

8. Selon vous, laquelle de ces propositions avons-nous **refusée** ?

9. Tous les médecins que nous avons **consultés** nous ont **autorisé** les sorties.

10. Les enfants avaient **fini** tous leurs devoirs, aussi les ai-je **autorisés** à lire quelques pages de Proust !

Feuille de soins 41

Diagnostic

1. Des chocolats, j'en ai mangé ! – 2. La grêle qu'il a fait a tout détruit. – 3. les 30 € que ce gâteau a coûté. – 4. les souffrances qu'elle a vécues – 5. les 10 € qu'a valu ce livre.

Traitement

1. Des allées et venues entre Lille et Paris, j'en ai **fait** !

2. Toutes ces années qu'il aura **fallu** pour comprendre la grammaire française n'auront pas été vaines !

3. Les cultures ont été abîmées par les orages qu'il a **fait** dernièrement.

4. Le vendeur m'a fait payer plus de 15 € les 2 kg de fraises qu'il a **pesés**.

5. Les honneurs que j'ai avidement **courus** m'ont tous été refusés.

6. J'ai regretté les 12 € que m'a **coûté** cette place de cinéma.

7. Les reproches que m'a **valus** cette remarque étaient injustifiés.

8. Les 100 kg qu'il a **pesé** avant son régime ne sont plus qu'un lointain souvenir.

9. Jamais il n'oubliera les instants de bonheur qu'il a **vécus** tout seul.

10. Sur les cent mètres que j'ai **couru**, les quatre-vingt-dix derniers furent les plus durs !

Feuille de soins 42

Diagnostic

1. Ils se sont envolés. – 2. Elle s'est servie de nous. – 3. Ils se sont disputés. – 4. Ils se

sont disputé l'héritage. – 5. Ils se sont rendu compte qu'ils avaient tort.

Traitement

1. Les 1 % les plus fortunés se sont **approprié** la majorité des richesses et se sont bien **gardés** de partager.

2. Elles se sont **permis** bien des libertés avec les règles d'orthographe !

3. Ma pédicure s'est **mise** à me casser les pieds et s'en est **mordu** les doigts.

4. À force de s'être **agenouillé(e)s**, les lèche-bottes sont sur les rotules.

5. Ces gourmands se sont **servi** trois fois de mont-blanc et ne s'en sont pas **fait** toute une montagne !

6. Les carriéristes se sont toujours **servi(e)s** de leurs relations sans s'être jamais **demandé** si c'était moral.

7. Ils se sont **aimés** dès le premier regard et **haïs** dès le premier retard.

8. Après s'être **juré** de ne plus faire de fautes, elle s'est **aperçue** qu'elle s'était encore **trompée**.

9. La corneille, honteuse et confuse, s'est **rendu** compte qu'on l'avait prise pour une buse.

10. Lors du speed-dating, Paul et Virginie se sont **observés**, **souri**, **parlé**, puis **dit** au revoir.

Feuille de soins 43

Diagnostic

1. les livres que j'ai aimé lire – 2. les années que j'ai senties passer – 3. les animaux que j'ai vu manger/les animaux que j'ai vus manger – 4. Ils se sont fait refaire le portrait. – 5. Il a visité les pays qu'il a voulu.

Traitement

1. Les marrons et les châtaignes que j'ai **vu** distribuer n'avaient rien de fruits !

2. Elle ne s'est pas **fait** prier pour écouter religieusement mon discours.

3. Toutes ces règles que j'ai **entendu** répéter ne m'ont toujours pas dégoûté de la grammaire.

4. Nous avons accompli tous les efforts que nous avons **dû**.

5. Ces gourmands ne se seraient jamais **laissés** mourir de faim !

6. Cette addition était salée, je l'ai **sentie** passer !

7. Je les avais **laissés** sortir tard, et je ne les ai même pas **entendus** rentrer.

8. Roxane ne s'est-elle **laissé** mener par le bout du nez par Cyrano ?

9. Toutes les recettes que j'ai **aimé** faire, je les ai **vu** réaliser dans mon enfance par ma mère.

10. Ces gardiens de zoo oisifs se sont **vu** habituer à peigner la girafe.

Feuille de soins 44

Diagnostic

1. J'ai repeint les plinthes du salon. – 2. Il a est accro à la grammaire ! – 3. Elle bâille de fatigue. – 4. J'ai fini ma cartouche d'encre. – 5. Pour une simple addition, il compte sur ses doigts.

Traitement

1. amende – 2. ancre – 3. auspices – 4. cahot – 5. Cène – 6. cor – 7. court – 8. dessein – 9. faîte – 10. flamant – 11. foi – 12. glaciaire – 13. krach – 14. las – 15. lieues – 16. luth – 17. pallier – 18. philtre – 19. plant – 20. poêle – 21. raisonner – 22. rênes – 23. repère – 24. sain – 25. sceau – 26. septique – 27. serf – 28. tain – 29. terme

Mot mystère : vair

Diagnostic

1. Je me suis trompé, au temps pour moi ! –
2. Ils réclament notre aide à cor et à cri. –
3. Notre petit différend a été vite résolu. –
4. Ce gourmand aime faire bonne chère. –
5. Quel martyre, cette réunion !

Traitement

1. accro – 2. acquit – 3. balade – 4. bayer –
5. censé – 6. chant – 7. chère – 8. chœur –
9. décrépit – 10. différend – 11. empreint –
12. fonds – 13. for – 14. martyre – 15. parti –
16. partie – 17. plain-pied – 18. prémices –
19. prêt – 20. satire – 21. séant – 22. voire –
23. volatile.

Feuille de soins 46

Diagnostic

1. Elle a assez d'argent pour vivre. – 2. C'est à vous que nous faisons allusion. – 3. Il n'a qu'à écouter. – 4. À croire que tu es amoureux ! – 5. On a gagné le match.

Traitement

1. Qui **a** bu boira.

2. On **a** décidé de se retrouver **à** trois heures **à** l'entrée du cinéma.

3. Elle **a à** réaliser de nombreuses tâches pour parvenir **à** son but.

4. **À** voir sa réaction, nul ne croirait qu'il **a** pris ses anxiolytiques.

5. Il y **a** là, **à** vrai dire, une étape importante **à** franchir.

6. **À** Paris, **à** vélo, on dépasse les autos.

7. Tout vient **à** point **à** qui sait attendre.

8. J'en viens **à** croire qu'on n'**a** guère évolué depuis trente mille ans.

9. Il n'**a** en aucun cas **à** commenter les décisions qu'**a** prises son supérieur.

10. Mon père **a** vraiment la banane, depuis qu'il **a** entamé un régime.

Feuille de soins 47

Diagnostic

1. Je ne sais pas si ça lui conviendra. – 2. Ça n'a aucun intérêt ! – 3. Sa petite amie est très jalouse. – 4. S'il était serviable, ça se saurait ! – 5. Des livres traînaient çà et là.

Traitement

1. Comment **ça** va aujourd'hui ?

2. L'orthographe, **ça** demande un peu de mémoire.

3. Tu répondras peut-être à **sa** demande, mais **ça** m'étonnerait.

4. Avec **ça**, on n'est pas sortis de l'auberge !

5. Qu'elle ait **sa** petite victoire, **ça** m'est complètement égal.

6. Personne ne doute jamais de **sa** bienveillance, c'est comme **ça**.

7. Nous avons erré dans les rues, **çà** et là ; **ça** n'était pas désagréable...

8. C'est toujours **ça** de gagné !

9. **Ça** y est, Jeanne a fini **sa** dissertation.

10. Vraiment, tu ne penses qu'à **ça** !

Feuille de soins 48

Diagnostic

1. Il se vante de ses conquêtes. – 2. Ce serait bien si elle venait – 3. Il se croit au Far West ! – 4. Ce que tu dis semble intéressant – 5. Elle ne parle qu'à ceux qu'elle apprécie.

Traitement

☑ Tous ceux qu'il veut aimer l'observent avec crainte.

☑ Ce n'est pas en se disputant avec ceux qui le soutiennent qu'il se fera aimer.

Ce serait trop facile si **ce** que tu souhaites **se** produisait forcément !

Ceux qui souhaitaient se prendre quelques jours de vacances **se** sont vu donner congé.

L'onde qui baise **ce** rivage,/De quoi **se** plaint-elle à ses bords ?

Ce n'est pas une raison pour oublier ce que tu as promis à ce pauvre homme !

☑ Ce petit hypocrite obtient tout ce qu'il veut de tous ceux qu'il flatte.

Se garder de tout préjugé est primordial pour **ceux** qui **se** prétendent philosophes.

Ceux dont je parle n'ont pas besoin de se vexer pour si peu.

☑ Zeus se transforme en ce qu'il veut... en un éclair !

Feuille de soins 49

Diagnostic

1. Ces croissants ont l'air délicieux. – 2. Ses parents l'ont encore puni. – 3. Avec ces températures, on va geler ! – 4. Ce sont bien ces pâtes que tu aimes ? – 5. Elle ne laissera jamais tomber ses amis.

Traitement

1. Tous **ces** auteurs dont on nous rebat les oreilles ne sont que des écrivaillons.

2. Je n'oublierai jamais **ces** instants passés à Venise avec toi !

3. Elle a tout intérêt à défendre **ses** propres intérêts, si elle veut que **ses** idées s'imposent.

4. **Ses** parents ne viendront le voir que **ces** jours-ci.

5. **Ces** sportifs, qu'on nous donne pour modèles, sont loin d'être des exemples.

6. **Ses** petites amies l'ont toutes largué pour des raisons différentes.

7. Tu préfères **ces** lunettes bleues ou celles-là ?

8. Ingres était violoniste à **ses** heures.

9. Avec **ces** talents, tu peux faire ce que tu veux !

10. Dans **ces** moments où l'on perd **ses** vers, il faut persévérer dans la poésie, même si ça ne rime à rien !

Feuille de soins 50

Diagnostic

1. Ma sœur s'est offert une année sabbatique. – 2. Il s'est montré bienveillant. – 3. Avec lui, c'est toujours pareil ! – 4. C'est moi qui te le dis. – 5. S'est-elle remise de sa soirée ?

Traitement

1. Héphaïstos **s'est** alors dit : « **C'est** en forgeant qu'on devient forgeron. »

2. On sait bien que **c'est** de Rodolphe qu'Emma **s'est** enamourée.

3. Mon frère **s'est** marié à vingt ans, **c'est** de famille !

4. **S'est**-on jamais soucié de savoir si tout ce qui **s'est** passé, **c'est** vraiment important ?

5. Ce qui n'est pas, **c'est** ce qui ne pouvait pas être.

6. Elle **s'est** permis de nous apostropher, **c'est** incroyable !

7. Ce m'as-tu-vu **s'est** cru arrivé parce qu'on **s'est** vaguement intéressé à lui.

8. Le fleuriste **s'est** souvenu que **c'est** grâce à toi qu'il voit la vie en rose.

9. « **C'est** la réalité des photos qui sont sur mon cœur que je veux », **s'est** mis à écrire Guillaume.

10. « Il **s'est** réveillé avec deux puces dans le cou », **c'est** bien une contrepèterie ?

Feuille de soins 51

Diagnostic

1. C'est bizarre, mais on s'y habituera. – 2. Il est si serviable que ça en devient gênant. – 3. Je me demande si elle va nous appeler. – 4. Il s'y croit vraiment ! – 5. Même en s'y prenant tôt, il n'aura pas le temps.

Traitement

1. **Si** la mer peut être traître, **s'y** plonger est un vrai délice.

2. Même **si** on ne peut toujours **s'y** fier, il faut croire en la justice.

3. Pauline est **si** intelligente que je ne me demande même pas **si** elle pourra résoudre ce problème-**ci**.

4. Damien est **si** amoureux qu'on ne peut guère **s'y** méprendre.

5. **Si** belle que soit cette ville antique, on ne peut **s'y** rendre pour la visiter.

6. **Si** tu vas au Panama, n'oublie pas de payer tes impôts !

7. Charles est **si** maladroit qu'il **s'y** prend très mal avec Emma.

8. Je ne sais pas **si** le climat de Nice est **si** agréable que cela.

9. **Si** Hélène voit une place, elle **s'y** précipite et **s'y** assoit.

10. **Si** Sissi **s'y** était mise, sa vie à la cour n'eût pas été **si** désagréable !

Feuille de soins 52

Diagnostic

1. Et alors, qu'as-tu fait ? – 2. Le portable est une vraie addiction. – 3. Il est sorti et revenu très vite. – 4. Il est sorti, puis est revenu très vite. – 5. Le rouge et le bleu sont mes couleurs préférées.

Traitement

Il est tard maintenant **et** il faut aller se coucher.

Et donc, elle est allée lui parler **et** n'a pas eu peur ?

☑ Ce dont est responsable chacun d'entre vous doit être protégé et vérifié.

C'est l'économie qui **est** au service de l'homme **et** non l'inverse.

Laurent traîne avec je ne sais qui **et** n'a pas que de bonnes fréquentations.

☑ Bastien est plutôt intelligent et pourtant pas toujours mature.

Mon frère, qui commet des fautes, **est** pourtant très studieux et consciencieux.

☑ On est souvent surpris par ceux qu'on connaît et aime.

Eh bien, elle est désormais adulte et peut très bien se débrouiller toute seule !

☑ Seul le silence est grand, tout le reste est faiblesse.

Feuille de soins 53

Diagnostic

1. J'avais prévu de sortir, or il pleut. – 2. Il était hors de lui. – 3. Il a voulu partir, or ce n'est pas ce qu'il avait promis. – 4. Elle était seule ; or un soir, nous vînmes la voir. – 5. Tu croyais t'en sortir, or il n'en a rien été.

Traitement

1. Théodore est arrivé très en retard, **or** j'avais exigé de lui rigueur et ponctualité.

2. Cendrillon balayait la maison ; **or**, sur ces entrefaites, surgit la bonne fée.

3. Michèle se sent perdue et nostalgique **hors** de son pays.

4. **Hors** de ma vue, espèce d'idiot !

5. Il ne fait pas grand-chose de ses journées, **or** il est tout de même très bien payé.

6. On ne la trouve jamais **hors** de son bureau avant 19 heures.

7. La malbouffe est un vrai problème de santé publique, **or** de plus en plus de jeunes se nourrissent ainsi.

8. Impossible de te calmer : tu étais **hors** de toi !

9. Valentine avait promis de me rappeler, **or** elle ne l'a toujours pas fait.

10. Toutes les roues sont rondes ; **or** ma sœur est ronde ; donc ma sœur est une roue.

Feuille de soins 54

Diagnostic

1. Dès qu'il la vit, il tomba amoureux. – 2. Dès qu'il l'a vue, il est tombé amoureux. – 3. On vous l'a dit et redit. – 4. Je la croyais plus sérieuse. – 5. Asseyez-vous là.

Traitement

1. Jean-Joseph aime **la** langue française : il l'honore et **la** sert à merveille.

2. Ce problème était prévisible : Margot **l'a** cherché et finalement elle **l'a**.

3. Mathilde est désespérée parce que Julien **l'a** trompée.

4. On lui a demandé de s'asseoir **là**, et il **l'a** fait.

5. **Là**, franchement, je ne vois pas comment il pourrait **la** convaincre.

6. Louis **l'a** longtemps ignorée, avant de finalement **la** respecter.

7. À **la** voir ainsi exubérante, qui croirait qu'on **l'a** un jour brimée ?

8. Ma mère sait que mon père **l'a** aimée dès le premier regard.

9. Il **la** voit, il **la** veut, il **l'a** prise.

10. Même s'il ne **l'a** pas vraiment mérité, Sisyphe est devenu une star du roc !

Feuille de soins 55

Diagnostic

1. Je leur suis reconnaissant de leur aide. – 2. Demandez-le-leur ! – 3. Leur modestie les honore. – 4. Leurs vœux de réussite sont bienvenus. – 5. Elles leur portent une grande attention.

Traitement

1. Ils ne font jamais rien sans **leurs** meilleurs amis et **leur** confient tout.

2. **Leurs** petites manigances ne **leur** apporteront que des déconvenues.

3. Je ne **leur** ai toujours pas donné l'heure de rendez-vous avec **leur** conseiller.

4. Ce sont **leur** honneur et **leur** crédibilité qui sont en jeu.

5. Avec **leurs** compétences, qui pourrait **leur** refuser de telles responsabilités ?

6. On **leur** prête bien des défauts, mais je ne crois pas en **leur** malveillance.

7. En **leur** donnant toujours raison, vous ne **leur** rendez pas service.

8. Il **leur** faudra un peu de temps pour finir **leurs** travaux.

9. Même si **leurs** groupies **leur** élèvent une statue, ils resteront de marbre !

10. **Leurs** leurres **leur** prennent toute l'heure.

Feuille de soins 56

Diagnostic

1. J'aime le chocolat mais pas le café. – 2. Je les avais invités, mais ils ne sont pas venus. – 3. Je les apprécie, mes jours de congés ! – 4. Ils sont perdus mais je vais les aider. – 5. Avec mes qualités, ils ne peuvent que m'aimer.

Traitement

1. Je suis heureux, **mes** chers amis, que soyez tous là.

2. **Mais** pourquoi voudrais-tu que j'abandonne **mes** bonnes vieilles habitudes ?

3. **Mes** exigences sont modestes, **mais** fermes.

4. **Mes** collaborateurs ne dépendent pas de ton service, **mais** du mien.

5. **Mais** non, je ne vais pas te laisser toute seule avec **mes** parents !

6. Toutes **mes** anecdotes sont incroyables, **mais** vraies.

7. Mon fils a hérité de bien de **mes** qualités, **mais** il n'est pas très malin.

8. **Mais** enfin ! Tu ne vas pas me dire que tu aimes **mes** mets !

9. Tu ne veux pas voir de psy ? **Mais** c'est de la folie !

10. Non seulement tu n'aimes pas **mes** poèmes, **mais** encore tu dis qu'ils ne sont pas piqués des vers !

Feuille de soins 57

Diagnostic

1. Je n'aime ni le thé ni le café. – 2. Je ne l'apprécie ni ne le déteste vraiment. – 3. Elle n'y comprend pas grand-chose. – 4. On peut n'y voir qu'une critique malveillante. – 5. Je n'y fais même plus attention.

Traitement

1. Je serai en sentinelle devant sa bouche, et j'aurai soin qu'il **n'y** entre **ni** une goutte d'eau **ni** une miette de pain.

2. Ce n'est **ni** vrai **ni** faux, bien au contraire.

3. Patience et longueur de temps font plus que force **ni** que rage.

4. Il **n'y** a pas résisté et n'a fait **ni** une **ni** deux.

5. N'ayant pu tout entendre **ni** tout voir du spectacle, je **n'y** suis pas resté.

6. Il **n'y** a pas de mal à se faire de bien **ni** à prendre un peu de bon temps.

7. Le tonnerre **ni** le déluge ne chasseront plus ce sourire de mes lèvres.

8. On pourra bien m'appeler : je **n'y** suis pour personne !

9. Si vous croyez qu'il va venir comme ça, **n'y** comptez pas !

10. Le style de Proust, on peut **n'y** rien comprendre, mais on doit reconnaître qu'il n'a **ni** rival **ni** égal !

Feuille de soins 58

Diagnostic

1. On ne te dit rien. – 2. Il n'y a rien qu'on puisse faire. – 3. Ceux qui ont le pouvoir en abusent. – 4. Ses propositions ont répondu à nos attentes. – 5. Avec lui, on ne sait jamais.

Traitement

1. Ils n'**ont** même pas réagi quand ils **ont** appris qu'**on** ne viendrait pas.

2. Qu'**ont** voulu faire nos parents ? **On** ne le saura jamais.

3. Les boulangers **ont**, comme **on** dit, du pain sur la planche !

4. **On** ne me fera jamais croire qu'elles les **ont** abandonnés.

5. Eh bien, **on** ne s'en fait pas !

6. **On** n'est jamais si bien servi que par soi-même, dit-**on** parfois.

7. **On** se demande toujours ce qu'**ont** pu dire les autres à son sujet.

8. Quand **on** vit seul, **on** ne sait même plus ce que c'est que raconter.

9. **On** n'apprend pas à un vieux singe à faire la grimace.

10. **On** peut tout de même rire de ce qu'elles **ont** fait, non ?

Feuille de soins 59

Diagnostic

1. Où est-elle passée ? – 2. Fromage ou dessert ? – 3. Elle n'avait nulle part où aller. – 4. Il hésite ou plutôt montre de la réticence. – 5. Je ne l'ai pas revue depuis l'année où elle s'est mariée.

Traitement

1. Je ne sais vers **où** me diriger : le nord **ou** le sud ?

2. **Ou** il s'en va, **ou** c'est moi qui pars.

3. **Où** que tu ailles – à New York **ou** à Londres –, je te suivrai !

4. Le jour **où** tu es arrivé, tu as pris le métro **ou** le bus ?

5. Je ne sais plus **où** nous en sommes... À l'apéritif **ou** aux hors-d'œuvre ?

6. Le titre exact de la pièce de Molière est *Le Misanthrope* **ou** *l'Atrabilaire amoureux*.

7. Avec lui, c'est tout **ou** rien.

8. Si tu cherches un pays **où** passer tes vacances, je te conseille l'Italie **ou** la Grèce.

9. Au train **où** vont les choses, une place de TGV sera bientôt un produit de luxe !

10. Hêtre **ou** pas hêtre ? Tel est le dilemme **où** est plongé plus d'un menuisier !

Feuille de soins 60

Diagnostic

1. Qu'en dis-tu ? – 2. Quant à l'accueillir, c'est hors de question. – 3. Je ne la vois qu'en dehors du travail. – 4. Je ne sais pas quoi choisir quant au costume. – 5. Je sais qu'en fait, il te rappellera.

Traitement

1. **Quant** à faire quelques efforts, ça ne lui viendrait même pas à l'esprit !

2. Je sais bien **qu'en** classe il est insupportable.

3. Il m'a affirmé **qu'en** tout état de cause nous ne nous reverrions plus.

4. **Quand** à 3 heures ils ont débarqué chez nous, je peux vous dire **qu'en** effet, nous les avons bien reçus !

5. Dis-nous vite **quand** tu reviendras.

6. Elle attendait depuis trois quarts d'heure, **quand**, tout à coup, elle aperçut Rodolphe.

7. **Quant** au fond, ce roman ne vaut pas grand-chose.

8. Elle n'a pas précisé **quand** nous recevrions sa lettre.

9. Il nous a annoncé **qu'en** tout, cela faisait 100 € par personne.

10. Ce n'est **qu'en** errant qu'on devient Néron.

Feuille de soins 61

Diagnostic

1. Pour quelle raison fait-elle cela ? – 2. Qu'elle vienne m'étonnerait fort. – 3. Il est bien tel qu'elle l'a décrit. – 4. Je sais bien qu'elle est compétente. – 5. J'ignore quelle séance il préfère.

Traitement

Qu'elle me réponde aimablement serait des plus inattendu... Quelle surprise, même !

Je ne vois pas quelle faute j'ai pu commettre aux yeux de la correctrice et je ne comprends pas **qu'elle** m'ait sanctionné.

☑ Quelle idiote ! Pourvu qu'elle ne se trompe pas !

Partout, je ne vois **qu'elle** ! Quelle obsession est-ce là ?

Je me demande **quelle** mouche la pique !

☑ J'exige qu'elle vienne présenter des excuses.

Les propositions **qu'elle** avance manquent de pertinence et ne peuvent rester telles **quelles**.

☑ Qu'elle élève le ton, et elle verra avec quelle sévérité je la punirai !

☑ J'ignorais qu'elle fût si exigeante, avec quelle intransigeance !

Quelle pieuvre ! Celui **qu'elle** gardera pour toujours n'est pas encore né !

Feuille de soins 62

Diagnostic

1. Quel que soit son avis, on le critique. – 2. Quelque envie que j'en aie, je n'irai pas. – 3. Quelque fatigué qu'il soit, il fait son jogging. – 4. Quelles que puissent être ses réticences, il obéira. – 5. Quelle qu'en soit la raison, il ne viendra pas.

Traitement

1. **Quelques** heures passèrent avant qu'il ne se décidât, non sans **quelque** hésitation.

2. **Quelle que** soit sa motivation, elle ne suffira pas à lui obtenir **quelque** avancement.

3. **Quelles qu'**en doivent être les conséquences, nous devons aller au bout de notre décision.

4. **Quels qu'**aient été les événements, nous y avons fait face.

5. **Quel que** soit l'être de chair et de sang qui vient à la vie, s'il a figure d'homme, il porte en lui le droit humain.

6. **Quelques** efforts qu'il ait accompli, le chemin sera encore long.

7. **Quelque** prétentieux qu'il soit, il se dégonfle à la première occasion.

8. Je ne rejetterai aucune de vos idées, **quelles qu'**elles puissent être.

9. **Quelque** rationnel qu'ait été Robespierre, il a fini par perdre la tête.

10. **Quel que** soit le faire, point de vraie beauté sans idéal.

Feuille de soins 63

Diagnostic

1. Quoi que tu fasses, tu réussis toujours. – 2. Quoi qu'on en pense, il ne manque pas de panache. – 3. Quoiqu'on en pense le plus grand bien, on ne dira rien. – 4. Quoique fatigué, je me suis quand même levé. – 5. Quoique tu fasses des efforts, ça ne suffira pas.

Traitement

1. **Quoique** tu sois bien intentionné, tu es souvent maladroit.

2. **Quoi que** vous puissiez nous reprocher, nous n'y sommes pour rien.

3. **Quoi que** vous en pensiez, ça m'est égal.

4. **Quoique** vous en pensiez le plus grand mal, ça m'est égal.

5. Je ne me dédirai pas, **quoique** tous me croient inconstant.

6. Si tu as besoin de **quoi que** ce soit, surtout ne m'appelle pas !

7. **Quoi qu'**il arrive, nous devons rester ensemble.

8. **Quoi qu'**ils fassent, les astronomes ont besoin de lunettes.

9. **Quoi qu'**il en soit et **quoique** tu penses le contraire, j'ai toujours raison.

10. **Quoique** le silence soit d'or, mon mutisme ne m'a pas rendu riche !

Feuille de soins 64

Diagnostic

1. Elle nous a accostés sans raison. – 2. Il s'en doute forcément. – 3. C'en est fini de ces petites histoires. – 4. Elle ne s'en est jamais remise. – 5. Il s'en fiche éperdument.

Traitement

1. **Sans** me vanter, on **s'en** sort plutôt bien.

2. Vous racontez **sans** cesse des blagues, **c'en** devient fatigant.

3. Il nous quitta **sans** un mot, **s'en** alla et **c'en** fut fini de lui.

4. Si elle **s'en** charge, **c'en** sera vite terminé.

5. Vous l'avez traité **sans** ménagement, il **s'en** souviendra.

6. Vous aimez vous balader **sans** pantalon ? **C'en** deviendrait presque gênant !

7. Ils nous ont apostrophés **sans** même s'être présentés, puis **s'en** sont allés.

8. On **s'en** veut parfois des problèmes qu'on a créés **sans s'en** rendre compte.

9. Les spectateurs s'ennuient déjà à ce concert, bien que **c'en** soit seulement le début.

10. C'est la cerise sur le gâteau, mais elle **s'en** soucie comme d'une guigne !

Feuille de soins 65

Diagnostic

1. Il ne faut pas toujours penser qu'à soi. – 2. Ses soi-disant amis l'ont laissé tomber. – 3. Il vaut mieux parfois rester chez soi. – 4. Soit l'hypothèse suivante. – 5. Cela va de soi !

Traitement

☑ Il est indispensable qu'il soit présent, soit avant, soit après la cérémonie.

Il est bon parfois de prendre sur **soi**, qu'on soit courageux ou pas.

Il faut cultiver l'estime de **soi**, sans que ce soit trop narcissique.

☑ Ce n'est pas la technologie en soi qui est mauvaise, mais certains usages qu'on en fait.

Il s'en faut de peu que ce **soit** parfait.

☑ Rapporter toujours tout à soi ne résout rien.

☑ Les soi-disant héros ne sont souvent que des imposteurs.

☑ Quoi qu'il en soit, il vaut mieux parfois rester chez soi.

Cette **soi-disant** star est soit avant-gardiste soit complètement has been.

Bien que la poésie, ce soit coton, il vaut mieux composer ses vers à **soi** !

Feuille de soins 66

1. Elle est toujours avec son petit ami ? – 2. Son travail semble passionnant. – 3. Ses enfants sont gentils. – 4. Chacun son tour ! – 5. Ils ne sont pas encore repartis.

Traitement

1. Quand les loups se **sont** mis à hurler, **son** sang s'est figé.

2. Ce ne **sont** que quelques chansons qu'il a ajoutées à **son** répertoire.

3. Après qu'ils se **sont** séparés, il n'est plus sorti de **son** appartement pendant deux mois.

4. Il y a deux sortes de femmes : celles qui **sont** jeunes et jolies et celles qui me trouvent encore bien.

5. Si ces saucissons-ci **sont** ici, scie ces saucissons aussi !

6. Il était normand par sa mère et breton par un ami de **son** père.

7. Avec **son** génie, Aladin aurait pu devenir une lumière !

8. Au royaume des aveugles, les borgnes **sont** mal vus !

9. N'écoutant que **son** courage, qui ne lui disait rien, il se garda bien d'intervenir.

10. Les prévisions **sont** difficiles, surtout lorsqu'elles concernent l'avenir.

Feuille de soins 67

Diagnostic

1. Je vous adjure de m'écouter. – 2. Je vous trouve bien compréhensif avec eux. – 3. L'amanite phalloïde est vénéneuse. – 4.

La police a mis au jour un trafic d'armes. – 5. Ce petit cadeau est à votre intention.

Traitement

1. Son **inclination** à **perpétrer** les pires horreurs confine à la psychopathie !

2. Cet **éminent** professeur organise des conférences **à l'intention** de ses étudiants les plus **méritants**.

3. Il va sans doute **recouvrer** une grosse somme d'argent et nous en **rebattre** les oreilles.

4. Elles ont fait **irruption** chez nous et nous ont **agonis** d'injures.

5. Les **conjectures** des archéologues se sont révélées exactes : ils ont **mis au jour** avec une grande **habileté** un temple grec dédié à Dionysos : quelle découverte enivrante !

Feuille de soins 68

Diagnostic

1. racolage – 2. gaufre – 3. millionième – 4. attraper – 5. échalote

Traitement

HORIZONTALEMENT

2. carotte – 4. racoler – 5. rafraîchir – 7. trapu – 9. courir – 10. affoler – 11. Méditerranée – 14. oculiste – 15. ébouriffant – 16. accolade – 18. caniveau – 19. caresse.

VERTICALEMENT

1. époustouflant – 3. échauffourée – 6. profiterole – 8. agrafe – 12. échalote – 13. apollon – 17. gaufre – 20. suranné.

Feuille de soins 69

Diagnostic

1. ecchymose – 2. quiz – 3. graffiti – 4. girolle – 5. raccommoder.

Traitement

Mots corrigés : 1. cahute – 2. colonne – 3. ballotin – 4. bisexuel – 6. harcèlement – 7. stomacal – 8. éclectique – 9. mourir – 10. gaufre – 11. gifle – 12 époustouflant – 14. pulluler – 16. consumer – 17 mamelle – 19. marronnier 23. rate – 24. quiz – 25. concomitant – 27. frapper – 28. échoppe – 29. millionième – 30. rafraîchir.

Feuille de soins 70

Diagnostic

1. un cauchemar – 2. un abri – 3. un champ – 4. un remords – 5. un héros.

Traitement

Par acquit de conscience – un favori – un relais – certes – un bazar – un fonds de pension – parmi – à tâtons – un entremets – un entrelacs.

Feuille de soins 71

Diagnostic

1. un athée – 2. une fourmi – 3. la glu – 4. l'habileté – 5. la portée.

Traitement

1. Dans le **mausolée** de la **tribu**, gisent une **croix**, un **camée** et les restes d'un **macchabée**, dont le **foie**, que mange une **souris** avec **voracité**.

2. Une **statue** de la **Vertu** recollée à la **glu** trône, tel un **trophée** à la **portée** symbolique, dans la cour du **lycée**.

3. La **voix** du professeur ne perd rien de sa **dignité** ni de sa **cruauté** lorsqu'il annonce, dans une **toux** glaireuse : « **Dictée** ! »

4. Bientôt, l'entomophagie sera à son **apogée** : tous ceux qui se régalent d'une **perdrix** farcie ou d'une **moitié** de **brebis** devront se contenter d'une **assiettée** de **fourmis** ou de scarabées !

5. Cet **athée** rejette toute **foi** et profère en toute **liberté** des **pelletées** de blasphèmes : de quoi choquer toute **piété** qui aurait cru s'y fier !

Feuille de soins 72

Diagnostic

1. boursoufler – 2. chariot – 3. bonhomie – 4. imbécillité – 5. ballotter.

Traitement

1. ballotin – 2. combatif – 3. chariot – 4. rationalité – 5. patronnesse – 6. bonhomie – 7. boursouflure – 8. déshonneur – 9. consonance – 10. cantonade.

Feuille de soins 73

Diagnostic

1. émettre – 2. aggraver – 3. agripper – 4. abattre – 5. apocalypse.

Traitement

HORIZONTALEMENT : 2. agripper – 3. éradiquer – 4. amener – 5. apologie – 6. amaigrir – 9. agrandir – 10. amerrir – 11. addition – 14. asymptomatique – 16. amollir.

VERTICALEMENT : 1. adresse – 2. adducteur – 4. aggravation – 6. apostrophe – 7. agglutination – 8. agressif – 12. abattre – 13. asymétrie – 14. aseptisé – 15. agrégation.

Feuille de soins 74

Diagnostic

1. alourdir – 2. acompte – 3. ressaisir – 4. collimateur – 5. anoblir.

Traitement

1. Je **suppose** que cet **acompte** va **appauvrir** mes finances, **accroître** mon découvert et **apeurer**, voire **affoler** mon banquier !

2. Cessons d'**atermoyer** : afin **d'aplanir** nos difficultés, nous devons **collaborer** sans nous **appesantir** ni nous **apitoyer** sur nos différends à la moindre **occasion**.

3. L'**appareil** n'a pu **atterrir** et nous avons dû **attendre** : les pistes étaient toutes **inondées**.

4. Il a **annulé** ses rendez-vous : la grippe a **anéanti** ses forces et il est **alité** pour une période **illimitée**.

5. C'est **inénarrable** : j'ai **aperçu** l'électricien se faire **allonger** et **dessouder** !

6. Cette **succursale** de fast-foods américains a **supplanté** notre bistro habituel, **acculé** à la faillite.

7. Vos **annotations** **appellent** un **accord** unanime : elles ont **apaisé** nos craintes, car elles **correspondent** à nos exigences.

8. Son **attitude innommable** et **immorale** l'a **desservi** : ils se sont tous **opposés** à lui et **désolidarisés** de ce comportement **irresponsable** et **inacceptable**.

9. Cet **immortel** s'est **enamouré** d'une **immense** poétesse **affriolante** et s'est **enivré** de ses mots **inoubliables**, auxquels il a **succombé immanquablement**.

10. Depuis que je lui ai **inoculé**, en toute **innocuité**, le virus de l'orthographe, il n'**omet** plus ses **suffixes** et ne **commet** plus de fautes !

Feuille de soins 75

Diagnostic

1. rubaner – 2. marqueterie – 3. corolle – 4. pâlotte – 5. culotte.

Traitement

Voulez-vous les pleurotes ou les **girolles** ?

Sa robe était toute **rubanée** et **enrubannée** de dentelles.

☑ Il mangeotte sa gibelotte aux échalotes.

Elle boulotte des **carottes** en **papillotes**.

Cette **jeunotte** pleine de coquetterie dansotte en fredonnant une **barcarolle**.

☑ Il grelotte et tremblote de froid dans sa redingote.

Une sotte falote sans **jugeote** fait des remarques idiotes.

Tu préfères canner des chaises ou faire de la marqueterie et de la **tabletterie** ?

☑ Cette bigote vieillotte a la bougeotte et marmotte en sanglotant.

Cette Parigote fiérote qui a la **cote** n'est pas manchote, et c'est une litote !

Feuille de soins 76

Diagnostic

1. cantonade – 2. traditionaliste – 3. patronat – 4. s'époumoner – 5. feuilletoniste.

Traitement

1. citronnade – 3. patronat – 5. dissoner – 6. oignonière – 10. laconisme.

Feuille de soins 77

Diagnostic

1. un trafiquant – 2. exigeant – 3. praticable – 4. voirie – 5. connexion.

Traitement

1. percussion – 2. puéril – 3. braiment – 4. pratiquant – 5. quintessence – 6. circonstanciel – 7. existence – 8. distinguable – 9. obligeant – 10. exutoire.

Feuille de soins 78

Diagnostic

1. accueil – 2. acquitter – 3. steak – 4. stakhanoviste – 5. jaquette.

Traitement

Ce psychologue archaïque a offert des orchidées et des **chrysanthèmes fuchsia** à sa patiente **schizophrène**.

Préférez-vous un **steak** de haddock, du romsteck au ketchup ou un cake au paprika ?

☑ Ce trekking m'a permis de faire un break.

Ce **cocktail** de saké et whisky à la **chlorophylle** est nickel !

☑ Au poker, se sert-on du joker ?

Ces cracks de l'économie n'ont pas vu venir le **krach** de 2008 et le **racket** des banques !

Les hackers, moyennant un bakchich de quelques kopecks, se sont **acquittés** de leur mission.

Malgré leurs **anoraks** et leurs parkas, ils sont ankylosés par le froid.

Ce vieux schnock m'a attrapé par le **colback**.

☑ Une bacchante a été kidnappée par un dieu machiavélique qui souhaite faire son come-back.

Feuille de soins 79

Diagnostic

1. abscisse – 2. absence – 3. ici – 4. discernement – 5. vicissitudes.

Traitement

nécessaire – osciller – plébiscite – quintessence – vicissitudes – vaciller – verglacé – concupiscent – s'immiscer – scinder.

Feuille de soins 80

Diagnostic

1. hypoténuse – 2. étymologie – 3. exhortation – 4. exorbitant – 5. rédhibitoire.

Traitement

L'homme de Neandertal chassait-il le mammouth tous **azimuts** ?

Les **exaltantes** œuvres **posthumes** de cet auteur m'enthousiasment, mais elles coûtent un prix **exorbitant** !

Dahlias, **chrysanthèmes** et rhododendrons exhalaient des parfums douceâtres.

☑ Tous les médecins savent-ils l'étymologie de *stéthoscope* ?

Son psychothérapeute ne le trouve pas assez **exubérant** et l'exhorte à ne plus inhiber ses sentiments.

☑ Connais-tu bien ton théorème de Pythagore et ton carré de l'hypoténuse ?

Sa logorrhée **rhétorique** mériterait qu'on lui fasse boire de l'acide **chlorhydrique** !

J'**abhorre** cette **léthargie inhérente** à sa personne : c'est **rédhibitoire** !

☑ Rhum, kirsch, schnaps... Attention à l'éthylisme et à la cirrhose !

Le surhomme nietzschéen s'oppose-t-il à l'**éthique** ?

Feuille de soins 81

Diagnostic

1. psychanalyste – 2. misogyne – 3. sibyllin – 4. schizophrène – 5. diptyque.

Traitement

1. Sur ce polyptyque, admirez un satyre et Sisyphe harcelant des nymphes callipyges.

2. En Égypte, en Syrie ou en Libye, partout le même martyre : le cycle de la violence conduit l'homme au bord de l'apocalyptique abysse ! De quoi devenir misanthrope !

3. Mon psychanalyste est lui-même hystérique et schizophrène : une vraie antinomie !

4. Hippolyte vit une parfaite idylle avec une lycéenne sexy rencontrée dans un cybercafé.

5. Ce philosophe satiriste et cynique a eu droit à tous les panégyriques et les dithyrambes possibles.

6. Lors de son odyssée, Ulysse est vraiment allé de Charybde en Scylla !

7. Une kyrielle d'ecchymoses et une fracture du coccyx : cet acrobate et ses acolytes en ont plein le dos !

8. Dans Paris, à bicyclette, on fait de la gymnastique, mais on asphyxie !

9. Les myopes, les presbytes et les hypermétropes doivent ménager leurs montures !

10. Tel Œdipe, avez-vous résolu, les labyrinthiques et sibyllines énigmes du Sphinx ? Pourtant, ça crève les yeux !

Feuille de soins 82

Diagnostic

1. acronyme – 2. ornithorynque – 3. dyslexique – 4. hippopotame – 5. myopathie.

Traitement

1. **anthropopithèque** (an – trop – Pô – pi – teck) – 2. **héliothérapie** (élit – hotte – erre – api) – 3. **tachymètre** (tas – khi – mettre) – 4. **chlorophylle** (clôt – rôt – fil) – 5. **cyclothymie** (sic – loti – mie).

Feuille de soins 83

Diagnostic

1. il est fruste – 2. etc. – 3. antédiluvien – 4. orthodontiste – 5. rémunération.

Traitement

Cet adolescent est **obnubilé** par ses bagues et a une dent contre son orthodontiste.

Ne me dis quand même pas que tu la trouves très **maligne** !

Assieds-toi là et calme-toi, si tu ne veux pas risquer l'**infarctus** !

☑ Ses réactions dénotent des manières un peu frustes.

Cet **aréopage** de technocrates jette l'**opprobre** sur les petites gens.

Ils ne **voient** pas plus loin que le bout de leur nez et **croient** pourtant avoir du flair !

« Rendez-vous à l'**aréoport** de Nice ! Et je vous **saurais** gré d'être à l'heure ! » lança Sarah.

Si tu connais des trucs **mnémotechniques**, dis-m'en quelques-uns.

Avoir une profession qu'on aime mais peu payée, ou un emploi qui déplaît mais bien **rémunéré** ? Cruel **dilemme** !

N'y plonge pas les spaghettis tout de suite ! Attends que l'eau **bouille** !

Feuille de soins 84

Diagnostic

1. je furète – 2. exception – 3. terrestre – 4. rébellion – 5. extrémité.

Traitement

1. caméscope/télescope – 2. déstructurer – 4. ténacité – 5. espérer/espérance – 7. règlement/réglementaire – 8. sèchement/sécheresse – 9. expérience.

Feuille de soins 85

Diagnostic

1. Il a payé son dû. – 2. un psychiatre – 3. assidûment – 4. être à jeun – 5. un péché mignon.

Traitement

1.

1. Ce pédiatre **bellâtre** a la cote et **plaît** encore, malgré son **âge**.

2. Pour réaliser dument ses **tâches**, il se montre tatillon à l'**extrême**.

3. Il est **sûrement** assez futé pour nous cajoler de mots doux et drolatiques.

4. Ce **crâneur enjôleur** a atteint la cime, le **faîte**, le degré **suprême** de l'infamie !

5. **Jeûnez**-vous au déjeuner comme au **dîner** ?

2.

1. croûte > croustiller, crustacé, incruster – 2. maître > magistral, magistrat, mistral, maestro – 3. août > auguste – 4. mâle > masculin, émasculer – 5. île > insulaire, isoler, péninsule

Feuille de soins 86

Diagnostic

1. goéland – 2. aiguë – 3. moelle – 4. pléiade – 5. canoë.

Traitement

1. Ce **poète** exprime ses sentiments non sans **ambiguïté**.

2. Par **Poséidon** et **Héphaïstos**, était-il nécessaire de condamner Socrate à boire la **ciguë** ?

3. Ce **canoéiste paranoïaque** vous mène en bateau !

4. Faire cuire un **goéland** à la **poêle**, c'est une **gageure** pour le moins **bizarroïde** !

5. Cette **héroïne naïve** entretient une relation **ambigüe** avec un **cocaïnomane égoïste** droit issu d'une nouvelle d'Edgar **Poe** !

Feuille de soins 87

Diagnostic

1. Donne-le-leur. – 2. Je suis quasi convaincu – 3. le martyre de sainte Blandine – 4. deux cent vingt et un – 5. quatre-vingt-dix-huit.

Traitement

1. La **quasi-totalité** de ces **amoureux-là seront-ils** encore ensemble pour la **Saint-Valentin** ?

2. **Jusque-là**, les résultats quasi parfaits de nos trois cent **cinquante-cinq** élèves sont tout à fait **au-delà** de nos espérances !

3. Ils n'ont **peut-être** pas pu assister **eux-mêmes** au cours d'**avant-hier**, donc **résume-le-leur sur-le-champ**.

4. Si vous allez par là, vous courez **au-devant** de difficultés quasi certaines.

5. Y **a-t-il** encore un contretemps ou **va-t-on** enfin entrevoir le bout du tunnel ?

Feuille de soins 88

Diagnostic

1. L'allemand est une langue difficile. – 2. les coutumes françaises – 3. l'Europe de l'Est – 4. la mer Rouge – 5. un ovni.

Traitement

1

Beaucoup de **Français** ne font confiance ni à l'**État** ni à l'**Église**, ni parfois même à la **République** française.

☑   Paul voyagea vers le sud et s'installa en plein Midi provençal, non loin de la montagne Sainte-Victoire.

Nous nous reverrons, **monsieur**, à la semaine des quatre **jeudis** ou aux calendes **grecques**, si Dieu le veut !

Lors de la Révolution française, sous la **Terreur**, Robespierre, l'**Incorruptible**, institua le culte de l'**Être** suprême.

☑   Praia est la capitale de l'État du Cap-Vert, île située non loin du cap Vert sur les côtes sénégalaises.

2.

1. Il a enfin trouvé l'adresse du **trésor** = l'adresse d'un coffre contenant des choses précieuses

Il a enfin trouvé l'adresse du **Trésor** = l'adresse de l'administration fiscale

2. Qui n'aime pas les couleurs du jeune **poussin** ? = les couleurs de l'oisillon

Qui n'aime pas les couleurs du jeune **Poussin** ? = les couleurs de toiles du jeune peintre Nicolas Poussin

3. J'adore le mont **Blanc** quand il est bien glacé. = le point culminant des Alpes

J'adore le **mont-blanc** quand il est bien glacé. = la pâtisserie à base de crème de marron

4. Elle adore tout le monde. = Elle aime tous les gens

Elle adore tout *Le Monde* = Elle aime tout le journal *Le Monde*

5. Abandonner notre **ancien régime** a débouché sur une inévitable **renaissance**. = laisser tomber notre régime (alimentaire...) nous a permis de renaître

Abandonner notre **Ancien Régime** a débouché sur une inévitable **Renaissance**. = la chute de l'Ancien Régime monarchique a conduit à la période de la Renaissance

Feuille de soins 89

Diagnostic

1. Y a-t-il du monde ? – 2. Je ne sais pas où on va. – 3. Je me demande quelle décision il a prise. – 4. Ne me dites pas ce que c'est. – 5. Répond-il à tes messages ?

Traitement

1. J'aimerais savoir ce que demande le peuple.

2. Je ne sais pas combien de fautes tu as faites.

3. Je me demande bien ce qui ne va pas.

4. Peux-tu me dire quelle heure il est ?

5. J'ignore si je suis né trop tôt ou trop tard.

Feuille de soins 90

Diagnostic

1. À Paris, je me déplace à vélo. – 2. On n'a guère le temps pour cela. – 3. C'est le plus beau livre que j'aie jamais lu. – 4. Il accapare toujours la première place. – 5. C'est bien de lui que je parle.

Traitement

Il est doux de se croire malheureux, lorsqu'on **n'**est que vide et ennuyé.

Peu de jours ont passé **sans qu'on le voie** revenir.

☑ Ce thriller est le livre le plus haletant que j'aie jamais lu.

J'écrivis à mes amis, **leur** enjoignant de ne pas oublier notre rendez-vous **à** Avignon.

Elle **se rappelait tous** les détails, tous les petits faits, toutes les figures rencontrées là-bas.

Ce geek n'est rien **de** moins qu'un génie des technologies numériques.

D'ici **à** quelques mois, le gouvernement espère pallier **le** chômage de masse.

En n'allant dans Paris qu'**à** vélo, il a **entamé** sa conversion écocitoyenne.

C'est de nos efforts communs pour aller de l'avant **que** je veux parler aujourd'hui.

Le café est un breuvage qui fait dormir quand on **n'**en prend pas.

Présent de l'indicatif 1er groupe

terminaison : -e -es -e -ons -ez - ent

On garde le radical du Verbe, on perd -er

le Verbe a toujours une terminaison : le travail

je travaille

• Verbe -ayer : ay ou ai
• Verbe -uyer ou -oyer : oy 1ere et 2eme personne du pluriel
• Verbe -Cer : △ ç
• Verbe -ger : △ ge
• -eler et -eter.. → qd e à le son è → doubler
ll ou tt

→ qd e à le son e → 1 l ou 1 t

• -eler et eter qui prennent un è
acheter / haleter / corveter / crocheter
geler / modeler / peler / receler /
marteler / écarteler / déceler / ciseler /
démanteler

Présent de l'indicatif 2e groupe

terminaison : -is -is -it -issons -issez -issent

hân : pas de à que à